国家社会科学基金项目（批准号：11BYY004）

构式的论元实现

——基于识解的压制研究

Argument realization of constructions: A construal-based coercion approach

董成如◎著

南京大学出版社

图书在版编目(CIP)数据

构式的论元实现:基于识解的压制研究 / 董成如著.
—南京:南京大学出版社,2018.11
ISBN 978-7-305-20836-2

Ⅰ.①构… Ⅱ.①董… Ⅲ.①汉语-语法-对比研究
-英语 Ⅳ.①H146②H314

中国版本图书馆 CIP 数据核字(2018)第 186504 号

出版发行 南京大学出版社
社　　址 南京市汉口路 22 号　　　　邮　编 210093
出 版 人 金鑫荣

书　　名 构式的论元实现——基于识解的压制研究
著　　者 董成如
责任编辑 董慧敏　郭艳娟

照　　排 南京紫藤制版印务中心
印　　刷 南京玉河印刷厂
开　　本 880×1230　1/32　印张 9.875　字数 232 千
版　　次 2018 年 11 月第 1 版　2018 年 11 月第 1 次印刷
ISBN 978-7-305-20836-2
定　　价 39.00 元

网　　址:http://www.njupco.com
官方微博:http://weibo.com/njupco
官方微信:njupress
销售咨询热线:(025)83594756

目 录

第一章　绪　论

论元实现是句法-语义界面研究的核心问题，也是生成语言学、认知语言学和自然语言处理研究的重要议题。事实上，论元实现是任何语法理论无法回避的问题。然而，“论元”是语言学中最令人混淆的概念之一。本章首先厘清“论元”及其相关的概念，然后评述现有的研究。

1.1　基本概念——论元及其相关术语

“论元”(argument)原是逻辑学上的术语。一个简单命题由论元和谓词等要素构成。论元表示命题所涉及的个体，而谓词(predicate)表示个体的性质、特征或个体之间的关系。因此，语言学家将论元和谓词引入语言学，研究句子的意义和句子成分之间的关系。根据所带的论元数目，动词可分为一元(一位)动词(one-place verb)、二元动词或三元动词。当然，一些动词没有论元，如英语的 rain, drizzle 等(Chomsky 1981/1993：27，Jackdendoff 2002：135)。

在语言学上，论元既可以表示语义论元，也可以指句法或语法论元（Van Valin & LaPolla 1997，Jackendoff 2002）。与语义论元相关的概念是语义角色（semantic role）、语义格（semantic case）、题元角色（thematic role）、参与者角色（participant role）（Saeed 2000），都是指动词所涉及的参与者。语义格、格关系由 Fillmore（1968，1977）首先提出，而客体（theme）、题元关系（thematic relation）则是 Gruber（1965，1976）在同一时期单独提出。

作为句法概念，论元指句子成分所起的句法作用或功能，如主语、宾语等。句法论元又有核心论元和旁论元（或附属论元）之分。句法论元还可分为外论元和内论元（又称域外论元和域内论元）（Williams 1981，1994；Cook & Newson 2000）。外论元处于动词的最大投射之外，而内论元处于动词的最大投射之内。默认情况下，内论元指动词的受事或客体，投射为句子的宾语，而外论元指动词的施事，一般实现为句子的主语。

因此，如果不考虑细枝末节，语义论元、语义角色、格、格关系、题元、题元关系，题元角色和事件的参与者都是等同的语义范畴，而句法论元（包括主语论元、宾语论元）或语法关系都是相同的句法范畴（Van Valin and Lapola 1997；Croft 2012；Levin 2014）。论元的歧义之处正是该术语既可以指语义论元，也可以指句法论元。为了叙述方便，上述有些术语将交互使用。

论元结构（argument structure）或题元栅（thematic role grid）主要指动词（或谓词）所涉及的论元、论元之间的凸显程度和与动词的关系（Grimshaw 1990）。

论元主要由有指称意义或功能的名词或名词短语表达，但也可以是小句（clause）（Chomsky 1981/1993：105）。因此，也有小句论元的说法。但形容词和介词短语也可以表示论元（Cowper

1992:49; Goldberg 1995; Saeed 2000:141; Jackendoff 2002:140-142)。我们这里就不举例说明,后面讨论英语动结式的论元实现时会举一些例子。

论元实现、论元连接或论元表达是指将动词的语义论元如何表现或映射为动词所在句子的句法论元,如句子的主语、宾语(包括直接宾语和间接宾语),以及映射的规律(Jackendoff 2002; Levin and Rappaport Hovav 2005)。

1.2 论元实现研究简述

现代语言学对论元实现的研究肇始于Fillmore(1968)的格语法和Gruber(1965, 1976)对题元关系的研究。Fillmore(1968:45)认为句子的深层结构由情态和命题两大部分组成。情态包括否定、时制(tense)、语气(mood)和体(aspect)等因素。命题由动词和一个或多个体现为名词短语的格构成。而"格"不是指传统语法中表示语法关系的主格、宾格或领属格等概念,而是指一套普遍的也许是天生的概念,是对发生在人类身边事件的判断,如谁做了什么事情,谁发生了什么,什么发生了,等等(Fillmore 1968:45-46)。Fillmore(1968, 1977)最初提出,后来又经过修改,现已被广泛接受的格有:施事、工具、处所、受益、对象(objective),即现在广泛使用的受事(patient)、目标和来源等。

Fillmore(1968:55)的另一主要贡献是根据各种格关系提出了主语优先(或无标记)选择(preferred or unmarked subject choice)规则:"若有施事,施事则成为(become)主语;要不然,若有工具,工具则为主语;否则,对象(受事)成为主语"(If there is an A, it becomes the subject; otherwise, if there is an I, it becomes the subject; otherwise, the subject is O)(A 表示施事,I 表示工具,O 表示对象)。Fillmore 所说的"成为"相当于现在普遍使用的"映射、连接、表现、实现"等术语。可以说,Fillmore 提出的主语优先选择规则是第一个论元实现的规律。但其主语优先选择规则还不能解释一些例外现象(Langacker 1991, 2008)。此外,还需要探讨宾语选择原则,即宾语是如何实现的。

与此同时,Gruber(1965, 1976)在研究移动类动词在句子中的表现时,发现不管句子如何变化,都离不开表示处所变化的客体(theme)。因此,Gruber(ibid.,2001)将表示各种语义关系的论元称为题元关系(thematic relations),也提出了与 Fillmore 的各种语义格相似的题元关系。

20 世纪 80 年代,Chomsky(1981/1993,1986/2002)将论元研究纳入他的生成语法理论体系,探讨句子的形成,并提出了论元实现的投射原则。从此,论元实现进入了新的研究阶段,形成了两大理论派别或进路:(以动词为中心)投射主义和构式语法的研究思路。

1.3 投射主义

Chomsky(1981/1993: 5)认为语言规则系统包括:词库(lexicon)、由语类和转换规则构成的句法(syntax)、逻辑表达式和语音表达式。词库阐明每个词项的形态-音系结构和句法特征。词库和语类特征构成语法的基础部分,一起生成句子的 D-结构或深层结构。经过移位操作,D-结构映射为 S-结构或表层结构。然后,S-结构分派给逻辑表达式和语音表达式。每个表达层次都遵循 Chomsky(1981/1993:29)所说的投射原则:

“每个句法层面(即逻辑表达式、D-结构和S-结构)上的表征都是词汇的投射,即每个句法层面的表征都保持词项的子语类化特征”(Representations at each syntactic level(i. e., LF, and D- and S-structure) are projected from the lexicon, in that they observe the subcategorization properties of lexical items)。

通俗地说,投射原则是指“词汇信息决定句子的基本结构”(梅德明 2008:119)。而在各类词项中,动词的作用尤其重要。句子的体、时和语态都与动词直接相关。句子的其他成分都是根据动词定义的。动词与宾语(内论元)构成动词短语,动词短语再决定句子的主语(外论元)(Chmosky 1981/1993; Williams 1981, 1994)。因此,动词某种程度上决定句子的基本结构。投射原则主要表达的是动词的论元结构投射为句子的基本结构。

为了使动词的论元结构在D-结构、S-结构和逻辑表达式中保持不变,Chomsky(1981/1993:36)还提出了著名的题元标准:“每个论元担任一个而且只能是一个题元角色,每个题元角色分派给一个而且只能是一个论元”(Each argument bears one and only θ-role, and each θ-role is assigned to one and only one argument)。这样,题元标准维护或捍卫了投射原则。

几乎同一时期,Perlmutter 和 Postal(1984:97)在关系语法框架内,提出了与投射原则相似的普遍连接假设(Universal Alignment Hypothesis):“根据句子的意义就能预测句中每个名词短语所表示的初始关系(即D-结构中的句法关系)”(There exist principles of universal grammar which predict the initial relation borne by each nominal in a given clause from the meaning of the clause)。虽这样表述,普遍连接假设实际上表达的是动词的论元结构映射为句子的D-结构。例如,两位学者认

为exist决定了所在结构的初始层具有非宾格特性。在所有语言中，谓词为exist的句子都有非宾格性的初始层。

此外，Baker(1988:32)也认为词库列举了词项的特殊特征，刻画一个词项与另一词项之间的题元关系。句子的D-结构是题元结构的表征，并遵循题元分派的一致性假设(the Uniformity of Theta Assignment Hypothesis)(UTAH)："在D-结构层次上，词项之间相同的题元关系由相同的结构关系表征"(Identical thematic relationships between items are represented by identical structural relationships between those items at the level of D-level)(ibid.：46)。

投射原则、普遍连接假设和题元分派的一致性假设都是指导性原则，体现了投射主义(projectionism)的基本观点：动词的论元结构决定句子的基本结构。但动词的论元结构如何映射为句子的基本结构呢？在投射主义的框架下，先后出现了多种理论，现择要评述。

1.3.1 题元等级理论

各种论元可以排列成一个等级。Jackendoff(1972：43)在讨论Gruber(1965，1976)的题元关系后，根据凸显将论元排成这样一个等级：

施事＞处所/来源/目标＞客体

Larson(1988:382)研究双宾语构式时却排出另一个题元凸显等级：

施事＞客体＞目标＞旁论元(方式、处所、时间等)

因此，Larson认为论元实现的原则是：

"如果一个动词决定题元 θ_1、θ_2、θ_3……θ_n，那么题元等级上最

低的题元分派到成分等级上最低的论元，下一个最低的题元分派到下一个最低的论元，依次类推”(Larson 所说的“成分”指句法成分)。

Larson 的论元实现原则似乎解决了论元实现的问题，而且可操作性强，但存在两个问题。一是论元的数目难以确定。常见的论元有施事、受事或客体、工具、经验者、受益者、处所、目标等，但到目前为止，谁也不知道到底有多少个论元(Dowty 1991:548；徐烈炯 沈阳 1998)。Langacker(1991:284)甚至认为列举论元清单既无必要，也不可取。另一个问题是如何将论元排成一个等级。每个学者都是根据自己的研究对象排列题元等级的。例如，Bresnan and Kanerva(1989)研究英语和 Chichewa 语的处所倒装句后，排出的题元等级是：

施事＞受益者＞经验者＞工具＞受事/客体＞处所

根据 Levin and Rappaport(2005:162－163)的综述，目前共有16种题元等级表。各个题元等级表不仅包含的题元数量不等，而且题元的排列顺序不同，特别是受事、处所的位置差别较大。如果不能得出广为接受而且反映语言事实的题元等级，Larson 的论元实现原则将无法实现，题元等级也将失去其效用。

1.3.2 原型范畴理论

论元实现的主要问题是语义论元往往多于句子的句法论元。句子的主要句法关系或语法论元是主语和宾语(包括直接宾语和间接宾语)，而动词的论元却不只是施事、受事，还有经验者、受益者、工具、处所等，而且这些主要论元都可以映射为句子的主语或宾语。这样，就出现多个语义论元可以实现为同一个句法论元的“多对一”的问题。为此，Dowty(1991)运用原型范畴理论研究论元的实现。

Dowty(1991)首先认为论元或题元不是指一个实体或概念，而是由多个蕴含(entailment)组成的丛集概念(cluster concepts)。他认为主要有两个论元类型：原型施事(proto-agent)和原型受事(proto-patient)。

原型施事的蕴含特征有(ibid.:572)：

1 有意志地参与一个事件或状态

2 感知性

3 致使一件事件发生或使另一参与者发生状态变化(即致使性)

4 位移(相对于另一参与者的位置)

5 独立存在于动词所表示的事件

而相应的原型受事的蕴含特征是：

1 经历状态变化

2 累积性的客体

3 受另一参与者的影响

4 相对于另一移动的参与者是静止的

5 不独立存在于事件

根据原型施事和原型受事的蕴含特征，Dowty(1991:576)提出的论元选择原则是：在有语法主语和宾语的谓词中，具有原型施事特征最多的论元词汇化(即映射)为主语；而具有原型受事特征最多的论元词汇化为宾语。

此外，Dowty(ibid.)还提出两个准则(corollary)：如果一个关系谓词的两个论元具有相同数量的原型施事和原型受事的蕴含特征，则都可以词汇化为主语或宾语；在三元谓词中，具有原型受事较多的非主语论元词汇化为直接宾语，而具有原型受事较少的非主语论元词汇化为旁语或介词的宾语(若两个非主语论元具有相同数目的原型受事特征,两者都可以词汇化为直接宾语)。

Dowty认为负责语言编码的音系、句法和形态(morphology)适合运用离散性的特征进行分解、描写。题元是根据语义定义的,而语义具有模糊性。因此,原型语义角色具有非离散性,即模糊性的特征。

Dowty的原型施事和原型受事的蕴含特征是相互配对,或者说相互定义的。该理论能解释基本及物动词的论元在如主动句等常态句中的表现,即能解释满足原型施事和原型受事标准的论元为什么在几乎所有语言的主动句中都实现为主语和宾语。原型理论也能解释经验者因具有感知性而能表现为主语,如(1),工具和自然力因具有致使性而能映射为主语,如(2)和(3):

(1) John knows the answer.

(2) The key opened the door.

(3) The wind pushed the window open.

但是,Dowty没有对每个蕴含特征进行比较,计算出每个蕴含特征的权重或进行排序。因此,Dowty的理论对各种现象的解释显得就事论事,有头痛医头、脚痛医脚之嫌。例如,在receive, undergo, tolerate等词构成的主动句中,主语是目标或受事,而不是施事论元。Dowty(1991:581)认为这些动词的受事或目标含有感知性的特征,所以表现为主动句的主语。但感知性不是绝对性的决定因素。在please, frighten, disturb等动词构成的主动句中,含有感知性的经验者却表现为宾语,而含有致使性的刺激论元却表现为主语(当然,Dowty认为宾语论元还包含状态变化的特征)。另外,Dowty运用位移性解释pass, collide等动词的主语论元实现,如:

(4) a The truck collided with the lamppost.

b The ship passed the lighthouse in the night.

但在(5)中,the bullet 含有位移的蕴含特征映射为宾语(Davis and Koenig 2000:75):

(5) The wall deflected the bullet.

和其他投射主义理论或动词中心论一样,Dowty 的理论无法解释动词的论元结构与所在的句子不一致的现象。例如,Dowty 的原型题元理论无法解释为什么及物动词的施事在中动句中没有表现出来,而受事却实现为主语,如"This book sells quite well"。对于汉语供用句(英语也有相似的例子,如 the tent sleeps 5 people)和倒置动结式,如(6),Dowty 的原型题元理论更是束手无策:

(6) a 一锅饭吃了十个人。

b 那盆脏衣服洗累了妈妈。

1.3.3 谓词分解理论

动词表示世界上发生的事件或事态,而名词表示事件所涉及的参与者。根据事件的类型,动词可分为状态(state)、活动(activity)、实现(accomplishment)和成就(achievement)等类型(Vendler 1967)。谓词分解(predicate decomposition)理论就是运用各种事件中反复出现的原始概念或基本概念来表征动词的意义,而论元是根据其在动词所表达的逻辑结构中的位置确定的(Dowty 1979; Jackendoff 1983, 1990; Van Valin 1990; Levin and Rappapport 1998)。我们主要介绍运用谓词分解研究论元实现较为系统的角色与参照语法(Role and Reference Grammar)(Van Valin 1990; Van Valin and LaPolla 1997; Van Valin

2005)。

Dowty(1979)认为状态动词是基本的,但角色与参照语法(Van Valin 1990,2005)认为状态动词和活动动词是基本的。状态动词使用本身的谓词表征,而活动动词可用原始谓词 DO 表征。状态动词和活动动词与表示状态变化的原始谓词 BECOME 或 INGRESS 结合产生成就动词,而活动动词与成就动词结合则产生实现动词,两者具有致使关系,用 CAUSE 连接。综合 Van Valin(1990, 2005)的研究,各类动词的逻辑结构可以表征为:

状态动词:谓词'(x)或(x, y)

活动动词:DO'(x, [谓词'(x)或(x, y)])

成就动词: BECOME 谓词'(x)或(x, y)

实现动词:A CAUSE B (A, B 分别代表活动动词和成就动词)

(x 和 y 分别代表不同的论元)

角色与参照语法认为状态动词和活动动词是派生其他类型动词的基础,而增加原始谓词并不改变所产生的动词的逻辑结构或论元结构(Van Valin 2005:54),所以角色与参照语法集中研究状态动词和活动动词的逻辑结构和其论元。在状态动词中,有 2 类一元状态动词和 12 类二元状态动词,分别如:

be(The book is heavy)　　Be'(book, [heavy])

see(John saw the magazine)　　see'(John, magazine)

在活动动词中,有 5 类一元动词和 5 类二元动词,分别如:

cry(The children cried)　　do' (children, [cry'(children)])或 cry'(children)

eat(Carl ate pizza)[1]　　do' (Carl, [eat'(Carl, pizza)])或
eat'(Carl, pizza)

与其他论元实现理论一样,角色与参照语法认为主要论元或题元有施事、经事(experiencer)、工具、处所、来源、客体(theme)[2]受事等。但角色与参照语法对各种论元进行了概括,并提出了两个宏论元(macrorole)的概念——行为者(actor)和经历者(undergoer)。施事、经历者、工具等在某种意义上是行为的执行者(doer of action),都能实现为主动句的主语,因此被称为行为者。另一方面,受事、客体、来源和处所等某种程度上受到动作的影响(affected),都能做主动句的宾语,因此被称为经历者。默认情况下,行为者和经历者分别实现为句子的主语和宾语(Van Valin 1990:229)。

角色与参照语法认为论元实现分为两步。第一步是宏论元的分配,即判断动词的论元是属于哪一个宏论元。宏论元的默认分配原则是:如果动词的逻辑结构中有两个或多个论元,该动词带两个宏论元,即行为者和经历者;如果动词的逻辑结构中有一个论元,该动词则带一个宏论元。在带一个宏论元的动词中,若是活动动词,其宏论元则是行为者,否则,即动词不包含活动谓词,其论元为经历者。第二步是将动词的宏论元——行为者和经历者,分派给句子的主语和宾语。

从上面的简述可以看出,角色与参照语法持动词中心论的观点,认为动词决定其论元的解释和实现。

此外,体界面理论(Tenny 1994)、中心词驱动理论(Weschler

---

① 角色与参照语法认为 eat 本质上是活动动词(Van Valin 1990, 2005),但与限定性的有界名词短语结合则变为实现动词,如 John ate a cake。

② 角色与参照语法将“客体”定义为表示处所变化的实体。

1995)等都是在投射主义框架上探讨论元实现的，但其影响远没有上述三种理论的影响大。本书就不进行综述。另外值得一提的是，Levin & Rappaport(2005)一书虽是对论元实现研究的综述，但贯穿全书的主线是投射主义或词汇主义的观点，即动词或动词的某个相关意义决定其论元的实现。

1.3.4 投射主义简评

投射主义采取的是自下而上的研究思路。其最大优点或具有吸引力之处是能解释动词的论元结构与其所在的句子完全一致的情况。语言中也的确有大量这样的句子。例如，一元非作格动词与其构成的不及物句是一致的。英语中，laugh，smile，flee 等动词能决定其论元在不及物句的论元实现，即这些非作格动词的唯一论元在不及物句实现为主语，如：

(7) a John laughed.

b Mary smiled.

c Tony fled.

又如，二元及物动词的论元结构与其构成的主动及物句是一致的。一般情况下，hit，murder，build，write 等动词的论元结构与这些动词构成的主动及物句是一致的，即这些动词的施事和受事在主动及物句中实现为主语和宾语，如：

(8) a John hit Mary.

b Bill murdered a famous statesman.

c John built a house.

d John wrote a letter

投射主义面临的最大问题是无法解释动词的论元的结构与所在句子或构式不一致的情况，即动词的论元数目少于、多于或不同于其所在句子的论元数目。例如，同源宾语构式包括主语论元和与动词在形态和真值意义上基本相同的宾语论元，但同源宾语句子中的动词主要是一元非作格动词，如：

(9) a　John laughed a hearty laugh.

　　b　Mary smiled a weary smile.

那么，一元非作格动词又如何投射并产生包括两个论元的句子呢？

同样，英语双宾语结构一般包括施事、接受者和客体三个论元，分别映射为主语、间接宾语和直接宾语，如：

(10) John gave Mary a book.

但是，大量的二元及物动词，如 bake，throw，kick，build，write 等，都能出现在双宾语结构中，如例(11)。投射主义还需要解释二元动词如何投射并产生包含三个论元的句子。

(11) a　Mary baked John a cake.

　　b　John kicked Tony a football.

另一种情况是投射主义还需要解释动词的论元数目多于所产生句子的论元数目的情况。例如，英语中动句一般只有一个客体或受事论元，但中动句的动词主要以二元及物动词为主。投射主义还需要解释二元及物动词如何投射产生只有一个论元的中动句，如：

(12) a　Bureaucrats bribe easily.

　　b　Greek translates easily.

相似的情况还包括汉语的受事主语句，如：

(13) a　衣服洗好了。

　　b　饭烧好了。

还有一种情况是动词的参与者有时体现双重或多重语义角色

(Jackendoff 1990; Levin & Rappaport 1995,2005),如 Kelly 在 Kelly ran across the field 中,既表现施事又表现位移。这种情况下,投射主义无法解释究竟哪一种语义角色得到投射。

投射主义还面临有时动词的论元得不到投射,而句子却给动词增加新的论元的情况。例如,在(14a)中,knit 原来的受事论元没有得到投射,后面却接了时间论元——the evening;而在(14b)中,bribe 本来的受事论元没有被映射出来,后面却接了路径论元。

(14) a Mary knitted the evening away.

b She bribed her way to the top.

总之,投射主义能解释动词的论元结构与所在句子的论元结构完全一致的情况,即所谓符合语言规则的常规句式,但面临动词的论元结构与其所在句子不一致的挑战,即无法解释语言中为数不少的所谓的特殊异常句式。

1.4 构式语法的研究取向

针对投射主义所面临的问题或挑战,构式语法(Kay & Fillmore 1999; Goldberg 1995, 2006; Michaelis & Lambrecht 1996)采取自上而下的研究思路,力图对特殊异常句的句法、语义、语用意义和语篇功能做出统一的解释。一般寓于特殊之中。从特殊现象可以窥视一般现象的基本特征。构式语法认为对所谓边缘性的、特殊异常句的详细描写和解释同样适合解释符合语言规则的常规句式,取得语法解释的充分性。Goldberg(1995)则是构式语法对特殊、乖戾构式的论元实现研究的代表之作。

1.4.1 构式的特征

构式是语言的基本单位。构式语法学家一般认为语言是由大小不一、复杂程度各异的各种构式组成的结构性集合体(Goldberg 1995,2006; Langacker 1999,2008;Michaelis 2006)。构式可以是词素、词项、部分填充的习语、完全没有词汇填充的习语、短语、句子或句型。因此,构式可以分为词汇构式(lexical construction)和组合构式(combinatoric construction)——由词项组构产生的构式(Kay & Michaelis 2012)。构式语法的基本观点有:

(1) 构式具有不可预测性。构式是形式与意义、功能的约定俗成的配对体,有其自身且独立于词项或组成成分的意义。对于任何一个表达式,只要其形式或功能(包括意义)的某些方面不能从其组成成分或业已确认存在的构式预测出来就是构式(Goldberg 2006:5)。Goldberg(1995:4)对构式下的经典定义是:C是构式当且仅当C是形式与意义的配对体,其形式或意义的某个方面无法从C的构成成分或其他业已确定的构式做出严格的预测。词素是形式与意义的配对体,因其意义无法从其他构式或本身推测,因此是构式。习语,如 kick the bucket, take advantage of, the lion's share,let alone 等,其意义无法从习语的组成成分进行严格预测因而是构式。英语 What's X doing Y?,如(15),之所以是构式,是其不合时宜或不应该发生某事的意义无法从其构成成分推测出来,因而是构式(Kay & Fillmore 1999)。不可预测性是确定构式的一个主要标准。

(15) a Waitor, what's this fly doing in my soup?

b What's a nice girl like you doing in a place like this?

c What's he still doing in the tool shed?

虽然 Goldberg(2013:17)后来将构式定义为约定俗成的、学得的、复杂和抽象程度各异的形式与功能的配对体(Constructions are defined to be conventional, learned,form-function pairings at varying levels of complexity and abstraction),同时也承认即使能完全预测但具有足够使用频率的句型也是构式(Goldberg 2006:5,64),不可预测性还是构式的主要特征。她(2013)讨论的例句都具有不可预测性。

(2) 构式具有整体性。构式有其自身且独立于词项的整体意义。构式的意义不是其组成成分意义的简单相加,而是各个词项通过多种方式有机整合或融合而产生的整体,具有涌现特征。英语 P N 构式,如 at war,at school, at play, in prison,in exile, under investigation,under discussion 等,表示进行某种活动,但该意义不能根据介词或名词推测。又如,英语"QUITE + A + NOUN"构式,如 quite a success, quite a risk, quite a disaster, quite an experience 等,表示实体或事件在某种维度上达到一定程度,但某种维度的意义不能归结为某个词项,而是整个构式的意义。汉语"有+名词"构式,如"有能力、有水平、有经验、有成就、有意义、有价值、有出息"等,表示达到一定的程度或超出某常规程度意义,但没有一个词项表示程度意义。因此,"有+名词"是一个构式。

(3) 构式具有多义性。认知语言学的主要成果之一便是发现词项具有多义性。一个词越是常用,越有可能通过隐喻和转喻延伸出多个意义。任何频繁使用的词项都是多义的,而且词项的多个相互联系的意义可以通过范畴化联系起来,形成一个复杂范畴(Langacker 1987a, 2008)。某种程度上,多义是词的常态(Langacker 1990/2002)。同样,构式也具有多义性。例如,英语

'S领属构式具有亲属、整体-部分、领有等主要意义，如 John's father, John's arm, John's house 等。

(4) 构式具有单层性。构式语法奉行“所见即所得”(what you see is what you get)(Goldberg 2006:10)的原则，认为构式只有看得见的表层形式，而不存在深层结构或其他转换机制，更不认为存在有意义但没有语音形式的空语类，如生成语法所说的空代词(PRO)(Goldberg 1995; Langacker 2008)。

(5) 构式具有多重传承性。虽然构式语法不承认转换等操作机制，但不否认构式之间的传承关系。一个构式是继承其他多个构式的特征而整合起来的。例如，“On the beach stands a sand castle”继承了下列构式的特征：

(16) a on, the, beach, stand, -s, a, sand, castle 构式
b 倒装构式
c 不及物构式
d 动词短语构式
e 名词短语构式

正因为构式具有多重传承性，构式具有部分组合性和理据性。

此外，构式语法认为，词项和构式的语义意义和语用意义形成连续体，两者之间没有截然的分界线。对构式的描写必须参照其信息结构和语篇功能等因素。例如，双宾语构式的间接宾语一般表示已知信息，在前面语境或语篇中出现过，将双宾语结构与前面的语篇连接起来。

构式还具有原型性、能产性、多重对应性等特征(Goldberg 1995; Langacker 2008)。我们就不展开讨论。

1.4.2 构式的论元实现

顾名思义，论元结构构式（argument structure construction）是指包含动词和其论元结构的构式，有别于其他结构，如名词短语构式，象“QUITE＋A＋NOUN”构式，比如“quite a success，quite a risk，quite an experience”等。论元结构构式，即句子层次的基本构式（basic sentence-level constructions）（Goldberg 1995：66），表达人类基本经验的场景，如某人致使某物移动、某人经历某事、某物移动、某事处于某种状态、某人拥有某物、某人致使某物发生状态变化等（Goldberg 1995：5；39；66）。因此，Goldberg（1995：39）提出场景编码假设：与基本句型相对应的构式编码人类基本经验的事件类型，作为其中心意义。

（论元结构）构式的论元实现经过或分为两个步骤：动词的论元或参与者先与构式的论元融合或整合，然后构式的论元再向句法投射，实现其句法功能，成为主语或宾语。

构式和动词的论元或语义角色都是根据与其相联系的动态场景中，语义上受到限制的关系槽位确定的（Goldberg 1995：49）。被动词所凸显（profiled）的参与者角色，即其他理论所说的论元，是指必须表达出来的论元，即满足最简单的句子所必备的论元，而构式所凸显的论元，即构式的论元是指“和直接语法关系（如主语、宾语、间接宾语）相连接的论元角色”（ibid.：48）[①]。直接语法关系对应于核心论元。

（论元结构）构式有其自身且独立于动词的意义和论元结构（Goldberg 1995：1；19；66）。例如，双宾语构式表示某人使另一人

---

① Goldberg 使用的 OBJ2，为了前后一致，本书表述为间接宾语。

接受或拥有某物，其论元包括施事、接受者(recipient)和客体，可表征为：

CAUSE-RECEIVE(致使-接受)〈agent recipient theme〉

又如，动结式表示某人作用于某物，使其发生状态变化，其论元包括施事、客体和结果，其包括论元在内的语义结构可表征为：

CAUSE-CHANGE(致使-变化)〈agent theme result〉

但是，构式的论元是抽象的，不指涉具体的对象。因此构式的论元必须与动词的参与者整合。若动词的参与者角色不与构式的论元进行融合，或者说不将动词的参与者角色填充到构式的论元中，构式的论元是空洞的，永远处于未饱和状态。所以，构式论元实现的第一步是将动词的论元或参与者角色与构式整合起来。

构式规定动词与其整合的方式、动词所表示的事件如何融合到构式所表示的事件类型中，即构式确定动词所表示的意义与构式的意义之间的关系。动词与构式融合的一个基本条件是动词与构式至少共享一个论元或参与者(Goldberg 1995：65)。构式语法认为动词的论元或参与者角色与构式的融合遵循如下原则(Goldberg 1995：50，2006：40)：

1. 语义连贯原则：只有语义上相兼容的语义角色或论元才能融合。如果语义角色 R1 被识解为语义角色 R2 的一个例示或例子(instance)或 R2 被识解为 R1 的一个例子，那么，R1 与 R2 语义上是相兼容的。例如，hit 的参与者 hitter(打人者)和 hittee(被打者)分别是及物结构的施事和受事的例示，所以 hitter 和 hittee 可以与及物构式的施事和受事整合起来。

2. 对应原则：每个词义上凸显且表达出来的参与者角色须与构式所凸显的论元融合。如果一个动词有三个凸显的参与者角色，其中一个参与者角色可以与构式非凸显的论元融合，如与实现为旁语(oblique)的论元整合。

语义连贯原则确保相同类型的论元得到融合。这样,有意志的、感知性的、致使性的参与者不会与受事或客体论元整合。对应原则保证动词凸显的参与者或论元得到整合,最后映射到相应的句法位置,实现其句法功能。

动词与构式之间的关系有例示、工具、结果、条件、方式等(Goldberg 1995:65;王寅 2011a)。不管动词表示的是例示、方式或结果关系,构式的意义是恒定不变的,只是动词与构式之间的关系不同罢了。

例如,give 的参与者包括给予者(giver)、给予物(the gived)和被给予者(givee),分别是施事、受事和接受者的例示,所以与双宾语构式的论元完全兼容,而且 give 也是双宾语构式致使-接受意义(或事件)的一个例示。因此,give 的参与者可以与双宾语构式的论元进行对应性的整合(R 表示关系,"|"表示构式的论元与动词的参与者的整合):

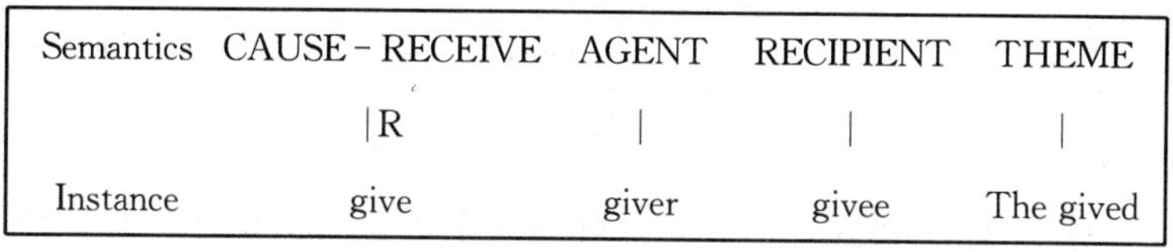

图 1

但是,与构式的论元结构完全吻合、对应的动词毕竟是少数,大部分动词与构式的论元结构只是部分吻合、对应。为了不使动词的意义扩大泛滥,也为了避免投射主义在确定动词论元数目时的循环论证(本章后面将叙述),构式语法认为动词的意义和论元结构在不同的构式中保持不变,所产生的与表达式的意义和论元结构之间的差异归因于不同的构式(Goldberg 1995:13;18;19;

21)。因此,当动词的论元数目少于构式的论元数目时,构式给表达式贡献(contribute)、增加(add)或施加(impose)额外的论元(ibid.:10;53;54;55)。例如,bake,kick,build, write 等动词都是二元及物动词,但都能出现在双宾语构式中,如:

(17) a　Mary baked John a cake.

　　b　John kicked Bill a ball.

　　c　John built his son a house.

　　d　John wrote Mary a letter.

构式语法认为是双宾语构式给 bake, kick, build 和 write 所在的句子增加了额外的接受者论元。以 kick 为例,kick 的参与者包括 kicker(踢者)和 the kicked(被踢物),而 kick 本身与双宾语构式是方式的关系,即 kick 是致使-接受的方式。“kick”与双宾语构式的整合可表征为:

Semantics	CAUSE - RECIEVE	agent	recipient	theme
	|R	|		|
Means	kick	kicker		the kicked

图 2

此外,Goldberg(1995)还详细探讨了包含三个论元的致使-移动构式和动结式如何给一元非作格动词和二元及物动词增加额外的论元。

构式的论元饱和之后,即动词的参与者与构式的论元融合之后,便向句法结构映射,履行其句法功能,如作句子的主语、宾语等。构式语法认为论元连接或语义论元向句法关系映射由具体的构式决定(Goldberg 1995: 110; 111; 115; 119)。例如,接受者(recipient)在双宾语构式中映射为间接宾语,如:

(18) Sam handed Mary a cake.

SUBJ V IO DO

(Subj 表示主语;V 表示谓语动词;IO 代表间接宾语;DO 表示直接宾语)

但在带介词 to 的与格结构中,接受者实现为旁语,如:

(19) Sam handed a cake to Mary.

SUBJ V OBJ OBL

(OBJ 表示宾语;OBL 代表旁语)

此外,接受者还可以表达为主语,如:

(20) Sam received/got/acquired a package.

SUBJ V OBJ

所以,论元实现不能根据动词的论元本身的特性来确定,而要视具体的构式来决定,是构式决定动词的论元实现。

同样是表示处所或状态变化的客体在不同的构式中实现为不同的句法功能。(21)各句中,斜体部分的名词短语均表示客体,分别实现为主语、宾语、旁语、双宾语构式的直接宾语:

(21) a *The boy* ran home.

b Pat moved *the table*.

c Pat loaded the truck with *hay*.

d Pat threw Chris *the ball*.

因此,特定的构式决定具体的论元实现。脱离了构式,就无法对论元实现或连接做出一般的概括。

还是以上面提到的 give 为例,构式语法对论元实现的两个步骤,即动词的参与者首先和构式论元融合,融合或饱和后的论元再与句法关系连接,可图示为:

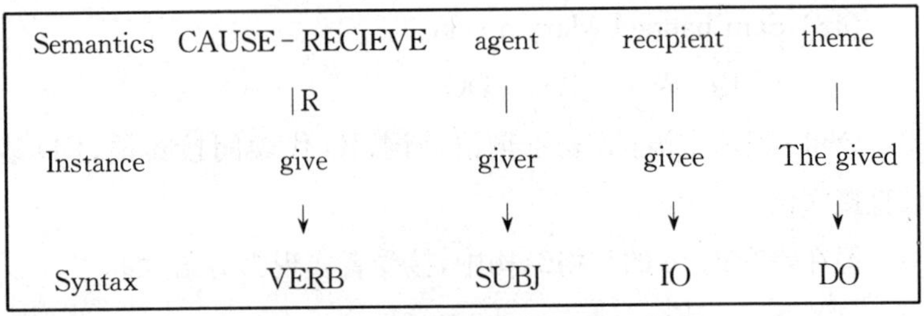

图 3

上文所说的 kick 与双宾语构式的融合及融合后的句法映射可图示为：

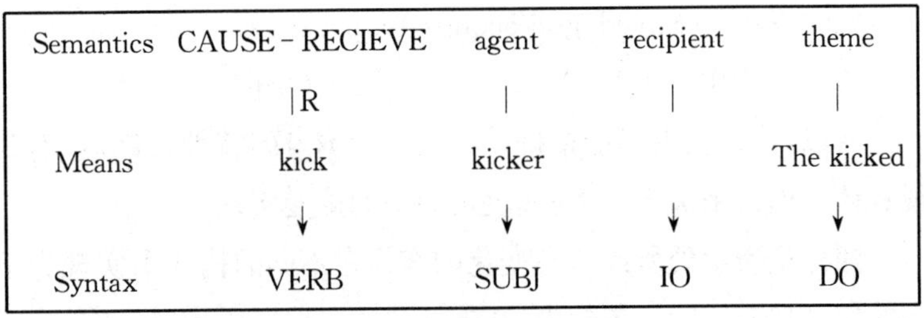

图 4

从上图可看出，kick 与双宾语构式整合时，kick 本身的论元结构没有变化，产生新句子时，如(22)，是双宾语构式直接给句子贡献新的接受者论元，做间接宾语，如(22)中的 Bill。

(22) John kicked Bill a ball.

1.4.3 构式语法存在的问题

构式语法先确定构式的论元结构与动词的融合，然后讨论融合后的论元如何向句法结构映射，解决了投射主义所面临的一个主要问题——动词的论元结构与构式不一致的情况，即动词的论元结构不能投射并产生相应的句子结构，但句子又产生了的问题。

但构式语法自身也面临如下问题：

(1)动词与构式所增加的额外的论元果真没有关系吗？一方面，Goldberg (1995：10；54)认为构式能给表达式增加额外的论元，但增加的论元不与动词相联系，不是由动词直接允准的，不是动词的论元。另一方面，新增加的论元在表达式中又与动词发生句法关系。例如，致使-移动构式，如 John put the book on the table，包括施事、客体和目标三个论元，与动词整合后，分别映射为主语、宾语和旁语。许多动词虽然与致使-移动构式的论元结构不一致，但也能出现在致使-移动构式中。例如，sneeze 只有一个施事性的参与者——打喷嚏者(sneezer)。与致使-移动构式整合时，打喷嚏者与施事融合，映射为主语，而致使-移动构式本身赋予表达式额外的客体和目标论元，分别表现为宾语和旁语，如：

(23) Sam sneezed the napkin off the table.

在(23)中，the napkin 与 off the table 都不是动词 sneeze 允准的论元，但句法上是 sneeze 的宾语和旁语或补语。认知语言学(包括构式语法)认为语义是句法的基础。两个成分之间句法上有关系，语义上也必然有关联。(23)中，sneeze 和 the napkin 与 off the table 有句法关系，sneeze 语义上和 the napkin 与 off the table 果真没有关系吗？事实上，the napkin 正是在 sneeze 所表示的动作作用下，才产生 off the table 的结果的。另外，一个表达式是由相互联系的各个成分构成的有机整体，动词与构式所增加的额外论元应该有关联。所以，动词与构式所赋予的额外论元的关系值得进一步探讨。

(2) 构式语法没有探讨构式给表达式增加额外论元的机制和基础，即构式为什么能够给表达式增加额外的论元，又是如何增加额外的论元的？动词为什么能接受构式所赋予的论元？

(3) 构式语法只是强调论元连接是在构式内部进行的，论元实现是由构式决定的，但构式语法(Goldberg 1995：ch 4)没有探讨动词的论元与构式整合后如何向句法功能映射，以及映射的理据。可以说，构式语法主要探讨动词的参与者如何与构式整合，特别是构式对动词的增容，而忽视了对构式的论元连接进行研究。

(4) 构式语法没有探讨构式是如何形成的。Goldberg(1995：39)虽然认为论元结构构式标示(designate)或表达人类基本经验的场景，编码的是人类基本经验的事件类型，如：某人将某物转给另一人、某人致使某物移动或发生状态变化、某人经历某事、某物移动等。但构式语法没有探讨论元结构构式是如何形成的，特别是忽视了人的认知方式和能力在构式形成中的作用。

(5) 构式语法主要探讨了双宾语构式、致使-移动构式、动结式等构式对表达式增加动词所没有的论元的情况。Goldberg(1995)虽然简要提到构式对动词论元的剪切(cutting)、阴影化(shading)、合并(merging)等情况，但没有详细地展开讨论。因此，构式对动词的论元结构如何进行剪切、替换等情况需要进行详细的研究。此外，构式语法还需要研究构式对动词的论元进行抑制的情况，即动词的参与者同时表现两种或多种语义角色，构式需凸显相一致的语义角色而抑制不一致的语义角色。汉语供用构式和倒置动结式，如上面例(6)，都需要对动词的参与者进行抑制。

(6) 构式语法学者指出了投射主义的循环论证的问题，即动词的论元由与其共现的成分或补语(complement)决定，而与动词共现的成分又是由动词的论元决定的，即动词有 n 个论元是因为动词有 n 个与之共现的成分，而动词有 n 个共现成分是因为该动词有 n 个论元(Goldberg 1995：11；沈家煊 2000，袁毓林 2004，张伯江 1999)。但以 Goldberg 为代表的构式语法本身也存在这样一个循环论证:构式的凸显论元是由连接到直接或核心语法关系(即主语和宾语)所决定的,即每一个和直接语法关系连接的论元是构式凸显的论元,但构式的论元与动词的参与者整合后又需要与直接语法关系相连接,即映射到主语和宾语等句法位置上去。简言之,直接语法关系凸显构式的论元,构式的论元又需要连接到直接语法关系上去。这样出现了论证循环。

(7) 对于 Goldberg(1995:50, 2006:40)所提出的动词的参与者与构式整合的对应原则——动词所凸显且明确表达的参与者必须与构式的凸显论元整合,及物动词构成的英语中动构式、汉语受事主语构式和存现构式构成了严重的挑战,因为及物动词的施事性参与者都没有与这些构式的论元进行整合并表达出来。

(8) 虽然很难确定一个语言到底有多少个论元,并将这些论元排成一个等级,但一个构式的论元是有限的,而且其数量较少。因此,确定一个构式的论元凸显等级完全是可行的,但构式语法似乎忽视了这一点。

1.5 本书的研究思路

本书认同构式语法关于构式有其自身且独立于动词的意义和论元结构的观点。同时我们认为构式有其自身的凸显结构。构式对动词具有统制、主导作用,决定动词论元的取舍。另一方面,动词为构式提供了所需要的论元。动词本身的特性是构式对动词的论元进行增加、剪切、替换或抑制的基础。

针对构式语法存在的主要问题,本书首先探讨构式的形成,确定构式的意义、论元结构、凸显等级和句法关系,然后将压制(coercion)理论和认知语法的识解观(construal)整合起来,探讨动词的参与者与构式融合的基础、机制和原则。一旦与构式的论元整合后，动词的参与者将根据构式论元的凸显等级投射到构式所规定的句法关系中，履行其句法功能。

本书的安排是本章为第一章，简述投射主义和构式语法对论元实现的研究及存在的问题。第二章介绍认知语法的识解观、意义观和句法观或论元实现观，作为确定构式的论元结构、凸显等级和句法关系的理论框架。第三章建构动词的参与者与构式论元整合的理论框架——基于识解的压制模式，探讨构式的论元与动词参与者整合的基础、机制、原则和形式。第四章到第六章探讨各种构式如何对动词的论元结构进行增容。第七章至第九章探讨构式如何对动词的论元进行剪切。第十章和第十一章探讨构式如何对动词的论元进行替换。第十二章和第十三章分析构式如何对动词的论元进行抑制。最后一章总结本书的主要内容，指出存在的问题和后续努力的方向。

第二章　认知语法的识解观、意义观和句法观

Langacker（1987a，1990/2002，1991，1999，2003a，2003b，2005，2008，2009）创建的认知语法（Cognitive Grammar）经过近三十年的发展和完善，已成为认知语言学诸理论中，对语言的描写和解释最全面、最深刻（也是最繁杂的）的理论，并被广泛运用于解释各种语言的各种现象。和其他认知语言学理论一样，认知语法认为语言能力不是自治的，而是人类认知系统中必要的、有机组成部分。任何对语言有洞察力的分析必须基于业已证明或心理上可能的一般认知能力或通用认知能力。这些认知能力包括：联想、归类（grouping）、范畴化、图形—背景的组织、意象图式、物化（reification）、隐喻、转喻、参照点、力互动（force dynamics）、空间复合、虚拟想象、推理和自动化等。认知语法的目标是运用这些基本的认知能力对语言的知识、习得和使用做出统一的解释（Taylor 2002：ch 1）。认知语法还认为句法也不是一个自治的系统。句法结构是组织和象征概念化内容的语言单位。任何句法单位都有意义，句法结构的分析必须参照其意义。语义是句法的基础。词汇、词法和句法形成象征单位的连续体。除了这些基本语言观外，认

知语法还提出了自己的意义观、词类观、句法观、语篇观、主观化观和语法化观等。本章主要介绍与构式的论元实现研究相关的认知语法的识解观、意义观、句法观，为探讨构式的形成和句法结构，以及下一章的研究做理论准备。

2.1 认知语法的识解观

作为认知语法的核心概念，识解（construal）是指人们对同一客观事件或情景以不同方式进行感知和描述的现象：在什么范围内选择什么感知、从哪一个视角如何感知、最注意哪一个因素等（Langacker 1987b，1990/2002，1999，2000，2001，2003a，2003b，2005，2008，2015）。综合 Langacker（ibid.）在各个论著中的研究，并结合我们先前对认知语法基本理论的概括（董成如 2009，2012，2014；许明、董成如 2013，2014），识解主要包括对客观事件认识的详略度、视角、扫描方式（顺序扫描或总结扫描）、背景、范围和认知凸显等，现分述如下。

（1）详略度（specificity）。详略度又称粒度（granularity）或分辨度（resolution），指人们在何种详细程度上认识世界。世界不是以一定的详细或抽象程度呈现在人们面前的。人们总是根据各种认知目的和需要以不同程度的准确性和详细程度感知和描述客观世界。对于山坡上正在吃草的一群羊，近距离地看，即在详细程度上审视，看到的是一只只羊；而从远距离看，即在更概括的层次上看，看到的是一群羊，而不是一只只羊（Lakoff 1987）。所以，近距离能看到事物更多的细节，而远距离只能感知到事物的轮廓。对任何事物或事件的描述和感知都是如此。例如，对于葡萄酒，说得详细一点或粒度小一点，可用 chianti 表达，而粒度粗一点，可用

beverage, liquid, substance 等表征。对于高温，说得粗略、笼统一点，可用 hot 表达，而详细或准确一点，可分别用 in the 90s, about 95 degrees, exactly 95.2 degrees。对于走或跑的动作，可用 sprint, run, go, move, act 等详略程度不同的词语描述。同一事件，在粗略层次上，只能感知到比较凸显的参与者，而在较详细的程度上，会注意到更多的参与者。对于"猫吃了甜食"的事件可以选择下面不同详细程度的表达式表征：

(1) a　Your wretched Siamese just gobbled up my creme bruelee.

b　Your cat just ate my dissert.

c　An animal did something.

d　Something happened.

(2) 视角(perspective)。视角指概念化的角度，包括观察世界的视点和方向。视点是指概念化者(通常是说话人或听话人)在感知世界时所处的位置。(2a)与(2b)的差别是说话人的视点是在阁楼下或阁楼上。同一条路，站在路的一头可以说"这条路变窄了"，而站在路的另一头只能说"这条路变宽了"。对于房屋的顶部，从外面看是屋顶(roof)，而从里面看到的是天花板(ceiling)。在同一视点，感知的方向不同也会产生不同的意义。空间上的"上下、前后、左右"和时间上的"昨天、明天、去年、明年"等都是在同一视点根据不同的方向确定的。面对同一条山路，在同一视点，可以从下往上看，如(2c)，也可以从上往下看，如(2d)。

(2) a　Go on up into the attic!

b　Come on up into the attic.

c　The path runs up the mountain.

d　The path runs down the mountian.

对于同一物体从不同的视角感知将得到不同的结果。例如，对同一款衣服,可从设计、洗涤、缝制、销售、穿戴等不同的角度进行认识评判。“这件裙子好看、好洗、好做、好卖、好买、好穿”都反映了不同的认识视角(雷冬平、胡丽珍 2013)。同样,对于同一个事件,可从不同的角度进行感知、描述。视角不同,将产生不同的认识结果和意义。对于教学活动,可从教师、学生、管理者、服务者等不同角度进行感知和表征。因此,不同的视角将产生“横看成岭侧成峰,远近高低各不同”的现象。

(3) 扫描(scanning)。Langacker 所说的扫描不是特指一个人的目光或注意力从一个实体转移到另一实体,而是泛指人的心智审视或处理事件的过程。扫描可分为两种类型:总体扫描(summary scanning)和顺序扫描(sequential scanning)。总体扫描是指概念化内容的各个成分或方面同时或平行被处理、激活,并形成一个连贯的整体或完形(gestalt)。顺序扫描是指心智按照一定的序列处理实体或事件。总体扫描犹如一眼看清楚一幅照片而顺序扫描犹如观看电影的过程。但两类扫描都是在一定范围内进行的。总体扫描凸显事件的整体状态而顺序扫描凸显事件的连接关系或过程,如图 1 所示:

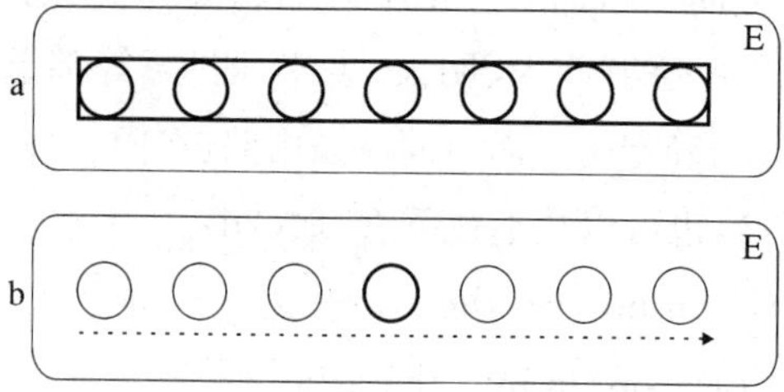

图 1

图中,E 表示扫描的范围(extent),每个小圆表示待扫描的实体。图 a 表示总体扫描,每个小圆同时被扫描,并形成一个整体,用方框表示。而图 b 中带箭头的虚线表示顺序扫描，第四个小圆表示当前正被扫描中。(图中用粗线表示凸显，下同。)

扫描可从空间、时间和实体等方面进行。例如，(3)各句中的 from...to 短语分别表示从空间、时间、个体和数量上进行扫描：

(3) a　From one restaurant to the next, prices vary greatly.

b　From 18th century to 20th century, we have had many great leaders.

c　From the brightest student in the class to the dumbest, they all work very hard.

d　They raised the tuition from \$15,000 to \$20,000.

扫描对于语言学的重要意义在于认知语法认为名词是总体扫描的结果，而动词表示事件发展的过程，是顺序扫描的结果。

(4) 背景(background)。识解包括人们以一个结构所激活的知识作为背景感知另一结构的能力。背景可以是词语所激活的假设、期望和预设等。(4a)和(4b)描写的是同一客观事件，(4a)中的 few 含有比预期值少的假设，而(4b)中的 a few 包含预期数为零，并且多于预期数的肯定判断。

(4) a　He has published few articles in refereed journals.

b　He has published a few articles in refereed journals.

同样，汉语副词“才”表示比预期迟的意义，如“你现在才来啊”，而“就”隐含比预期早的意义，如“我六点就来了”。

语篇中，明确表达的内容是以没有表达的内容为背景的。当前的语篇是以先前的语篇为背景的。

(5) 范围(scope)。范围，又称辖域，指认识和刻画事物所参照的认知域或认知域的一部分。例如，感知 hand，必须参照 arm；而认识 finger，需将其放在 hand 的范围内去感知。要刻画 aunt，需要参照说话人、说话人的父母及父母亲的姐妹等组成的亲属网络。要感知 island,不仅要刻画一块陆地,而且要将其置于足以使陆地与其他空间隔离或隔绝的广阔水域。范围总是有界的(Langacker 2008:63)。可以根据认知需要将有界事物通过识解无界化,也可以将无界事物有界化。Langacker 在各种论著中还区分了直接范围(immediate scope)和最大范围(maximal scope)。例如,foot 的直接范围是 leg,而最大范围是一个人的身体(body)。

(6) 凸显(prominence)。凸显是指人们认识世界时注意力的聚焦(focus of attention)。人们认识世界时,不可能同时注意事物的方方面面或一切事物,而是倾向于首先认识或注意抢眼、重要、熟悉或易辨认的实体,暂时忽视其他事物。一些物体本身具有内在的凸显,如具体比抽象凸显、整体比部分凸显、现实比虚拟凸显、人比其他事物凸显、看得见的比看不见的凸显、听得到的比听不到的凸显等。在一个范畴中,原型成员、典型成员或中心成员比边缘成员凸显。在语言发音中,重读音节比非重读音节凸显。一般情况下,移动、体积小、结构简单、形状完整的物体比静止、体积较大、结构复杂、形状不规则的事物或处所更凸显,更能吸引人的注意力(Talmy 2000b)。因此,万绿丛中"一点红"总是比较凸显。但外在因素也可以使本不凸显的事物变得凸显。例如,语言中,频繁使用、固化程度高的表达式因具有较高的可及性而比较凸显。

在感知世界的过程中,人们既可以凸显事物,也可以凸显关系。在被凸显的关系中,最凸显的实体或参与者被称为射体(trajector,简称为 tr);次要凸显的实体为界标(landmark,简称为 lm)。例如,英语动词 train 凸显的是教练员与受训者或运动员之间的互动的关系,"教练员"是射体,"受训者"是刻画"教练员"的界标,如图 2(a)所示。对于同一关系,人们可以聚焦关系的不同参与者。对于“训练”关系，人们的注意力可以聚焦于“教练员”，这样则用 trainer 表示，如图 2(b)；也可聚焦“受训者或运动员”，英语用 trainee 表示，如图 2(c)；还可以是整个事件——用 training 表示，如图 2(d)。

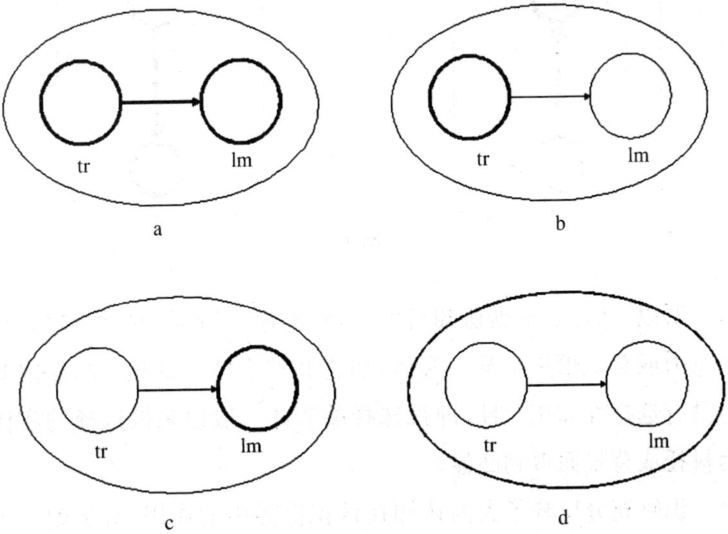

图 2

根据 Rubin 的图形(figure)与背景(ground)的组织原则(Ungerer & Schmid 1996)，由于认识角度、背景和目的不同，图形与背景可以倒置。同理，有时两个表达式具有相同的概念化内容，凸显同样的关系，而意义不同是因为射体和界标的倒置。例如，above 和 below 表示相同的空间关系，即凸显相同的关系，但它们的意义不同是由于射体和界标的倒置，如图 3 所示。同样，husband 与 wife 凸显或侧面化相同的婚姻关系，两者的意义差别源于射体与界标的配置不同：husband 的射体是同一婚姻关系中的男性，其界标为女性；wife 的射体是同一婚姻关系中的女性，其界标为男性。图形与背景的倒置充分反映了人的认知在认识世界和表达客观内容中的积极作用。

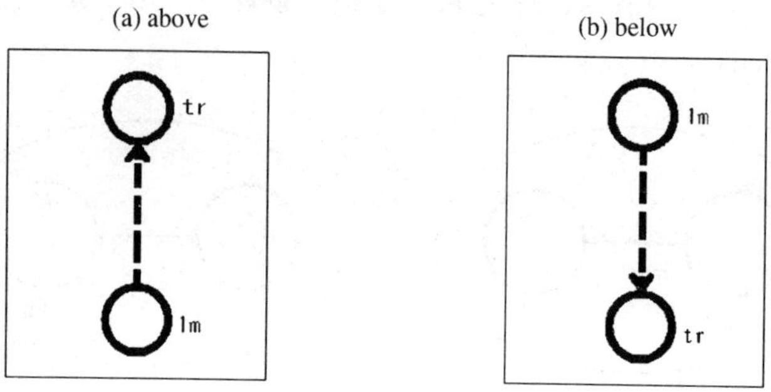

图 3

所以,凸显是根据认知目的、认识对象的特征和组织结构,将注意力或意识聚焦于某一实体,而将其他实体背景化。凸显因此也具有选择性和相对性,即被选择的实体一般以未被选择的实体为衬托或背景而得到凸显。

识解充分反映了人的认知在认识世界中的作用,对于刻画语言表达式的意义、构式的形成、动词的参与者与构式的整合都具有重要的解释力。

2.2 认知语法的意义观

对于意义,认知语法提出了概念化的意义观和百科知识语义观。

首先,和其他认知语言学理论一样,认知语法反对客观主义的意义理论,认为语言表达式的意义不能简约为它成真的条件,或表达式与客观世界中实体的对应。认知语法认为意义存在于听说双方的心智中。认知语法的口号是意义等于概念化（Meaning is equated with conceptualization）（Langacker 1987b，1990/2002，1999，2000，2008）。概念化不是静态的封闭概念，而是存在于听说双方动态地处理语言、情景、社会、文化知识的认知活动中。概念化既包含业已确定的和新颖的概念，也包括抽象概念和人们的感觉、运动和情感经验及人们对社会、文化语境的感知。概念化的一个重要因素是上文所说的识解。一个表达式的意义是客观概念化的对象或内容和识解的有机结合。例如，buy，sell，pay，charge 都是对商品交易事件的描述，但分别从买方、卖方、付款方和收款方的角度描述交易行为，反映了说话人描述交易事件的不同视角（Fillmore 1982）。概念化的语义观还体现在语言表达式的意义不是直接或自动地产生于客观情景，而需要语言使用者一方面参照语境和百科知识，另一方面主动利用隐喻、转喻、虚拟想象、复合空间等能力积极建构、推导。

此外，认知语法认为语言意义和非语言意义没有截然的界限。语义意义和语用意义形成连续体。理解一个表达式的意义必须参照相关的百科知识，即相关的认知域。为此，认知语法提出了两个重要的概念——侧面（或凸面）（profile）和基体（base）（Langacker 1987a，1990/2002，2008，2015）。侧面指语言表达式所指示（designate）的实体，而基体指理解、解释侧面所参照的认知域。侧面寓于或内嵌于基体之中，基体为理解侧面提供框架，离开基体，侧面将无法解释。例如，hypotenuse 的基体是直角三角形，而它的侧面或侧面化（profiling）的是直角三角形的斜边。又如，要刻画 arc 的意义既需参照其基体——圆，也需激活 arc 的侧面——弧。若不参照圆，任何一段曲线都不构成圆弧。英语 tip 的侧面是细长物的尖端，而离开它的基体——细长物，就无所谓尖端不尖端，tip

的意义也无从解释。不仅物体有侧面和基体，社会关系、动作和抽象概念也有侧面和基体。例如，uncle 的侧面一般指成年男性，但理解 uncle 必须参照其基体——由说话人、说话人的父母和父母的兄弟所构成的亲属关系网络。因此，每一个表达式都在它的基体中挑选一个主要结构，作为它的侧面。有时两个表达式的基体相同，但差别存在于所选的侧面不同。例如，apple juice 和 juice apple 具有相同的基体——"苹果是制造苹果汁的材料"，但 apple juice 侧面化的是"苹果所制成的果汁"，而 juice apple 凸显的是"用于制作果汁的苹果"。

下文和后面各章的分析表明，侧面和基体对构式的形成、动词的参与者与构式的论元融合都具有很强的解释力，或者说是不可缺少的解释工具。

2.3 认知语法的句法观

任何研究都是将纷繁复杂的现象抽象概括，然后运用典型的模型进行表征。认知语法将行为链模式（action chain model）、舞台模型和实体所扮演的各种角色整合起来，形成典型事件模型来表征句子所表达的各种各样的事件。

2.3.1 行为链

世界上的事物是相互联系，相互作用的。有的事物能发出能量，有的事物接受其他事物发出的能量并发生变化。一事物发出能量并传递给另一事物，第二个事物吸收部分能量并将其余的能量传递给第三个事物，能量如此传递下去直到最后被耗尽。这样，形成能量传递的行为链（action chain），如图 4 所示：

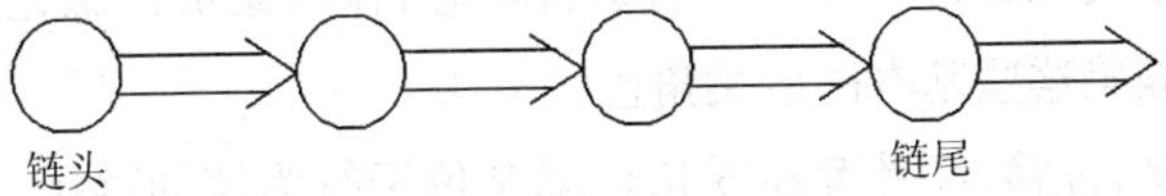

图 4

发出能量的物体位于行为链的链头(head)，而最后吸收并耗尽能量的物体位于行为链的链尾(tail)。一个基本的行为链可以由两个物体之间的能量的互动而形成，而最小的行为链可以由既是能量发出者又是能量表现者的一个事物构成(Langacker 2008：356)。因此，行为链可长可短，行为链上的参与者的数目可多可少。

人类在与世界的互动中，人和各种实体扮演着各种各样的角色。施事(agent)是指有生命的动作或活动发起者。通过接触，施事将能量传递给另一物体。受事(patient)常常通过与外界接触，接受外部所传递的能量从而引起内部的状态变化。工具(instrument)是施事用来将能量传递给受事的无生命的载体。经验角色(experiencer)是指任何经历或经受心智活动的生命者[①]。位移(mover)是指改变处所的实体。与其他理论不同之处是Langacker(1990/2002，1999，2008)提出零角色(zero)，即指在某处所发生的，或存在于某处的实体，也指表现某些特征的实体。这些语义角色都是实体在大千世界的互动中所表现的主要角色。这些角色的名称与Fillmore(1968)的格理论及Gruber(1965，1976)的题元关系理论所使用的术语几乎大同小异，但认知语法(Langacker 1990/2002，1991，1999，2008)认为上述语义角色都

① 本书所说的经验角色都是指被动意义的角色，如 That pleased me 中的 me。Langacker(2008：392)明确区分被动经验者和积极经验者(active experiencer)。例如，在 John likes Mary 中，John 即为积极经验者。

是植根于人类日常经验中的前语言概念，作为象征概念化的语言必然要编码这些基本的语义角色。

受事、位移、经受者和零角色都是位于行为链的链尾，被动地接受能量，而不是能量产生者，能被独立识解。因此，Langacker (ibid.)将这四种语义角色称之为客体(theme)。在行为链中，施事和工具都是能量的来源，处于链头，而客体处于链尾。典型的事件模型表征施事与客体之间的能量互动。

人们时时刻刻都在感知周围的世界。人对世界的感知如同在剧院里，人在台下观看舞台上的表演：感知者对应于舞台下的观众；感知的对象对应于台上演员的表演；感知的处所或环境对应于舞台背景(setting)。因此，舞台模型(stage model)能表征人对世界的感知。

将行为链模型、人在世界中所扮演的各种角色和舞台模型整合起来，便形成表征人对世界感知的典型事件模型(canonical event model)，如图 5 所示：

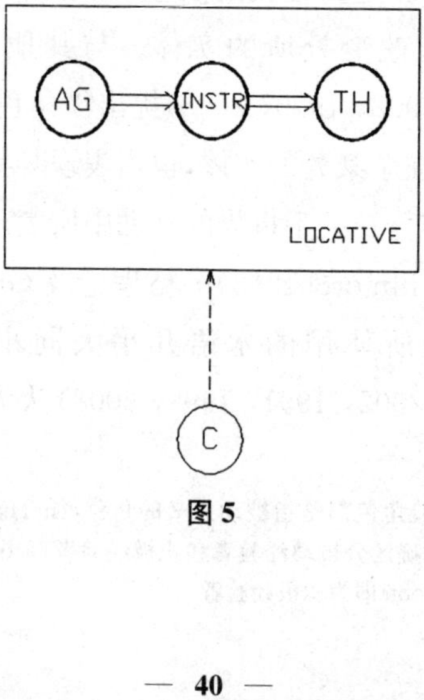

图 5

图5中,C为概念化者(conceptualizer);AG为施事;INSTR为工具;TH为客体;虚线箭头表示感知关系;双线箭头表示能量传递的互动关系。

句子的基本功能是象征——表征人们对世界的感知、认识和在世界中的各种实践经验。人类有什么感知或经验,句子也有相应的结构进行表征。所以,事件结构和句子的组织之间具有自然的对应关系(Langacker 1990/2002)。图5所表示的典型事件模型可由及物限定句子编码,如(5):

(5) In the street, the policeman was chasing the thief.

在(5)中,in the street为事件发生的处所,相当于舞台的背景;the policeman和the thief分别为施事和受事,相当于在舞台上表演的演员;说话人和听话人对应于舞台下面的观众。

但是小句编码事件时,常受到影响交际的信息最大化、经济最大化、认知凸显等因素的制约(Langacker 1977;董成如2004a,2004b)。理论上讲,交际时说话人应原原本本、完完整整地将所要传递的信息如实地告诉听话人。但因交际受上述因素的制约,说话人只能尽最大可能传递最多、最重要、最凸显的信息以代表所要传递的全部信息,即语言交际受信息最大化原则制约。

经济最大化原则是指说话人希望用最少的言语,投入最少的认知努力同时又能准确地传递所要表达的全部信息。宏观上,社会的快速发展要求交际越快越好。微观上,人脑产生和理解意义的速度约是大脑对意义编码速度的4倍(Levinson 2000:6,28)。因此,编码成了交际的瓶颈。说话人恨不得一口气说出所要传递的全部信息却只能一字一句地表达。另一方面因意义的解码和理解快于对意义的编码,听话人则希望说话人表达得越快越好。有时,说话人说到一半的时候,听话人已理解出其所要表达的意义。

用简洁、有序、相关或非歧义、不含糊的语言远不能克服编码瓶颈，实现交际的经济最大化原则。

认知凸显原则是指人们倾向于思考和谈论具有最大认知凸显的事件或事件凸显的方面（Langacker 1999）。人们认识世界时，首先感知的是对人们的感觉器官刺激最强、印象最深、最有价值、最为本质、最重要的事件，并用语言将这种认识巩固下来。对于认知凸显原则，Langacker（1999）提出了一些初步观点，如人比非人（nonhuman）的事物凸显、整体比部分凸显、具体比抽象凸显，看得见（visible）的实体比看不见（invisible）的实体凸显等。Radden & Kovecses（1999）进一步发展了这些观点，并从人类经验、感知选择和文化偏好等方面详细探讨了主观比客观凸显，互动比不互动凸显、有界比无界凸显，典型的事物比非典型的事物凸显等 21 条认知凸显原则。例如，人们思考时一般伴随眼珠的转动。（6）中，说话人用看得见的、具体的眼珠转动表示看不见摸不着的抽象思维活动——曾天寿想了一下。

（6）曾天寿眼珠一动，主意就来了，说："你把我放开吧，我答应你这件事。"（北京大学汉语语料库（CCL））

在实际交际中，信息最大化、经济最大化、认知凸显等原则相互竞争，共同制约着句子的使用。为了准确、快捷地传递所要交流的全部信息，说话人只能采用凸显、易感知、最有价值的部分代替所要传递的全部信息。因此，句子的使用具有高度的选择性（Langacker 1990/2002）。Langacker（1990/2002：214，1999，董成如 2009）以下面事件为例说明句子使用的选择性：Floyd 的妹妹 Andrea 整个上午都在无情地嘲笑他。为了报复，Floyd 一气之下，抓起一只小锤，在空中晃了两下，猛力砸碎了 Andrea 心爱的玻璃杯子。玻璃碎片四溅，其中一个碎片击中了 Andrea 的手臂。

Andrea鲜血直流。看到这混乱的场面，他们的母亲急忙跑出来问究竟发生了什么事情。Andrea 只是轻描淡写地说出语言学家常常引用的经典例句：Floyd broke the glass(Floyd 打碎了玻璃杯)。Andrea 的回答只是凸显了 Floyd 将杯子打碎了的事实，但掩盖了 Floyd 为何打碎杯子，如何打碎杯子及打碎玻璃杯的结果等情况。

同样，小句成分如主语或宾语的选择，也不是根据事件参与者所扮演的语义角色来决定的，而是信息最大化、经济最大化、认知凸显相互竞争、优化配置的结果。例如，对于同样一个事件——"Floyd 用锤子打碎了玻璃杯"(也可以看成上文所说的"基体")，根据不同的凸显和信息、交际的经济需要，从不同的视角可以选择不同的角色做小句的成分，即主语和宾语。图 6 表示对行为链上不同语义角色的选择构成小句各种配置的情况：

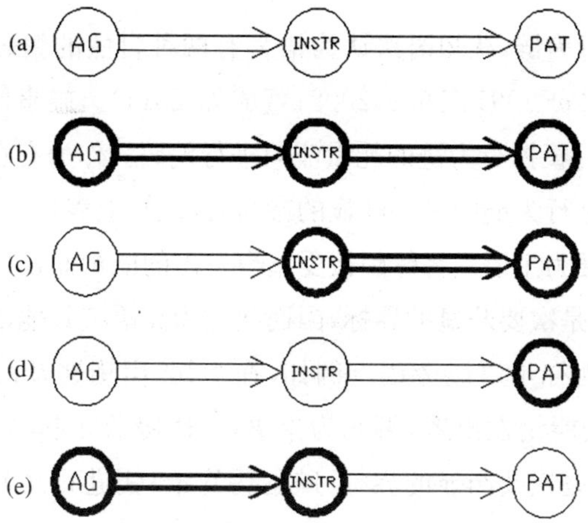

图 6

图 6(a)表示整个行为链，即基体(base)。图 6(b)表示根据交际需要，从施事的角度或从行为链的链头视角，凸显所有的角色：

施事、工具和受事，语言编码为(7a)。图6(c)从工具的角度，以整个行为链，即图6(a)为基体，凸显工具和受事之间的关系，语言编码为(7b)。图6(d)从受事的视角，只凸显受事，编码为(7c)，但以图6(a)为基础。图6(e)凸显施事和工具，编码为(7d)，也是以图6(a)为基础。

(7) a　Floyd用锤子砸碎了玻璃杯。

b　(是)锤子砸碎了玻璃杯。

c　玻璃杯(被)砸碎了。

d　Floyd是用锤子砸的。

所以，句子的配置是由信息、经济、认知凸显等因素共同决定的，当然也受到篇章组织和信息结构等因素的制约。

2.3.2　行为链的两种编码倾向

对于行为链，认知语法认为语言有两种自然的编码策略或倾向(Langacker 1991，1999，2008；董成如 2014)。施事倾向(agent orientation)根据行为链的能量流向进行编码。作为有意志的能量源的施事是行为链中最为凸显的参与者，认知上表现为射体，因此句法上表征为主语。客体因接受施事发出的能量而发生状态或处所的改变，是次要凸显的界标，因而映射为宾语。其他语义角色相应地编码为补足语或旁语。例如，在John用钥匙开门的行为链中，John是能量发出者，编码为主语；门因吸收John发出的能量而被打开，是次要凸显的界标，映射为宾语；钥匙只是能量传递的中介，编码为旁语。整个行为链编码为：

(8) John opened the door with a key.

叙述客体编码策略或倾向前，我们先介绍认知语法提出的另外一对概念——自主(autonomy)与依存(dependency)(Langacker

1987a,2008)。自主实体指不依靠其他实体,自身就能独立存在,能被独立识解的实体。依存实体指依赖其他实体才能存在的实体,或必须参照或预设其他实体才能被识解的实体。例如,元音是自主自足的,无需依靠其他语音就能独立发出,而辅音必须与元音结合才能发出来,因而是依存的。词缀(affix)是依存的,但自由词根不依靠词缀就能独立成词,因而是自主的。表示事物之间的关系必须参照其参与者才能被识解因而是依存的,而参与者无需依靠其他关系就能被独立识解,因而是自主的。事件需要参照其参与者才能识解,因而是依存的,但事件参与者是自主的。

无需参照能量来源或施事,客体就能被独立识解。因此客体具有高度的自主性。虽然隐含施事对客体的作用,但客体编码倾向只凸显客体发生的变化、表现的特征、存在某处等因素。在客体过程中,因客体具有自主性最为凸显,因此编码为句子的主语。若不强调谁对门如何施力的行为,只凸显门所发生变化的客体过程,可编码为:

(9) The door opened.

能量流向和概念的自主与依存都是来源于人类的基本经验。因此,施事编码倾向和客体编码倾向都是对行为链编码的自然路径。每种语言都或多或少使用这两种编码策略。就英语而言,及物构式、双宾语构式、致使-移动构式等都是采用的施事编码策略,而中动构式、短被动构式使用的是客体编码策略。汉语动结式采用的是施事编码策略,而受事主语构式则是根据客体编码策略形成的。

2.3.3 主语和宾语的确定原则

Langacker 的认知语法没有明确探讨论元实现的原则和机

制。事实上,Langacker 在各种论著中基本没有提及论元实现,但他详细讨论了如何确定句子的主语和宾语等句法关系。实际上,认知语法关于确定主语和宾语的原则可以看作论元实现的原则。

确定主语和宾语的因素有语义角色、句法行为或表现、话题、有定性、移情等。Langacker(1987a, 1991, 1999, 2003a, 2008)对这些因素一一考察后发现这些因素都不能对主语和宾语做出统一的解释。例如,施事和客体典型地实现为主语和宾语,但语义角色和语法关系存在多对一和一对多的问题(刘宇红 2013)。主语除施事之外,还可以是工具、客体、处所或时间等,从而产生"多对一"的现象,如例(10)各句的主语:

(10) a The enemy sank the battleship with a torpedo.

b The torpedo sank the battleship.

c The battleship sank.

d The hall can accommodate 1000 people.

e Monday is fine for me.

另一方面,同一语义角色可以实现不同的语法功能,产生"一对多"的问题。例如,the tent 在(11)中既可以做宾语,也可以做主语,还可以是介词的宾语。

(11) a The children put up the tent.

b The tent was put up in 5 minutes.

c The children were playing inside the tent.

句法行为或特征也不能给主语和宾语做出统一的解释。例如,英语主语的句法特征或表现一般有如下几个方面(Langacker 1987a:235, 2008:364):

〈1〉代词使用主格形式,如 I, he, she, we, they。

〈2〉谓语动词与主语在时制(tense)和数上保持一致,如 she

works hard。

〈3〉主语和助动词或情态动词倒置形成问句，如 Did John open the door?

〈4〉反身代词不能做主语。只有主语作前置成分，才能使用反身代词。例如 John likes himself 可以接受，但 * Himself likes John 不可接受。

〈5〉从句的主语与主句的主语共指或同指(coreferential)时，可以省去，如 By breaking the glasses, Floyd upsets me。

但列举这样的清单本身没有对主语做出解释。语法特征能帮助人们识别主语，但本身不是对主语的刻画或解释。此外，上述句法行为不具有跨语言的普遍性。例如，上述第〈1〉、第〈2〉和第〈3〉个特征不适合描写汉语的主语行为，因为汉语代词没有主格和宾格之分，汉语的动词和主语在时制和数上也不存在一致的问题。另外，汉语不借助于助动词或能愿动词与主语的倒置，一般直接使用语调就能形成问句。因此句法特征也不能给主语和宾语做出统一的解释。

此外，Langacker(1991:306 - 323)还详细考察到话题、移情、有定性等都不能给主语和宾语做出统一的解释。主语若有什么共性，共性一定是主观的。从认知视角看，唯一能给主语和宾语做出统一解释的是凸显或图形与背景的组织(Langacker 1987a, 1990/2002, 1991, 1999, 2003a, 2003b, 2005, 2008)。句子可以分为图形和背景两个部分。句子的图形既可以表示一个参与者，也可以表示一种关系。图形所凸显的关系又可以用图形与背景的组织进行解释，即在图形所表示的关系中又有主要凸显的参与者和次要凸显的参与者，Langacker 称之为主要图形(primary figure)和次要图形(secondary figure)。所以，根据图形与背景的组织，句子的凸显结构可以分析为：主要图形＋次要图形＋背景（primary figure＋secondary figure＋ground）（Langacker 1991：323；1999：37）。例如，在(12)中，主要图形是 John，次要图形是 his car，背景为 in the garage：

(12) John was repairing his car in the garage.

用认知语法的术语阐述，主要图形就是最为凸显的射体（trajector），也是说话人最为关心、最想说明、最熟悉的实体，是说话人的兴趣焦点所在，句法上实现为主语，而次要图形为界标（landmark），句法上一般实现为宾语，对主语做出进一步的说明。Langacker（1990/2002，1991，1999，2003a，2003b，2005，2008，2009）在各种论著中反复论证主语是概念化过程中最凸显的实体，即射体，宾语是概念化过程中除射体之外最凸显的实体，即界标。但我们也不能忽视背景成分。背景成分实现为旁语（oblique）[①]。Langacker（1991：323）将射体和界标以外的成分称为其余的（other），我们还用 ground 表示，但译为场景。这样句子的凸显结构和句法功能及其映射关系可以表征为：

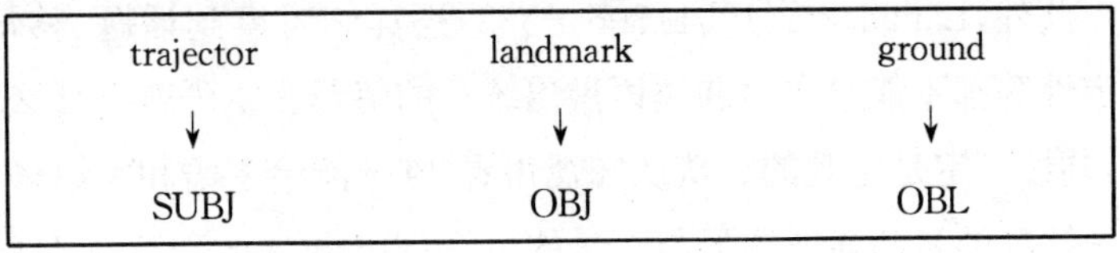

图 7

（图中，SUBJ 代表主语，OBJ 表示宾语，OBL 表示旁语）

句子一般都有主语，但不一定都有宾语。由非作格动词和非宾格动词构成句子一般没有界标，但有射体或场景，分别实现为主

① Goldberg(1995)把主语和宾语以外的句法成分称为旁语（oblique），所以我们也使用这样的术语。

语或旁语。例如，在(13)中，John 和 Tom 都是射体，实现为主语，但两个句子没有界标，而场景成分 in the garden 和 in the plane crash 实现为旁语。

(13) a　John was singing in the garden.

b　Tom died in the plane crash.

因此，只要能确定句子的射体和界标(包括场景)，就能确定句子的主语和宾语(及旁语)。换句话说，认知语法关于论元实现的原则是凸显：最凸显的射体论元映射为句子主语，次要凸显的界标论元实现为句子的宾语，场景成分实现为旁语。凸显可以根据行为链的能量传递方向确定，也可以根据自主与依存关系确定。在双宾语构式中，接受者不但接受和控制客体，而且与施事具有互动关系。因此，作为接受者的人比客体的物更为凸显。认知语法认为接受者是主要的界标，映射为间接宾语，而客体是次要界标，实现为直接宾语(Langacker 2008：393)。

2.4　本章小结

我们认同构式语法的一个基本观点——构式是对人类基本经验的编码：某人做某事、某人致使某物发生变化、某人经历某事、某人或某物移动、某人具有某种特征……但还需要探讨构式是如何形成的，即构式是如何编码人类的基本经验。语言不是镜像般反映现实。我们不能忽视人的认知在构式形成中的作用。

根据认知语法，长短不一的行为链是对人类基本经验的抽象概况，是各种构式通过识解，利用不同的编码策略形成的基础。语言使用者可从不同的视角，凸显行为链的全部或行为链的一部分，确定构式的论元结构，根据认知凸显断定何者为射体、何者为界标,并将之映射到相应的句法位置,实现相应的句法功能。因此,虽然构式是形式和意义的配对体,但其内部是多层的,至少包括论元结构、射体和界标组成的凸显结构和句法结构①。构式的论元映射到射体和界标,然后再投射到句法结构中,即句子的主语、宾语等句法关系。这样,构式的论元实现具有认知理据,避免了构式语法的循环论证。例如,英语致使-移动构式(caused-motion construction)主要表示某人将某物移入或移出某处(或表达为某人使某物移入(出)某处)(Goldberg 1995, 2013),如 John put the book on the table。从行为链模式看,致使-移动构式表示施事(致事)发出能量,并传递给客体;客体接受施事发出的能量后,发生处所变化,移入(出)某处。施事(致事)是能量的发起者,位于行为链的链头,因此是认知上最为凸显的射体,句法上便映射为主语。但客体接受能量并发生处所的改变,位于行为链的链尾,认知上是次要凸显的界标,因此句法上实现为宾语。而目标或处所进一步说明客体发生的空间变化,认知上属于场景(ground),所以映射为旁语(oblique)。致使-移动构式的论元结构、凸显结构和句法结构以及映射关系可以表征为图 8:

Semantics	CAUSE - MOVE	agent	theme	goal
	↓	↓	↓	↓
Salience	verb	trajector	landmark	ground
	↓	↓	↓	↓
Syntax	VERB	SUBJ	OBJ	OBL

图 8

① 熊学亮(2008)也对构式进行了多层次的分析。

这样，确定构式的论元结构、凸显结构和句法结构之后，即在论元结构构式中插进或增加了凸显结构这一层，可以决定构式论元的句法实现，同时也消解了 Goldberg(1995，2006)的循环论证——构式的凸显论元由直接句法成分(即主语和宾语)决定，而构式的凸显论元又需要映射为直接句法成分。这是本书与Goldberg的构式语法的一个重要区别。

总之，认知语法的识解观、侧面与基体、行为链及行为链编码策略、确定主语和宾语的认知凸显原则，为探讨构式的形成、构式对动词论元的压制、构式论元的实现提供了很有说服力的解释工具。

第三章　动词与构式的整合——基于识解的压制框架

论元结构构式是对一类句子的共同或相似特征的抽象概况，相当于一种句型，或 Langacker(2003a,2003b,2005,2008,2009)所说的构式图式(constructional schema)。所以，构式概念框架或模板(template)，必须与词项整合才能表达具体的概念或内容。因此，构式的论元结构、凸显结构和句法结构确定之后，也必须与动词的参与者整合后，才能与时体或情态成分结合表达具体的事件。但动词的参与者与构式的论元结构常常存在不一致的情况。因此，动词的参与者需要与构式的论元进行融合。Michaelis(2003,2004,2005)试图运用压制(coercion)解决动词的参与者与构式整合的问题，但她只是简要探讨了构式对动词论元的增容情况，因为她探讨的重点是语法体构式和时制(tense)构式对词汇体的压制。此外，构式对动词参与者的剪切、替换和抑制等情况也需要探讨。本章主要基于我们先前的研究(董成如、杨才元 2009；董成如 2012；许明、董成如 2013)，先概述压制的概念、类型，探讨压制的动因、原则和机制，然后分析构式对动词论元结构压制的基础、机制、原则和形式，建构本书的理论框架①。

3.1 压制的界定

压制(coercion)原是人工智能或计算机程序编写中使用的术语，表示对类型的改变(Levinson 2000:246; Moens & Steedman 1988, Pustejovsky 1995)。在自然语言中，压制是指句法结构中出现不是所期望、默认或与构式一致的词项，从而对词项意义或相关方面做出调整的情况(De Swart 1998, 2003; Moens & Steedman 1988; Michaelis 2003, 2004, 2005; Traugott 2007; Ziegeler 2007)。例如，程度修饰构式(degree modifier construction)要求被修饰的成分为无界、等级性或刻度(scalar)形容词，如(1)：

(1) very long/ expensive/ clear/ popular/ beautiful/ hot

但有时与构式不一致或冲突的词项也会出现其中。压制正是为了消除这种意义冲突或修补错误匹配(mismatch)，对词项进行重新解释的机制——抑制或剪去(cut)不一致的部分，凸显与构式相一致的意义，或给词项增加相兼容的成分(De Swart 1998, 2003; Goldberg 1995; Michaelis 2004; Ziegelar 2007)。当有界形容词出现在无界的程度修饰构式中时，构式便抑制其有界性而凸显其无界意义。譬如，(2a)抑制 unique 唯一性的有界意义，而凸显其特殊、不同寻常的程度。同样，(2b)也是抑制 pregnant 怀了孕的有界性，而突出怀孕的程度。无独有偶，(2c)中的"孕"味十足也是凸显刘诗诗的怀孕程度。

---

① 本章部分内容曾发表于《解放军外国语学院学报》2012 年第 3 期和《外国语文》2013 年第 2 期。

（2）a　very unique

b　somewhat pregnant

c　7月初，刘诗诗与吴奇隆十指相扣现身机场被拍，刘诗诗穿着宽松、踩平底鞋，凸起的小腹若隐若现，"孕"味十足。

（http://news.163.com/15/0825/14/B1SCIJD400014AED.html）

目前对压制的研究有两种取向：生成语法或形式主义的思路认为压制是由功能词（Pustejovsky 1991）完成的，或受时体等标记语的触发，插入压制操作语或算子（operator）进行的（De Swart 1998，2003；Jackdendoff 1997a）。例如，英语进行体要求输入的动词表示动态的情景。当状态动词进入进行体时，如（3），状态动词被插入的压制算子 Csd（C 表示压制，s 表示静态，d 表示动态）压制成动态动词。

（3）a　Susan is liking the play a great deal.

b　Mary is believing ghosts these days.

形式主义取向的局限性是一些压制现象并没有受到功能词或触发语的引发。例如，sneeze 是典型的一元动词，但致使-移动结构给 sneeze 增加额外的受事和目标题元，如（4）中的 the napkin 和 off the table。致使-移动结构对 sneeze 的压制没有受到任何功能词的触发。

（4）Sam sneezed the napkin off the table.

构式语法的取向认为压制必须得到构式的准许，并由构式履行（Goldberg 1995；Michalelis 2003，2004，2005）。构式若含有语法功能词或标记，功能词可触发构式对词项的压制。但构式对词项的压制不一定非要有功能词不可。因此构式语法的取向对压制的解释面更广。

3.2 压制的类型

构式对词项的压制是全方位的，包括对词项的意义、语类、体和论元的压制。例如，无定限定构式（indefinite determination construction）表示有界的个体数量，如 three chairs，four bottles。当无界的物质名词出现在无定限定构式中时，构式则将物质名词的无界意义识解为可数的有界意义。英语中，tea 本为无界的物质名词，但无定限定构式则将 tea 压制成有界的可数名词，表示一杯茶或一种茶叶，如 She had a tea。

汉语名词性限定构式，如"他的手机"、"小王的衣服"、"这种事情"等，要求被限定的成分为名词。当动词进入被限定的结构槽时，限定构式则将动词压制成名词。例如，动词"出版"和"解放"在"这本书的出版"与"中国人民的解放"中都被压制成名词。

目前对压制的研究主要集中于体压制（aspectual coercion）。事实上，压制起源于学者对于体压制的研究。体压制也是压制研究中比较系统和成熟的研究领域（Moens & Steedman 1988；De Swart 1998，2003；Michaelis 2003，2004，2005，2011）。

作为事件时间特性的体（aspect）是指"观视事件内部时间成分的不同方式"（Comrie 2005：3），即说话人如何根据需要凸显事件的不同阶段。体一般分为句子所表达的并且具有语法标记的语法体（也称视点体），如英语进行体和完成体，和动词所表示的词汇体（也称为情状体或动作类型）（Smith 1997）。对词汇体讨论最多、影响最大的是 Vendler（1967：97－121）根据时间图式对动词的划分：表示不定的一段时间内持续、动态而且没有内在终结点的活动动词；表示发生在特定时段内而且有内在终结点的实现动词；

发生在具体、特定时刻或瞬间的成就动词；不定的时段内任何时刻都没有变化的持续、静态的状态动词。Smith(1997：55－58)在Vendler 的基础上还增加了一类：一次性动词(semelfactive)，如“踢、敲、咳嗽”等。

句子或语法体一般接纳与之相兼容、一致或默认的词汇体。但有时与语法体、时制(tense)、体副词不一致或冲突的动词也会出现在一些句法结构中。因此，语法体与词汇体之间的互动、容纳关系成了当前体研究的热点问题。体压制是为了修补语法体与词汇体之间的错误匹配，或协调词汇体与句子之间的冲突，对词汇体或动词进行重新解释、调整的机制。例如，点状时间副词或体副词，如 instantly，suddenly，finally 等，表示事件发生的特定时刻，与成就动词相兼容。当状态动词与点状时间副词共现时，状态动词便被压制，从而具有动态性。譬如，suddenly 在(5)中抑制 know 的持续、静态意义，而给其增加起始意义，表示“开始知道”。

(5) Suddenly，she knew the answer.

进行体构式表示参照点时间或说话时刻正在持续的动作或正在进展的事件，但不凸显事件的开始和终止阶段(Quirk et al 1985，Smith 1997，Rothstein 2004，Timberlake 2007)。例如，(6a)表示说话时刻 John 正在进行跑步的活动；(6b)则表示参照点时间——Tony 进入房子得那一刻，Mary 正在唱歌，而不凸显其何时开始，何时终止唱歌。

(6) a　John is running on the playground.

　　b　Mary was singing when Tony entered the house.

进行体不强调事件何时开始或结束，而只凸显特定时刻事件的持续过程。因此，进行体是无界的，表达的是临时性的阶段层次(stage-level)意义，而不是恒定或稳定的个体层次(individual-level)意义(Timberlake 2007)。此外,进行体构式具有动态性、未完成性、临时性等特征(Jespersen 2008, Smith 1997)。例如,(7a)表示说话时刻 Mary 暂时住在纽约,而(7b)则表示 Mary 长期住在纽约。

(7) a　Mary is living in New York.

　　b　Mary lives in New York.

活动动词,如 run, walk, swim, climb 等,凸显事件的中间阶段,与进行体构式相一致,即进行体构式对动态的活动动词可以不进行任何压制。但进行体构式对实现、成就、状态和一次性的瞬间动词都有不同程度的压制。例如,进行体构式对(8)各句中的动词都存在不同的压制。至于如何压制的,我们将在下面讨论.

(8) a　They are building a bridge now.

　　b　She was winning the race when she got stripped.

　　c　Mary is resembling her mother more and more every year.

　　d　Bill was kicking the boy when he saw me, so he stopped midway.

此外,Michaelis(2003,2004,2005)还运用压制解释动词的参与者与构式不一致或相冲突的情况。例如,处所倒装构式包括处所和客体两个论元,如(9)中的 under the doormat 和 the key:

(9) Under the doormat lay the key to the front door.

当一元动词进入处所倒装构式时,将被压制成与构式相一致。例如,sparkle 一般只有一个客体论元或参与者,但处所倒装构式在(10)中则给 sparkle 增加了处所论元——beside it(Michaelis 2004)。

(10) Down at the harbour there is a teal-green clubhouse for

socializing and parties. Beside it sparkles the community pool.

从上面的简述可以看出，构式对词项具有统制力或取舍作用，否则所产生的句子不可接受。而压制是协调词项与构式不一致的有效手段。构式与词项是压制与被压制的关系。

3.3 压制的动因

一个自然而然的问题是：既然词项与构式不一致或相冲突，词项为什么还要出现在不相兼容的结构中，从而产生错误配置？这可从词义的本质、语用、认知等方面探索构式对词项压制的动因。

一个词的意义是对各种用法事件中反复出现的各种意义的抽象概括，既包含语言内的意义，又包括语言外的各种百科知识意义(Langacker 1987a，1999，2008)。例如，解释“筷子”的意义除需涉及其形状、尺寸、颜色、质料等基本认知域知识之外，还需参照其功用，特别是中国饮食文化等百科知识。又如，tree 除指各种类型的树外，还包含树的物理特征(形状、构成、高度和颜色等)、生物特点(生长率、根系统、光合作用和落叶等)、功用(用作木材、提供树荫、食物来源和作为动物栖息处等)及各种隐喻意义，如 family tree，phrase structure tree，data tree 等。因此，词项表征的是人们利用不同认知域的经验对一个实体或事件的各个方面、各个维度的认识。词的意义是多维度的。词的各项意义形成一个复杂范畴，一个完形整体。

语言交际受相互竞争的信息最大化和经济最大化原则(Langacker 1977)或 Horn(2006)所说的最大/最小悖论的制约。信息最大化原则是指听话人希望说话人能原原本本，完完整整地将所要传递的信息清楚、明白、如实地告诉听话人。经济最大化原则指说话人希望用最少的言语，投入最少的认知努力，同时又能准确地传递所要表达的全部信息。形象地说，说话人希望用一个词表达 M 个不同的意义，而听话人则希望说话人用 M 个词或表达式传递 M 个不同的意义（Zipf，1949）。由于记忆力的限制，人类无法用每个不同的词表征无限不同的意义。能兼顾听、说双方的最佳策略是用凸显、熟悉、易感知的整体代表部分或代替与整体相关的意义。所以，词项往往以完形的整体形式进入构式。当词项以多维的整体形式进入构式时，虽然词项的部分意义与构式一致，但也不可避免地产生词项的其他意义与构式不一致或相冲突的情况，而且有时词项与构式相一致的意义不太明显或不易觉察出来，而相冲突的意义却很醒目、明显。汉语的"程度副词＋名词"便是一例，如"很中国、很广东、挺文化"等。这样，便产生词项与构式的错配。因此，构式需要对词项进行压制。所以，构式对词项压制的动因是语言受说话人追求经济最大化的省力原则和听话人追求信息最大化的信息原则的制约，从而遵循整体比部分凸显的认知原则来达到交际目的的结果。

3.4　压制的原则

Michaelis(2003，2004，2005，2011)提出了构式对词项压制的控制原则(The Override Principle)："若词项在意义上与其形态句法语境不相兼容，词项意义服从于它所内嵌的结构"(If a lexical item is semantically incompatible with its morphosyntactic context，the meaning of the lexical item conforms to the meaning of the structure in which it is embedded)。但 Michaelis 未能解释控制原则的理据。我们将在 Michaelis 的基础上，根据语言生成整

体论的观点(徐盛桓 2007,2008),从词项与构式的关系切入,提出构式对词项压制的一致原则。

构式像封闭的功能词类一样,为交际提供概念框架或有待填入词项内容的图式性结构,而词项为交际提供具体的概念内容(Talmy 2000a)。词项是由各种意义组成的整体,词项往往以尚待分化而且必须要分解的整体形式进入构式(徐盛桓 2007,2008)。所以,构式与词项的关系是大整体与小整体的关系。小整体必须与大整体和谐一致,服从大整体的组织、安排。因此构式决定词项进入构式的条件、方式、所表达的内容和所起的作用。构式对词项的压制遵循这样的一致原则:构式挑选并凸显词项与构式相兼容和谐的意义,而抑制其他与构式相冲突的意义,从而使词项与构式在意义上保持一致。汉语的“程度副词+形容词”构式,如“很高”、“挺漂亮”,表示物体的属性程度。当名词以表示多维意义的整体形式进入“程度副词+形容词”构式时,构式便选择并凸显名词的一种属性意义,抑制其余的属性和指称意义,从而表示某种属性程度很高的意义。例如,“很绅士”将“绅士”压制为具备绅士风度、修养的程度,而不是表示某一特定的个体或其他属性程度。

3.5 压制的机制

目前学界主要关注构式对词项压制的类型,很少涉及压制的机制。我们认为构式对词项压制的主要机制是前面一章所说的认知语法的识解(construal)——人们对同一客观事件或情景以不同的方式进行感知和描述(Langacker 1990/2002, 1999, 2000, 2003a,2003b,2008,2015)。识解的详略度、视角、扫描、范围和凸显等都能解释各种压制现象。从识解角度看,无定限定构式可将物质名词界限在一定范围内,通过量化识解为可数名词,或通过总体扫描识解为种类而变得可数。例如,two beers 是将啤酒限定在杯子的辖区内表示两杯啤酒,或总体扫描为两种啤酒。汉语名词性限定构式可将动词所表示的过程意义背景化,并将整个过程通过总体扫描物化为事件,即将动词压制为名词。“这本书的出版”不是强调出版的过程,而是凸显出版的整体状态,即将动词“出版”所表示的过程通过总体扫描物化为名词。汉语“程度副词＋名词”构式,如“很淑女,很雷锋”等,抑制名词的指称意义,而凸显指称对象所包含的属性意义。英语“QUITE＋A＋NOUN”构式不仅保持名词的指称意义,而且凸显名词所隐含的属性意义,表示名词所指涉的实体在某方面的程度很强。例如,disaster 除了表示灾难意义之外,而且隐含灾难的不同严重程度。“quite a disaster”不仅表示灾难,而且凸显灾难达到相当严重的程度。

识解同样能解释体压制的机理。状态动词表示状态的持续,但状态也有开始和结束的时刻。体副词 finally 可抑制状态动词的静态的持续意义,而凸显其所隐含的开始意义。在(11)中,finally 抑制 remember 的状态意义,但凸显其所隐含的起始意义,表示“记起、想起”的意思。

(11) Finally, he remembered his twitter password.

英语 until 表示事件持续到某一时刻并发生变化。因此,untill 可看作是体界化标志(delimitor)。但 untill 对各类动词都有所压制。例如,活动动词凸显事件的动态持续意义,但任何活动也有开始和结束的时候。体副词 until 不但凸显活动动词的动态持续意义,而且凸显其所隐含的结束时刻。在(12a)中,until 不但凸显 sleep 的持续时间,而且凸显睡眠所隐含的结束时间,从而对

sleep 所表示的过程进行界化。成就动词表示事件一发生就结束，与 untill 的持续性不一致。因此，untill 可通过否定从而凸显事件发生前的持状态持续到某一时间。例(12b)通过否定表示没有来的状态一直持续到晚上 7 点，从而表示 John 晚上 7 点才来的意思。

(12) a　John slept until 11 o'clock in the morning.

　　b　John did not come until 7 pm.

识解也同样可以解释进行体构式是如何对各类动词进行压制的(许明、董成如 2013)。如前文所述，活动动词与进行体构式是一致的。进行体构式也可激活活动动词所隐含的起始和终止阶段，并连同中间阶段通过总体扫描识解为一个整体，然后将一个个整体通过顺序扫描识解为过程。例如，(13)将每次飞行的过程和所激活的每次飞行的起始和终止阶段，通过总体扫描识解为一个整体飞行事件，然后将一个个整体飞行事件通过顺序扫描识解为过程，表示一个月之内 John 执行飞往纽约的任务。

(13) John is flying New York this month.

对于一次性的瞬间动词，如 knock，tap，jump，dive，kick，cough，wink 等，进行体可从两方面进行压制，从而容纳一次性动词。一次性动词所表示的动作一般具有重复性。进行体构式可将瞬间性的一次性动词所表示的重复动作通过顺序扫描识解为连续的过程，从而使一次性动词与进行体构式一致。例如，(14)表示参与者不停地踢门的过程。

(14) John was kicking the door.

另一方面，一次性瞬间动词指涉的都是自然的原子事件，即有自然的开始点、结束点和短暂的中间过程或运动轨迹(Rothstein 2007)。例如，jump 既涉及双脚离地的开始阶段和触地的结束阶段，也包括由离地到触地的过程；wink 既包括睁开眼睛的开始阶段和闭上眼睛的终止阶段，也包含其间的过程。因此，进行体构式可在较细微的粒度上凸显一次性动词的中间过程，即对短暂过程进行详细识解或作慢动作处理，同时抑制其开始点和结束点，从而容纳一次性的瞬间动词。例(15)是在详细的层次上凸显一次性的"击打"过程。

(15) John was knocking hard when he saw me, so he turned into a tap instead.

实现动词凸显事件的开始、中间和终止阶段，与进行体构式不完全一致。但进行体构式可抑制或搁置实现动词的开始和终止阶段，而凸显其持续性的中间过程，从而容纳实现动词。例如，(16)抑制建房子的开始和结束阶段，而彰显建房子的过程。

(16) They are building a house now.

实现动词所表示的事件有时是一段时间内重复发生的。这种情况下，进行体构式可先将每个事件的开始、中间和结束阶段通过总体扫描识解为一个整体，然后将一个个整体事件通过顺序扫描识解为一个过程，表示事件在一段时间内持续地发生。例如，每次上夜班都有一个由开始到结束的过程，可通过总体扫描将每次所上的夜班识解为一个完整的事件，再通过顺序扫描将所上的一个个夜班识解为一个连续的过程或活动，这样与进行体构式相兼容，如(17)：

(17) Those days, I was working the night shift.

成就动词表示事件的瞬间变化，其变化过程一般不易显现。但事件的变化都有一个孕育的准备过程。因此，进行体构式可抑制成就动词的本义——事件变化的开始或终止阶段，而凸显成就动词所隐含的预备阶段。例如，(18a)不是强调火车到达车站时的状况，而是凸显将要到达车站前的情况。同样，(18b)也是强调即将到达但还未到达山顶前的预备阶段。

(18) a The train is arriving at the station.

b We were just reaching the summit when it began to rain.

虽然成就动词表示的事件几乎一发生就结束，但说话人可将注意力聚焦于变化过程，就像放电影慢镜头一样，作非常精细的解读，即在极其详细的层次上凸显事件的瞬间变化过程，使成就动词能出现在进行体构式中。例如，(19)既可以表示电影中发生的情况，也可以表征说话人向另一旁观者描述晚会上发生的事件，但都是凸显 Mary 发现其死敌的瞬间过程(Rothstein 2004：56)。

(19) Mary is spotting her arch enemy at the party at the moment.

状态动词的静态特征与进行体构式的动态性不相兼容。但状态的产生也有一个发展变化的过程。进行体可抑制事件的静止状态，而凸显状态动词所隐含的预备阶段。例如，理解一个概念或理论都有一个由不理解到逐步理解，再到完全理解的过程。例(20)不是强调 John 理解的状态，而是凸显其渐渐理解量子力学的过程：

(20) John is understanding quantum mechanics better and better.

构式对词项进行压制的前提或基础是词项与构式显性或潜在地具有部分共同之处。状态也可分为相对稳定的个体层次状态和临时性阶段层次状态。具有临时意义的进行体构式一般无法对个体层次状态动词进行压制。例如，自然属性、社会身份、认知状况等都是属于个体层次状态，表达这些状态的动词一般不能出现在进行体中。因此，(21)各句一般情况下不可接受：

(21) a　* The ring is being silver.

b　* I am being a Polish.

c　* I am being a professor.

d　* She is knowing the answer.

若特定语境能将稳定的个体层次状态识解为临时性的阶段层次状态，便可用进行体表示。如果一名美国间谍人员临时化装为俄罗斯人，则(22)便可接受。

(22) I am being a Russian.

此外，若一贯不诚实、不礼貌的人临时表现得很诚实、很礼貌，进行体构式也可以进行压制。例如，(23a)表示 Tony 一直不诚实，只是"今天"表现得很诚实；(23b)表示 Bill 一贯对人不礼貌，只是"今天"表现得很礼貌：

(23) a　Tony is being honest today.

b　Bill is being polite today.

上面的分析表明认知语法的识解观能揭示各种构式是如何对词项进行压制的，即识解对压制的机理具有很强的解释力。识解也同样能解释各种构式对动词论元结构的压制。本书将重点分析各种构式如何通过识解压制动词的论元或参与者，从而容纳各类动词。

3.6　基于识解的压制模式

3.6.1　动词的显论元和域论元

在讨论动词与构式整合之前，有必要先探讨动词的论元结构。如上一章所述，认知语法持百科知识的语义观。解释一个词或表达式的意义既要参照它所明确表达的意义，也要参考与之相关的百科知识或认知域的意义（Langacker 1987a，2000，2008）。因此，词项意义由两部分构成：明确表达并指示语言使用者主要注意的显义（profile），和与显义相关或显义所内嵌的域义（base 或 domain）。例如，radius 的域义是圆，而它凸显或明确标示的是圆的中心到圆周上任何一点之间的直线。离开圆，半径就无从谈起。又如，要刻画 elbow 的意义既要激活 elbow 的显义——弯曲处，也需要参照其域义——手臂。离开手臂，elbow 的意义将无从解释。有时两个表达式的域义相同，但差别存在于所选的显义不同。因此，每一个表达式都在它的域义中挑选一个主要结构，作为它的显义。包括动词在内的每一个词项都是由显义和域义构成的整体。

语义结构决定论元结构。动词有显义和域义，我们认为其论元也有显论元和域论元（或称为隐含论元）之分。例如。“吃”域义是：在灶具上做成食物或从某一场所购买，在某个地方，将有各种味道或特性的食物，用工具放进嘴里，或他人喂进嘴里，咀嚼咽下，经肠胃消化吸收。而“吃”的显义是表示吃者与食物之间的相互作用关系。所以，“吃”的显论元是施事和受事，即吃者和食物；而其域论元包括处所、工具、方式、来源、目标等。若强调吃的处所，则有“吃食堂、吃馆子、吃十方”等；若强调吃的工具，则产生“吃大碗、吃小碗、吃盒饭”或“你吃勺子，我吃筷子”等；若凸显食物的来源，则构成“吃快餐、吃麦当劳、吃肯德基、吃大娘水饺、吃父母”等。通过隐喻，“吃”还可以带相关的域论元，如“吃败仗、吃批评、吃瘪子”等。下文的分析将表明，包括显论元和域论元在内的论元结构是构式对动词进行压制的基础。

那么如何确定动词的显论元和隐含的域论元呢？认知语法认为句子或小句表示某一具体的、场景化（grounded）的过程，而动词表示一类过程。因此，动词所表示的过程也是一种行为链。可以初步这样设想：在动词所表示的最基本的行为链上，最不可缺少的参与者就是动词的显论元。一个最基本的行为链由施事和客体构成。Langacker(1990/2002:213;1999:38)反复强调及物动词所表示的行为链的两端的参与者是最凸显的。工具虽然重要，却是被动传递能量的管道(a passive conduit in the flow of energy)(Langacker 1999:30)[①]。因此，总的来说，施事和(或)客体是动词的显论元，其余的工具、处所、时间、目标等一般是动词所隐含的域论元。但也有例外。例如，put 的显论元包括施事、客体和目标。

顺便交代一下，根据所带的显论元数目，动词可分为及物动词和不及物动词。二元及物动词的显论元为施事和受事。根据非宾格理论，不及物动词不是一个同质的类，而可以根据论元性质分为都是一元的非作格动词和非宾格动词(Perlmutter 1978;Kuno & Takami 2004)。非作格动词与及物动词无论在深层结构和表层结构中都具有相同的施事，但一般没有受事。非宾格动词与及物动词在深层结构中与及物动词有相同的受事，但没有施事。非宾格动词的受事在表层结构中可以移到主语位置上。

3.6.2 构式对动词论元结构的各种压制

构式是由各个词项组成的和谐整体。对于以整体形式填入其中的词项，构式具有调节、取舍等统制作用。构式实际上是剪切、抑制或替换掉词项中与构式不和谐、不兼容或相冲突的成分，而将

① Langacker(1990/2002:213)认为除了施事和客体之外，其他的参与者都是间接的，不是太重要，需要特别标出。例如，施事、工具和客体同时出现时，工具常由介词引出，如 John opened the door with a key。但若凸显行为链上工具与客体的互动时，根据能量流向，工具可比客体凸显，如 The key opened the door。

词项中与构式相和谐、显性或隐性的成分有机协调、整合而形成的。

同样，构式有自身且独立于动词的论元结构。如果动词的参与者与构式完全一致，动词的参与者可直接填入构式的相应的论元中，然后根据凸显结构，映射到构式已经确定的句法关系中。如果动词的参与者与构式不一致，构式便将动词的参与者通过识解压制成与构式一致，然后将饱和的论元，根据凸显结构，映射到业已确定的句法位置上。

从逻辑关系看，动词的论元与构式的不一致有少于、多于、不同、部分重合等四种情况。所以，构式对动词的压制首先表现在对动词论元结构的增容上。当构式的论元多于动词的显论元时，构式便对动词通过识解进行增容，即在更详细的层次上，激活动词的相关域论元并加以凸显，从而使动词与构式相吻合。致使-移动构式的基本意义是致事或施事作用于客体，使客体沿着一定路径移入某个目标，即移入（出）某处，其论元包施事、客体和目标（Goldberg 1995，2013）。动词 put 的论元为放者、被放物和目标或处所，与致使-移动构式的论元结构完全吻合，如：

(24) John put the book onto the shelf.

一元非作格动词只有施事显论元，不符合致使-移动构式的论元结构要求。但世界上的事物是相互联系、相互作用的。非作格动词所表示的动作有可能对其他实体发生作用，使其移入（出）某处。也就是说，非作格动词除施事显论元外，还有潜在的客体和目标域论元。致使-移动构式可在更详细的层次上识解非作格动词的论元结构，激活并凸显其潜在的客体和目标域论元，从而使一元非作格动词与三元的致使-移动构式融合提来。例如，打喷嚏时所呼出的气有可能将啤酒泡沫吹散。所以，sneeze 除了施事显论元外，还隐含客体和目标域论元。致使-移动构式可在更细微的粒度上，激活并凸显 sneeze 的客体和目标域论元，从而产生例(25)：

(25) Sam sneezed the foam off the beer.

同样，各种各样的笑也会对他人产生影响。不满意的笑会使他人离开某地或采取其他行动。所以，laugh 除施事显论元外，还有潜在的客体和目标域论元。致使-移动构式可激活 laugh 所隐含的客体和目标论元，如(26)中的 the poor guy 和 off the stage：

(26) The audience laughed the poor guy off the stage.

二元及物动词表示施事对客体的各种作用。但施事对客体的作用必然使客体产生反映：或离开所在的位置，或发生状态变化。因此，及物动词除包括施事和客体显论元外，还隐含目标域论元。致使-移动构式可激活并凸显及物动词的目标论元，从而接纳及物动词。一般情况下，皮球被踢后会飞向他处。所以，kick 除包含施事和客体显论元外，还隐含目标论元。致使-移动构式可激活 kick 的目标论元，如(27)中的 across the stand，从而使 kick 与致使-移动构式的论元结构完全一致.

(27) Sam kicked the ball across the stand.

从上面的分析可以看出，构式与动词具有潜在或隐性的同构性。构式之所以能对动词的论元结构进行增容，或者说动词之所以能接受构式所赋予的额外论元，是因为动词本身隐含构式所增容或赋予的论元。

构式对动词的压制还表现在当动词的显论元数目多于构式论元时，构式便对动词论元进行剪切，即构式从某个视角选择并凸显动词论元结构中与构式一致、相兼容的论元，而舍弃多余的论元，不表达出来。中动构式、短被动构式、汉语受事主语句都是从受事的角度看待事件，而存现构式则从处所角度看待受事，但这些构式都将及物动词的施事排除在视角之外，即都需要对及物动词的施事进行剪切。例如，中动构式表示客体在动作过程中所表现的容易、快慢等属性，而不强调施事对客体的作用，如：

(28) Greek translates easily.

因此，中动构式一般只有客体一个论元。奇特的是出现在中动构式中的动词主要是二元及物动词和少量的一元非作格动词(Davidse & Heyvaert 2007)。构式对词项具有主导作用。对于及物动词，中动构式选择并凸显其客体而剪切其施事，即不明确表达出来。例如，bribe涉及贿赂者和被贿赂者，但中动构式只选择并凸显被贿赂者而剪切贿赂者，从而产生(29)：

(29) Bureaucrats bribe easily.

构式对动词压制的另一情况是构式根据自身需要，对动词论元进行替换，即舍弃无关的论元，增加相一致的论元，或用相关的论元替换无关的论元。及物动词表示施事对受事的作用，但施事与受事之间的作用有可能波及或旁及其他事物，使其发生状态变化。因此，及物动词除施事和受事显论元外，还隐含另一受事和结果论元。动结式表示施事对客体发生作用，使其发生状态变化，包括施事、客体和结果三个论元。三元动结式可保留二元及物动词的施事，剪切其原来的受事，激活所隐含的受事和结果两个域论元，从而满足构式的要求。例如，在酒吧饮酒不仅涉及饮者和酒水，还隐含饮者将酒馆的酒水喝完，导致酒馆缺少酒水的结果。所以，动结式可在较详细的层次上保留drink的施事，隐去本来的受事，激活所隐含的受事(pub)和结果论元(dry)，如：

(30) They drank the pub dry.

此外，英语WAY构式和TIME AWAY构式都需要激活并凸显动词所隐含的域论元，代替动词原来的显论元。

动词的参与者有时体现双重或多重语义角色(Langacker 1990/2002, 2008;Levin & Rappaport Hovav 2005;董成如 2011)。例如,concentrate,think,watch,love,figure out 等动词的参与者既涉及施事,又包含心智经验的经事(experiencer)。一些非作格动词,如 run,climb,crawl,walk,fly,swim 等,其参与者既表现施事又涉及移事(mover)。例如,John 在 John swam across the channel 中既表现施事,也体现移事。Levin & Rappaport Hovav (1995)认为一些表示空间配置(spatial configuration)或身体姿势的动词,如 stand,sit,lie,squat 等,其参与者既有两层施事意义:采取或做出身体姿势和维持身体姿势的意义,也含有表示处于某种状态或地点的零角色或零事。所以,一个名词短语可同时体现为两种或三种论元。构式可根据自身的需要,凸显相一致、相重合的论元而抑制相冲突的论元,即论元同时被表达出来,构式只将相兼容的论元前景化,而将其他论元背景化。英语处所倒装构式只有处所和客体两个论元。当空间配置动词进入处所倒装构式时,其两重施事论元被抑制而表示状态意义的客体论元被凸显。例如,(31)凸显 a tall girl 站的状态而抑制其维持站的姿势所做的努力的施事性意义,即 a tall girl 的客体角色被前景化,而其施事角色被背景化。

(31) In the back of the room stood a tall girl.

汉语存现句只有处所和客体两个论元,与只有施事论元的非作格动词不相兼容。但当部分非作格动词的参与者既包含施事又含有移事、经事或零事——客体时,存现构式可抑制施事而凸显客体,或者说,施事和客体合二为一地被表达出来,但存现句将施事背景化,而将客体前景化,从而接纳非作格动词。例如,(32)凸显的"走"的持续状态,即移事,而抑制其施事。

(32) 马路上走着两个年轻人。

我们将在后续章节中详细分析构式对动词的参与者的各种压制情况。

3.6.3 压制原则和形式

构式对动词具有主导作用,可根据自身的需要对动词的论元进行取舍。根据上文的分析,我们可以归纳总结出构式对动词论元压制的原则——基于识解的压制原则:如果动词的论元结构与构式不一致,构式通过识解将动词的论元压制成一致,即选择并凸显动词论元结构中与构式相一致的论元,剪切或抑制其他不相关的论元,或选择动词所蕴含的相关域论元代替与构式不一致的显论元。

根据动词的论元结构与构式的不一致有少于、多于、不同和部分重合等四种逻辑关系,基于识解的压制呈现如下四种形式或形态:

〈1〉增容:当动词的显论元少于构式的论元时,构式便对动词进行增容,即在更详细的层次上,激活并凸显动词的相关域论元并加以凸显,使动词与构式相兼容;或将动词所表示的过程通过总体扫描物化为构式所需要的论元。

〈2〉剪切:当动词的显论元多于构式的论元时,构式便从某个视角对动词论元结构进行剪切,即选择并凸显动词论元结构中与构式相一致的论元,而摒弃多余的论元,不表达出来。

〈3〉替换:当动词的显论元与构式不同时,构式根据自身的需要,舍弃动词与构式不同的显论元,增加相一致的论元,或用相一致的域论元替换与构式不同的显论元。

〈4〉抑制:事件的参与者可同时体现双重或多重语义角色或

论元。构式可根据自身的需要,凸显相一致、相重合的论元而抑制相冲突的论元,即论元同时被表达出来,构式只将相兼容的论元前景化,而将其他论元背景化。

本章所探讨的构式对动词论元结构压制的基础、机制、原则和形式构成了我们所说的基于识解的压制框架或模式。该模式可概括为:当动词的论元结构与构式不一致时,构式便以动词的显论元和域论元为基础,以识解为机制,遵循一致原则,通过增容、剪切、替换或抑制等形式,将动词的论元结构压制成一致。换句话说,构式在某种详细层次上,选择并凸显动词论元结构中与构式相一致的论元,或从某个视角剪切与构式不一致的论元,或从动词所隐含的域论元中选择与构式相一致的论元替换与构式不一致的论元,或凸显与构式相一致的论元而抑制相冲突的论元,使动词的论元结构与构式相一致。

3.7 本章小结

构式的论元是通过压制而饱和的。压制主要表现为构式对动词论元的增容、剪切、替换或抑制等情况。无论哪一种压制都是以动词的显论元和域论元为基础。而压制的机制则是识解,即构式选择并凸显动词论元结构中与构式相一致的论元,而剪切或抑制其他不相兼容的论元,或选择动词所蕴含的相关域论元去替代与构式不一致的论元。构式对动词具有主导作用,但动词本身的论元结构为构式的压制提供了基础或可能性。构式的论元位置上必须填上动词的论元,才能得到饱和。否则,构式的论元将成为无源之水,空壳子而已。

第四章　动结式对动词论元结构的增容

构式与词项是大整体与小整体的关系。因此，构式对词项具有调节与统制作用，包括对动词论元结构的压制。从本章起，我们首先根据认知语法的句法观探讨各种构式的形成、其论元结构、凸显结构和句法结构，然后探讨构式如何对动词的论元结构进行压制，使动词的论元与构式融合起来，并根据凸显等级映射到相应的句法范畴。本章主要探讨动结式如何对各类动词的论元结构进行增容，然后根据凸显等级映射到句法位置上[①]。

4.1　动结式研究中的两个主要问题

广义的动结式包括某人将某物移入（出）某处的路径动结式（path resultatives）（Goldberg & Jackendoff 2004；Rappaport Hovav & Levin 2001），即 Goldberg（1995）所说的致使-移动构式

① 本章主要部分曾发表于《现代外语》2014 年第 5 期，后又被中国人民大学资料复印中心《语言文字学》2015 年第 2 期全文转载。

或汉语的动趋式(赵琪 2009),如(1):

(1) a　Sam shoved John outside the room.

b　The officer yanked him inside the car.

狭义的或传统意义上的英语动结式①,即本书所讨论的动结式表示一实体对另一实体发生作用,使其发生状态变化的属性动结式(property resultatives)。根据认知语法提出的语言编码策略,英语动结式又可以分为由非作格动词和及物动词构成的施事性动结式,如例(2),和由非宾格动词构成的客体性动结式,如例(3):

(2) a　John hammered the metal flat.

b　She ran herself tired.

(3) a　The clothes steamed dry.

b　The pond froze solid.

作为特殊结构,动结式涉及许多有争议的问题。与本书相关的主要有两个突出的问题。一是动结式是如何形成的,或者说动结式形成的认知理据是什么?Goldberg(1995,2013)认为状态变化是处所变化的隐喻。所以,动结式是通过隐喻从致使-移动构式延伸而来。但人对物体发生作用,因而物体发生状态变化,是人类基本的、独立存在的经验。日常生活中人们都能观察体验到事物的状态变化,就像经历到事物发生处所变化一样。何以见得两者具有延伸关系?此外,Goldberg 认为客体性动结式是施事性动结式的一部分。客体性动结式正是通过这种部分传承关系而形成

① 致使-移动构式比属性动结式形式上复杂,能产性强。将两者分开讨论可以更好地揭示各自的特点。所以,本书主要讨论属性动结式的论元实现。此外,一般将英语"resultative construction"译为"动结式"(王寅 2009,2011b;赵琪 2009;林正军、王克非 2013),本书从众,而不译为"结果式"。

的。那么,部分传承的机制或认知理据是什么?

动结式研究的另一主要问题是其论元的实现。动结式的乖戾之处是除 make 和 get 等少数动词与动结式的论元结构一致外,其余动词的论元都少于动结式的论元数目。为此,Goldberg 的构式语法(Goldberg 1995;Goldberg & Jackendoff 2004,赵琪 2009)认为动结式给一元非作格动词赋予或增加额外的客体和结果论元,给二元及物动词和非宾格动词增加结果论元。但构式语法还需要解释动词为什么能接受动结式所赋予或增加的论元,动结式又是如何对动词的论元结构进行增容的,即动结式对动词的论元结构进行增容的基础和机制是什么。

Boas(2003, 2005)从框架语义学的角度出发,认为词的意义包括台上信息(on-stage information)和台下信息(off-stage information)。台上信息指词语所明确表达的意义,而台下信息指与词语相关的百科知识信息。动结式给动词所增加的论元由动词的台下信息提供,即动结式征用动词的台下信息,但还需要进一步探讨征用的机制是什么。

我们将以第二章所介绍认知语法理论为框架探讨动结式形成的认知理据、其论元结构、凸显结构和句法关系,然后根据第三章所讨论的压制原则、基础和机制探论动结式如何对各类动词的论元结构进行增容,并实现为句法论元。

4.2 动结式的形成、论元结构和句法关系

生活中不乏这样的事件:某人打碎玻璃\拧干毛巾\踢开门\剪断绳子\唱哑嗓子\打死一只狗……这说明动结式所表征的内

容——某人使某物发生状态变化——是独立存在的基本生活经验。动结式并不是衍生于其他构式（王寅 2009，2011b）。从行为链角度看，动结式表示的是：典型的施事发出能量并传递给客体，使其发生状态变化，而结果一般表示状态变化的最终状态。结果主要是完结性的（telic），也可以是非完结性的（Goldberg & Jackendoff 2004）。动结式的行为链可图示为：

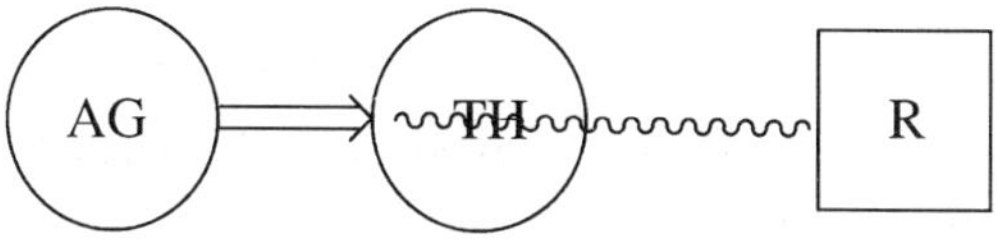

图 1

图中，AG、TH 和 R 分别表示施事、客体和结果。带箭头的双线表示能量传递关系，而曲线表示状态变化。

如第二章所言，语言对行为链的编码有施事性和客体性两种倾向或策略。同理，语言对动结式行为链的编码也有施事性和客体性策略，并形成两种类型的动结式。施事性取向根据动结式行为链的能量传递方向进行编码。施事是动结式行为链的能量发起者。因此，作为能量源，施事是最为凸显的射体，句法上实现为主语；客体因为受到施事发出的能量从而引起状态变化，是次要凸显的界标，句法上连接为宾语；结果论元对客体的变化状态进行说明，认知凸显上是场景，句法上表现为动结式的补语或旁语，这样形成编码整个动结式行为链的施事性动结式。例(4)中，John 是能量的发起者，是凸显的射体，映射为主语；me 表示状态变化的客体，认知凸显上是界标，实现为宾语；而 angry 说明 me 的最终变化状态，认知凸显上是场景，句法上表现为旁语(oblique)。从上面的分析也可以看出，动结式并不是通过隐喻从致使-移动构式延伸而来，而是独立的结构，是对人类基本经验的编码或表征。

(4) John made me angry.

整个施事性动结式的论元结构、凸显结构和句法结构可图示为：

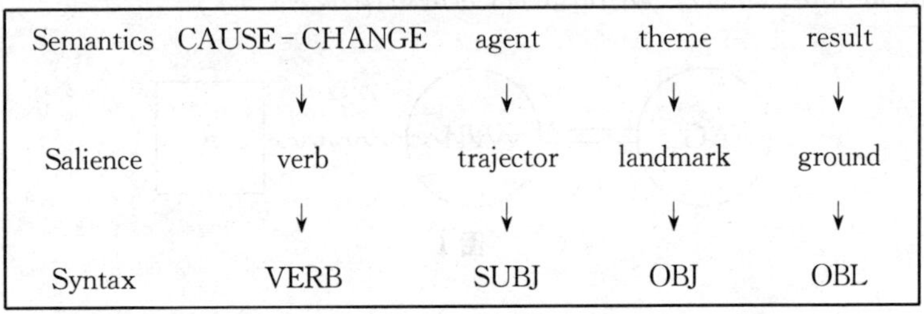
Semantics
CAUSE-CHANGE
agent
theme
result
Salience
verb
trajector
landmark
ground
Syntax
VERB
SUBJ
OBJ
OBL

图 2

因此，施事性动结式的论元结构包括施事、客体和结果，认知凸显上分别表现为射体、界标和场景，句法上分别映射为主语、宾语和旁语。

此外，施事性动结式由能量传递子事件和状态变化子事件构成。而客体是连接能量传递子事件和状态变化子事件的纽带，句法上具有双重关系，即客体既是动词的宾语，又是结果论元的说明对象。而施事性动结式中的动词必须表示能量传递关系，具有施事性，否则形成的句子不可接受。例如，虽然传说中的美杜莎(Medusa)看人一眼能将其变为石头，感知动词 see 构成的动结式却不可接受，如例(5)。但 look，gaze，glance 构成的动结式是合格的句子，如(6)。这是因为 look，gaze，glance 是施事性动词，能与施事性副词搭配，如(7)：

(5) *Medusa saw the hero into stone.

(6) Medusa glanced the hero into stone.

Medusa looked the hero into stone.

Medusa gazed the hero into stone.

(7) She intentionally glanced at me/gazed at me/looked at me/ * saw me.

另一方面，客体具有高度的自主性，不参考外部的能量输入或外部力量的作用能被独立识解。因此，从自主与依存的角度看，客体因具有高度的自主性而比较凸显。此外，客体也因为发生状态变化而比较凸显。所以，客体性编码策略以整个动结式的行为链为基础或基体(base)，从客体的视角只聚焦于客体及其状态变化，而不关注施事及其发出的能量。因此，自主、凸显的客体认知上为射体，句法上表现为主语，而结果论元进一步说明客体的变化状态，认知上为场景，句法上映射为旁语。这样，形成客体性动结式。例如，(8)以某人或某物打碎瓶子的行为链为基础，凸显瓶子所发生的变化及其变化的最终状态。所以，bottle 认知上是凸显的射体，句法上映射为主语，而 apart 对瓶子的最终状态做具体说明，认知上属于场景，在句中作补语或旁语。

(8) The bottle broke apart.

由此可见，客体性动结式是以动结式的行为链为基体，以凸显为机制而形成的，而不是施事性动结式的一部分。与表达致使和变化事件的施事性动结式相比，客体性动结式凸显或表达的是单一的变化事件，结果的形成与事件的变化是同时进行的，具有共延性(co-extensiveness)(Rappaport Hovav and Levin 2001; Iwata 2006, 2008)。

客体性动结式的论元结构、凸显结构和句法关系可图示为：

Semantics	CHANGE	theme	result
	↓	↓	↓
Salience	verb	trajector	ground
	↓	↓	↓
Syntax	VERB	SUBJ	OBL

图 3

4.3 施事性动结式对非作格动词的增容

构式有其自身且独立于动词的论元结构和意义。当动词的论元结构与构式不一致时，构式便对动词进行压制——增加相一致的论元，剪切不相兼容的论元，或选择动词所隐含的论元替代与构式不相兼容的论元，使动词与构式的形态句法结构相一致（Goldberg 1995；Michaelis 2004，2005）。

构式对动词的论元结构进行压制的一个前提条件或基础是动词至少有一个论元与构式相一致（Goldberg 1995:63）。非作格动词，如 run，laugh，talk，cry 等与施事性动结式具有相同的施事论元。因此，施事性动结式可以对非作格动词通过识解（主要是凸显和详略度）进行压制。从行为链的模式看，非作格动词只表示施事发出能量，但隐含施事所发出的能量对自身或其他实体发生作用，并产生一定的结果。所以，非作格动词的论元结构除包括施事显论元之外，还隐含客体和结果域论元。施事性动结式一方面将非作格动词的施事性参与者与其自身的施事论元整合，另一方面在更详细的层次上激活并凸显非作格动词所隐含的客体和结果域论元，并分别与自身的客体和结果论元融合，使施事性动结式的论元得到饱和。施事性动结式的论元饱和之后，根据凸显结构再映射到相应的句法位置上，使施事性动结式的论元得到实现。例如，run 凸显跑者发出的能量，但隐含跑者所发出的能量对跑步时穿的鞋子、鞋带、鞋子颜色、跑步的场地等发生作用和所产生的结果，即 run 明确表达的论元是施事，但隐含各种客体和结果域论元。施事性动结式可在更详细的层次上将 run 的参与者，如(9)中的 Claudia, Mary, they 与 the runners，与其自身的施事融合，成为认知上的射体，并映射为主语。同时激活并凸显 run 所隐含的各种客体，如(10)中的 her shoes，the soles, their sneakers 与 the pavement，和所隐含的结果论元，如(9)中的 threadbare，off her shoes, a dingy shade of grey 和 thin，填入到相应的客体和结果论元中，最后根据凸显结构分别映射为宾语和旁语。

(9) a　Claudia ran her shoes threadbare.

b　Mary ran the soles off her shoes.

c　They ran their sneakers a dingy shade of grey.

d　The runners ran the pavement thin.

以(9a)为例，施事性动结式对 run 的压制或增容可图示为：

Semantics	CAUSE - CHANGE	agent	theme	result
	↓	↓	↓	↓
V semantics	run	Claudia	______	______
	↓	↓	↓	↓
Coercion	run	Claudia	<u>her shoes</u>	<u>threadbare</u>
	↓	↓	↓	↓
Salience	verb	trajector	landmark	ground
	↓	↓	↓	↓
Syntax	VERB	SUBJ	OBJ	OBL

图 4

图中,“V semantics”表示动词的语义结构,“____”表示动词隐含的域论元位置,名词下面带下划线或横线表示该论元为所增加的域论元。“Coercion”表示构式对动词论元结构的压制,包括增容、剪切、替换和抑制四种形式。

此外,非作格动词的施事所发出的能量还会对施事自身发生作用并产生一定的结果,即非作格动词除隐含结果域论元外,还可以将反身代词作为隐含的域论元。施事性动结式可在更详细的层次上,保留非作格动词的施事,激活其所隐含的反身代词和结果域论元。例如,(10)各句中的反身代词和结果论元都是句中非作格动词的施事发出的能量所作用的对象和产生的结果。

(10) a She cried herself to sleep.

b His mistress grumbled herself calm.

c The officers laughed themselves helpless.

d She slept herself sober.

非作格动词的施事发出的能量也会对自身的器官发生作用,并产生一定的结果。因此,非作格动词可以将其施事的器官和对其作用所产生的结果作为自己的隐含论元。施事性动结式可在更详细的层次上保留非作格动词的施事,激活并凸显其所隐含的器官和结果论元,从而容纳非作格动词。例如,哭泣会对哭者的眼睛发生影响;咀嚼对咀嚼者的牙龈发生影响;工作会影响工作者的手指;走路会影响走路者的双脚。在(11)中,施事性动结式保留各个非作格动词的施事,激活并凸显各个非作格动词所隐含的器官和结果论元,最后根据施事性动结式的凸显结构,将饱和或整合后的施事、客体和结果论元分别投射为主语、宾语和旁语:

(11) a Carole cried her eyes red.

b Mary chewed her gums sore.

c　John worked his fingers to the bone.

d　The tourists walked their feet blistery.

此外，当非作格动词表示发音事件时，反身代词在施事性动结式中被压制成转指发音者的喉咙。例如，在(12)各句中，反身代词都被压制为转指声音发出者的喉咙：

(12) a　He talked/screamed/yelled/coughed himself hoarse.

b　The dogs barked themselves hoarse.

非作格动词的施事论元不一定局限于人，任何实体只要发出能量并作用于其他实体，产生一定的结果，施事性动结式都可以进行压制。例如，(13)中能量发出者是动物，但狗的吠声对婴儿发生影响，并产生了使后者醒的结果。施事性动结式可在详细的层次上对本是一元的 bark 进行增容，即激活并凸显其所隐含的客体和结果论元——the baby 和 awake，将其实现为宾语和旁语。

(13) The dog barked the baby awake.

此外，如果非作格动词的参与者是事物，只要事物发出的能量对其他实体发生作用并产生一定的结果，施事性动结式也可以对之进行压制。例如，(14)中，施事分别是物体，但对人发生了作用并产生了一定的结果，施事性动结式可将本是非宾格动词 ring 和 tick 压制成非作格动词，将相应的施事、客体和结果与施事性动结式的论元整合，最后根据凸显等级实现为主语、宾语和旁语。

(14) a　The phone rang me out of my slumber.

b　The alarm clock ticked the baby awake.

一般认为表示气象意义的 it 不是论元，rain，snow，thunder 等动词没有论元(Chomsky 1981/1993；Van Valin 2005；Randall 2012)。所以，Randall(2012：196)认为下列各句中施事是 its raining，its snowing，its thundering，但问题是 its raining 等不实

现为主语：

(15) a　It rained the seedlings flat.

b　It snowed the roads impassable.

c　It thundered the children awake.

d　It rained the golf course useless.

但是，另一方面，自然力可以成为动词的论元（Van Valin 2005），如：

(16) a　The tidal wave destroyed the harbour.

b　The flood washed away the village.

c　A gust of wind blew his hat off.

在宽泛意义上说，我们可以认为表示气象意义的 it 也是一种自然力。当下雨、下雪、打雷等事件对其他实体发生作用并产生一定的结果时，施事性动结式可对 rain，snow，thunder 进行压制，即将表示气象意义的 it 压制为施事，表现为主语，同时激活并凸显这些动词所作用的对象和所产生的结果，并映射为宾语和旁语，从而产生(15)各句。从另一角度看，it 也应该具有施事性质：构式不但具有整体意义，而且对各个句法位置或结构槽位都有规定。当词项进入构式中某个位置或结构槽位时，必然具有或带有该槽位上的语义和句法特征。施事性动结式的主语是施事，而 it 在(15)各句中都占据主语位置，因此 it 必然带有施事性质，或者说被施事性动结式压制为施事。

总之，虽然非作格动词只有一个显论元，表示能量的发出者，但施事发出的能量有可能对其他实体发生作用并产生一定的结果。这说明非作格动词除施事显论元外，还隐含客体和结果域论元。施事性动结式一方面将非作格动词的施事与其自身的施事融合，并映射为主语；另一方面在较详细的层次上激活并凸显非作格动词所隐含的客体和结果域论元，根据凸显程度分别映射为宾语和旁语。

4.4　施事性动结式对及物动词的增容

及物动词凸显施事与客体之间的能量互动关系，但隐含能量互动所产生的结果。这说明及物动词的论元包括施事和客体，但隐含结果域论元。因此，施事性动结式也可以对及物动词通过识解进行压制，即在更详细的层次上保留及物动词的施事和客体论元，激活并凸显其所隐含的结果论元，最后根据施事性动结式的凸显结构将饱和后的论元分别映射为主语、宾语和旁语，例如：

(17) a　John wiped the table clean.

b　The gardener watered the flowers flat.

c　He painted the car a pale shade of yellow.

d　Mary cut the meat thin.

以(17a)为例，wipe 凸显擦者与被擦物之间的能量互动关系，但隐含能量互动所产生的结果，即 wipe 除包括施事和客体两个显论元之外，还隐含结果域论元。施事性动结式在更具体详细的层次上保留 wipe 的擦者和被擦物，如(17a)中的 John 和 the table，激活并凸显擦的结果，如(17a)中的 clean，最后根据施事性动结式的凸显结构将 John，table 和 clean 分别映射为主语、宾语和旁语。(17) 中的其他各句也可做同样的分析。施事性动结式对 wipe 的压制可图示为：

Semantics	CAUSE - CHANGE	agent	theme	result
	↓	↓	↓	↓
V semantics	wipe	John	the table	______
	↓	↓	↓	↓
Coercion	wipe	John	the table	clean
	↓	↓	↓	↓
Salience	verb	trajector	landmark	ground
	↓	↓	↓	↓
Syntax	VERB	SUBJ	OBJ	OBL

图 5

及物动词的施事将能量传递给客体，客体吸收部分能量，同时将其余的能量传递给其他实体，并使其发生变化。这样，形成能量传递的行为链。因此，及物动词除包括施事和客体论元外，还隐含其他客体和结果论元。在及物动词所表征的行为链中，施事由于是能量发起者，最为凸显，自不待言；而隐含的客体位于行为链的链尾，表示事件的最终变化，因此比及物动词原来的客体更为凸显。施事性动结式可在更详细的层次上，保留及物动词的施事，摈弃其原来的客体，激活并凸显其隐含的客体和结果论元，最后根据施事性动结式的凸显结构将饱和后的论元映射为相应的主语、宾语和旁语。例如，cook 凸显做饭者与饭菜之间的能量互动关系，同时隐含能量互动所产生的结果。在(18)中，施事性动结式不但保留 cook 原有的施事和客体，而且在详细的层次上激活 cook 所隐含的结果论元，最后将融合后的论元根据凸显结构映射到相应的句法位置上。

(18) a　Mary cooked the food burned.

　　　b　Mary cooked the chicken dry.

但做饭的行为还涉及其他实体，并使之发生变化。在(19)中，施事性动结式在更为详细的层次上，保留 cook 的施事性参与者——Mary，舍弃 cook 本来的客体，激活并凸显其所影响的实体——the wall 和 the stove 和结果——black，最后将这些论元根据凸显结构分别映射为主语、宾语和旁语。

(19) a　Mary cooked the wall black.

　　b　Mary cooked the stove black.

另一种行为链是施事与客体之间的能量互动还会影响施事本身并使其发生变化。这说明，除隐含结果论元外，受影响的施事本身(用反身代词表征)也可作为及物动词所隐含的客体域论元。施事性动结式可在更详细的粒度上保留及物动词的施事，摈弃其原来的客体，凸显其隐含的反身代词和结果域论元，最后根据凸显结构映射到相应的句法位置上，即实现为主语、宾语和旁语。例如，eat 凸显吃者和食物之间的能量互动关系，但吃的行为还会影响吃者本身并导致身体产生变化。在(20a)中，施事性动结式保留 eat 的施事性参与者——he，舍弃其原来的客体性参与者，即食物，但在更详细的层次上激活并凸显其隐含的反身代词 himself 和结果论元 sick，最后将 he，himself 和 sick 分别映射为主语、宾语和旁语。同样，(20b)也是保留 drink 的施事并实现为主语，剪切 drink 原来的客体论元——饮料或酒水，但在更详细的层次上激活并凸显其所隐含的反身代词和结果论元，并将其映射为宾语和旁语。

(20) a　He ate himself sick.

　　b　He drank himself sober/skinny.

此外，及物动词的施事发出的能量除作用于客体之外，还会对施事的身体器官发生作用，使之发生变化并产生一定的结果，从而使施事的身体器官比及物动词的客体更凸显。施事性动结式可在更详细的层次上舍弃及物动词原来的客体论元，凸显施事的器官和结果论元，并映射为宾语和旁语。例如，(21a)表示 scrub 的施事 John 与客体 floor 之间的互动及产生的结果，但(21b)剪切 scrub 原来的客体论元，如 floor，在更详细的层次上凸显擦诸如地板等物体时对擦者自身膝盖(knee)的影响及影响的结果，如酸痛(sore)，最后将 knee 和 sore 分别映射为宾语和旁语，当然擦者 John 最为凸显，实现为主语。

(21) a　John scrubbed the floor shiny.

b　John scrubbed his knees sore.

此外，施事发出的能量通过工具传递给客体时，也会对工具产生影响并引起变化。说话人可根据交际需要，运用施事性动结式，保留及物动词的施事，摈弃其原来的客体，凸显工具及其所产生的最终变化状态，并根据施事性动结式的凸显结构分别映射为主语、宾语和旁语。例如，sweep 表达打扫者与被打扫物之间的能量传递关系。但(22a)舍弃被打扫物，保留 sweep 的施事性参与者——Mary，凸显工具 broom 及其最终变化状态——to pieces，最后将 Mary，the broom 和 to pieces 分别映射为主语、宾语和旁语。同样，(22b)也是摈弃 paint 本来的客体，如墙或绘画作品，而凸显粉刷或绘画的工具——the brushes 及 brushes 所产生的变化结果，最后将 Tony，the brushes 和 to pieces 分别实现为主语、宾语和旁语。

(22) a　Mary swept the broom to pieces.

b　Tony painted the brushes to pieces.

总之，对于及物动词，施事性动结式可以进行两种压制或增容：一是保留及物动词的施事和客体论元并映射为主语和宾语，同时在更详细的层次上激活并凸显及物动词所隐含的结果域论元，并将之实现为旁语；二是保留及物动词的施事并实现为主语，同时在更详细的层次上摈弃及物动词原来的客体论元，不表达出来，但凸显其所隐含的其他客体论元和结果论元，并将其分别实现为宾语和旁语。

4.5　客体性动结式对非宾格动词的增容

非宾格动词只有客体一个论元，包括 Vendler(1967)所划分的状态动词和成就动词(Kuno & Takami 2004)。从行为链模式看，非宾格动词表示客体因接受外部能量而发生变化，凸显的是客体，但隐含施事与客体之间的能量互动所产生的结果。因此，除客体论元外，非宾格动词还隐含结果论元。

非宾格动词和客体性动结式都是从客体的视角识解行为链，具有共同的客体论元。因此两者可以融合。客体性动结式可在更详细的层次或粒度上保留非宾格动词的客体，激活并凸显其所隐含的结果论元，最后根据凸显结构将饱和后的客体映射为主语(因为客体具有高度自主性而比较凸显)，结果论元实现为旁语。例如，freeze 表示事物发生冷冻变化，但隐含冷冻的最终结果。在(23)中，客体性动结式将 freeze 的客体性参与者—— the pond 与自身的客体论元整合，并映射为主语，同时在更详细的粒度上凸显 freeze 隐含的结果论元——solid，并将之映射为旁语。

(23) The pond froze solid.

客体性动结式对 freeze 的增容或压制可图示为：

Semantics	CHANGE	theme	result
	↓	↓	↓
V semantics	freeze	the pond	___
	↓	↓	↓
Coercion	freeze	the pond	<u>solid</u>
	↓	↓	↓
Salience	verb	trajector	landmark
	↓	↓	↓
Syntax	VERB	SUBJ	OBL

图 6

非宾格动词可分为两类。一类是既表示致使意义，又可表示起始意义，即既可以作及物用法又可作非宾格用法的作格动词，如 slide，burn，melt，sink，break，open，swing 等（Levin & Rappaport Hovav 1995）。一方面，施事性动结式可在较详细的层次上激活并凸显这类动词所隐含的结果论元，并映射为旁语，从而容纳这类动词，如：

(24) a　I melted the butter to a liquid.

　　b　I broke the vase into pieces.

　　c　I burned the toast black.

　　d　I slid the door open.

另一方面，客体性动结式从客体的视角，剪切作格动词的施事或行为者，保留其客体，同时在更详细的粒度上激活并凸显其隐含的结果论元，最后将客体和结果论元实现为主语和旁语，从而产生客体性动结式。例如，上述(24)各施事性动结式都有如下相对应的客体性动结式：

(25) a The butter melted to a liquid.

b The vase broke into pieces.

c The toast burned black.

d The door slid open.

以(25d)为例，slide 表示拉者和被拉物之间的能量互动关系，其论元结构包括拉开者和被拉开物，但隐含事物被拉开后的结果状况。例(25d)剪切或抑制拉者和“门”之间的能量传递关系，凸显“门”所发生的变化，即开的情况，和开的最终状态——open，最后将 the door 和 wide 分别实现为主语和旁语。(25)其他各句也可作同样的分析。

由于无法准确确定外部能量或无法对客体所接收的能量进行归因，另一类非宾格动词只凸显客体发生的状态变化，同时隐含状态变化的结果。这类动词可以说是纯粹的非宾格动词(pure unaccusative verb)，如 boil，flush，steam 等。客体性动结式可将这类非宾格动词的客体性参与者与其自身的客体论元融合，同时在更详细的粒度或层次上凸显纯粹非宾格动词所隐含的结果论元，最后将饱和后的客体和结果论元分别映射为主语和旁语，如：

(26) a The kettle boiled dry.

b She flushed red.

c The clothes steamed dry.

在纯粹非宾格动词中，表示发出声音的动词在客体动结式中实际上转指客体发生的变化，或者说客体性动结式对表示发出声音的非宾格动词进行压制，使其既表示发出声音，也表示客体(即声音发出者)发生变化，同时隐含发生变化的结果。例如，click，creak，bang，snap 等作为动词都是表示发出声音，但客体性动结式，如(27)各句，需对这类动词进行压制，使其不仅表示发出各种声音，而且具有发出声音时，声音发出者发生变化的意义。客体性动结式也是将声音发出者与自身的客体论元融合，并映射为主语，同时凸显所隐含的结果论元并映射为旁语。

(27) a The line clicked dead.

b The gate creaked shut.

c The door banged open.

d The door snapped shut.

4.6 动结式中的假宾语和假反身代词

检验一个名词短语是不是动词的真正论元的标准是根据名词短语与动词构成的一般过去式是否可接受。动结式有所谓的假宾语(fake object)，即宾语论元不是动词的常规论元(Goldberg 1995: 182; Simpson 1983)。非作格动词一般没有宾语，但在施事性动结式中带上宾语。例如，(28)中的 us 和 his handkerchief 都不是非作格动词 talk 和 sneeze 的常规宾语，应该是所谓的假宾语，因为(29)一般不可接受。

(28) a The professor talked us into a stupor.

b He sneezed his handkerchief completely soggy.

(29) a *The professor talked us.

b *He sneezed his handkerchief.

此外，及物动词在施事性动结式也带假宾语。例如，(30)里的 his sneakers 与 the wall 都不是及物动词 water 和 fry 的常规论元，与(30)相对应的(31)都不可接受。

(30) a The gardener watered his sneakers soggy.

b The chef fried the wall black.

(31) a　* The gardener watered his sneakers.

b　* The chef fried the wall .

正是因为非作格动词和部分及物动词在施事性动结式中带有假宾语或非常规论元，Jackendoff(1990)认为动结式的客体和结果论元构成动词的附属语(adjunct)。Hoekstra(1988)则提出小句(small clause)分析法，即动结式的客体和结果论元构成语法上没有时体标记和动词，但体现主谓关系的结构，作动词的宾语。我们也必须看到部分及物动词在动结式中带的是真宾语，如(32)：

(32) a　She kicked the door open.

b　She pounded the dough flat as a pancake.

对于假宾语，上文已做了初步分析，这里还需要进一步说明一下。我们认为尽管假宾语在施事性动结式中不是动词的常规论元，却是动词所隐含的论元，即是施事发出的能量直接或间接作用的对象，是我们所说的域论元。由非作格动词构成的动结式中，假宾语是施事发出的能量直接作用的对象，而在及物动词构成的动结式中，假宾语一般是施事发出的能量间接作用的对象。例如，(28a)中，us 是教授讲授的直接作用对象，但(30b)中，the chef 油炸的直接对象是食物原料，the wall 只是油炸所间接涉及的对象。从认知凸显上看，假宾语都是表示发生变化的事物，是除施事之外最为凸显的实体，根据认知语法理论应该实现为宾语。

动结式还有一特殊的假宾语——假反身代词(Levin and Rappaport 1995；Simpson 1983)，如(33)中的 himself：

(33) a　Bill jogged himself out of breath.

b　Tony painted himself to exhaustion.

传统观点认为反身代词与其先行词是同指关系，指涉同一实体。但认知语义学发现人是由主体或主我(subject)和自我(self)

构成的。主我包括人的意识、感知、判断、推理、意志等主观经验，而自我指人的身体或身体状况、社会角色、价值标准等。主我控制、支配自我。主我是动作的执行者，而自我是动作的承受者。例如，在 I washed myself 中，I 是洗的动作的发起人和执行者，而 myself 指身体自身。因此，主我是施事，而自我是客体。人是主我与自我的统一体，但主我与自我可以分离（Boas 2003；Lakoff 1996）。

同样，动结式中的所谓的假反身代词也是施事发出的能量直接或间接作用的对象，一般指身体状况。在(34)中，themselves 和 herself 都是指游客和 Mary 的身体的疲劳状况。

(34) a The tourists walked themselves tired.

b Mary swept herself to exhaustion.

既然人是主我与自我的统一体，主我与自我可以分离，但也可以不分离。当致使事件和变化事件同时发生展开时，主我和自我可合二为一地由同一个名词表达实现为主语（Rappaport Hovav and Levin 2001）。(35a)中，踢的过程和挣脱开的过程是同步的，因此 she 既表示主我又表示自我，是主我与自我的统一体。同样在(35b)中，扭动的过程和挣脱开的过程同时展开进行，具有共延性，she 也是主我与自我的统一体。

(35) a A man grabbed and groped her and tried to get under her clothing, but she kicked free and fled.

b She wriggled free, but remains seated obediently beside him.

(Rappaport Hovav and Levin 2001:774)

4.7　本章小结

语言是对客观现实的表征。动结式表达的是人类的基本生活经验——施事对客体发生作用,使其发生状态变化。动结式是独立存在的结构,并不是衍生于其他语言结构。根据语言编码的策略,动结式可分为施事性动结式和客体性动结式。施事性动结式保留非作格动词和及物动词的施事,同时在更详细的层次上激活并凸显非作格动词所隐含的客体和结果论元、及物动词所隐含的结果论元,从而容纳两类动词,并根据凸显结构将融合后的施事、客体和结果论元分别映射为主语、宾语和旁语。客体性动结式从客体的视角,保留非宾格动词的客体论元,同时在较细微的粒度上激活并凸显非宾格动词所隐含的结果论元,并将饱和后的客体和结果论元分别实现为主语和旁语。

动结式给动词的论元结构增容的机制主要是凸显、详略度和视角。动结式之所以能给动词赋予额外的论元,是因为动词本身隐含动结式所需要的论元。所谓的假宾语或假反身代词都是施事所发出的能量直接或间接作用的对象。从动结式的论元实现可以看出,动词与构式在某种程度上具有同构性。

第五章　同源宾语构式对动词论元结构的增容

同源宾语结构式,如(1),是一种特殊的语言结构。同源宾语构式的类型、宾语的意义、句法性质和构式的论元实现都是学界讨论的焦点问题(Jones 1988; Moltmann 1989; Massam 1990; Kuno & Takami 2004;高华、金苏扬 2000;刘爱英 2012)。

(1) a　He smiled an enigmatic smile.

b　He lived a happy life.

c　I sat back tasting the acrid taste, and waiting until she stopped shaking.(Macfarland 1995)

本章首先对同源宾语构式进行界定,然后讨论同源宾语的意义和句法地位,最后从基于识解的压制视角探讨同源宾语构式如何对动词的论元结构进行增容[①]。

---

① 本章主要内容曾发表于《外语教学》2014 年第 4 期。

5.1 同源宾语构式的界定

英语 cognate 来源于拉丁语 cognatus，表示血缘关系。因此，同源宾语构式(cognate object construction)指宾语或宾语的中心成分和构式的动词具有共同的来源。第一种情况是英语少数动词派生于名词宾语，而且在真值条件意义和形态上与名词宾语几乎相同，如 brag，breathe，dream，light，roar，score 等(MacFarland 1995:30)。下面(2)中，breathe 与 breath 虽然发音与拼写稍有差别，一般认为是同源宾语构式，而且动词 breathe 派生于名词 breath。

(2) He breathed his last breath and died at an old age，after a long and satisfying life.

MacFarland(1995)发现一些表示称呼的名词有时活用为动词，构成同源宾语构式，如：

(3) Grace me no grace，nor uncle me no uncle，I am no traitor's uncle.

个别连词和形容词有时也被活用为名词和动词，构成同源宾语构式，如：

(4) a There are ifs and buts over what I have just said，but but me no buts.

b Thank me no thanks，nor proud me no prouds.

实际上，(4a)和(4b)例现的是 X me no Xs 构式，名词(包括专有名词)、动词、形容词、连词、叹词等都可以形成 X me no Xs，第一个 X 被压制成动词，而第二个 X 被压制成名词，表示不要对说话人说 X 了，如：

(5) a Gift me no gifts; I have none for thee.

b Diamond me no diamonds! Prize me no prizes.

c Tut me no tuts.

d Tennessee me no Tennessees.

e Matchmaker, matchmaker, plan me no plans.

I'm in no rush. maybe I've learned.

Playing with matches a girl can get burned.

So bring me no ring, groom me no groom,

Find me no find, catch me no catch.

Unless he's a matchless match!

(例(4)和例(5)摘自 http://en.wikiquote.org/wiki/X_me_no_Xs)

我们认为 X me no Xs 不是同源宾语构式,因为第一个 X 无论什么词类或语类,无论其本义是什么,在构式中都是表示"说"的意思,即前后两个 X 的基本意义发生了变化。

另一类同源宾语句是宾语派生于动词,而且语音、形态和真值条件意义上与动词基本相同的句式,如:

(6) a He laughed a hearty laugh.

b Hannibal sneezed his morning sneeze.

c Rover ran a joyous run.

在 MacFarlaned(1995)收集的由 170 个动词构成的 2000 例同源宾语句子中,其中,93(54.7%)个动词是基本的,即宾语派生于动词;27 个动词派生于名词;其他 50 个动词的来源无法确定。所以,总的来说,同源宾语派生于动词的情况占大多数。绝大多数研究也是探讨这类同源宾语结构。

从论元实现的角度看,派生于同源宾语的动词应该是及物的,可以带宾语。所以,我们主要讨论同源宾语派生于动词的情况。此外,一些论著将 sing 与 song 构成的句子称为同源宾语句(Jones 1988, Massam 1990, MacFarland 1995)。我们认为 sing 与 song 在形态和意义上差别较大,两个词所构成的句子不能称为同源宾语句。MacFarland(1995:11,21)将 tell 与 tale, do 与 deed, think 与 thought 构成的句式看成同源宾语句。我们也认为这三对词在意义和形态上差别太大不宜称为同源宾语句。所以,我们将同源宾语句界定为宾语或宾语的中心成分派生于动词,语音、拼写、形态、和真值意义与动词相同或基本相同的句子。此外,我们也像 MacFarland (1995)和 Kuno and Takami(2004)一样,将 live 与 life, grow 与 growth, die 与 death 等构成的句子视为同源宾语句。

5.2 同源宾语的句法地位

同源宾语构式的特殊之处是同源宾语都不是动词的常规宾语。对于同源宾语的句法性质目前主要有两种观点。Jones (1988)、Moltmann(1989)和 Huddleston & Pullum(2002)认为同源宾语是动词的附属语(adjunct),而不是动词的论元。Jones (1988)认为同源宾语句不能被动化。例如,由(7)改成相应的被动句(8)却不是合格的句子:

(7) a John died a gruesome death.

b Harry lived an uneventful life.

c Bill sighed a weary sigh.

(8) a *A gruesome death was died by John.

b *An uneventful life was lived by Harry.

c *A weary sigh was sighed by Bill.

但是，同源宾语可改换成方式副词，修饰动词。例(7)各句与(9)各句只存在文体差别，不存在意义差异。因此，Jones(1988)认为同源宾语是动词附属语，不是论元。

(9) a John died gruesomely.

b Harry lived uneventfully.

c Bill sighed wearily.

此外，Moltmann(1989)认为同源宾语是附属语性的事件谓词，述谓动词。作为谓词的主要特征除不能被动化外，同源宾语也不能话题化。例(10)一般不可接受：

(10) a *A painful death, John died .

b *A terrifying scream, John screamed.

作为谓词标志，Moltmann(ibid.)认为同源宾语表现无定效应，即同源宾语只能受无定限定词修饰，有定限定语不能修饰同源宾语，否则构成的句子不可接受。例如，(11)不可接受：

(11) *John screamed this scream/every scream we heard today.

针对附属语观的种种诊断，Massam(1990)、Langacker(1991)、MacFarland(1995)、Kuno & Takami(2004)等举出各种反例，认为同源宾语是动词的论元，不是附属语。

首先，同源宾语可以被动化，如：

(12) a The blood-curdling scream that they had all heard in countless horror movies was screamed by one of the campers. (Langacker 1991:363)

b That precise scream was screamed by the murder victim.(ibid.)

(13) a Life here had been lived on a scale and in a style she

knew nothing about. (MacFarland 1995:112)

b　It is a smile that could be smiled by the whole country. (ibid.)

(14) a　Pictures were taken, laughs were laughed, food was eaten. (Kuno & Takami 2004:128)

b　And the crowd responded with such outpourings of enthusiasm as I have never before witnessed. Screams were screamed, cheers cheered, sighs sighed, underwear thrown. (ibid.)

可见，在适当的语境下，同源宾语句可以被动化，同源宾语是动词支配的论元。

其次，同源宾语同样可以话题化。与其他及物动词的宾语一样，为了突出同源宾语所表示的新信息，同源宾语可以移至句首，形成话题，如：

(15) a　Such a crazy whooping laugh, Norma would never laugh; so there must have been someone else in the room. (Massam:1990:181)

b　All their lives they had lived under the intimidation of the Secret Police. (Macfarland 1995:69)

此外，与及物动词的常规宾语一样，同源宾语不存在有定性限制，即同源宾语可以被定冠词修饰，如：

(16) a　She and David were committed now. Not only to a dream, but to those who dreamed the dream. (Macfarland 1995: 63)

b　And he laughed the laugh in which he was most amused—a noiseless laugh, with his lips closed. (ibid.:20)

不仅如此，同源宾语还可以受物主代词、指示代词等限定词修饰，如：

(17) a She smiled her sarcastic smile.

b Diana Keaton smiles that infinitely fetching smile and elucidates: "But you know, I mean, I say, hey, look, yeah, O.K."

例(16)和(17)各句说明同源宾语和常规及物动词的宾语一样，不存在有定性限制。

此外，同源宾语和常规宾语一样，可以代词化，如：

(18) a He lived a happy trouble-free life. He could live it because his wife took care of all the difficulties. (Kuno and Takami 2004:132)

b Mona smiled a tantalizing smile. Penelope noticed it and decided immediately that she would photograph it. (Massam 1990:168)

c Tomorrow he would be merciful and let the man die an easy death before he was forced to die a difficult one. (Macfarland 1995: 62)

上例中，it 和 one 分别代替相应的同源宾语。

同源宾语和常规宾语一样可以量化，如：

(19) a Tom sneezed every sneeze that we heard that day.

b Zack screamed many screams before we quieted him down.

因此，从被动化、话题化、代词化、量化和有定性限制等句法特征看，同源宾语和一般及物动词的宾语具有相同的句法特征，同源宾语应该是动词的论元而不是附加语。

5.3 同源宾语构式的句法语义结构

一般认为同源宾语是结果宾语，表示谓语动词所产生的结果（Quirk et al 1985; Macfarland 1995; Kuno & Takami 2004）。但对结果的性质存在争议。Massam（1990）、Mittwoch（1993, 1998）认为同源宾语表示动作所产生的事件，即将“事件从动词中拉出来，然后拷贝到同源宾语的位置上”（Mittwoch 1993:14），但Kuno & Takami(2004)认为同源宾语表示动作所产生的状态或事件中的一个次类(subset)。我们认为同源宾语表征动词所表示的活动所产生的动作或事件。例如，(20a)中的同源宾语表示微笑的动作，(20b)中的同源宾语表示打喷嚏的动作。

(20) a Ben smiled a smile and it was a creepy one.

b Kate sneezed a 20-decimal sneeze, which is a rare thing to hear.

但在(21)中，a bitter fight 和 a mighty jump 都是表示事件：

(21) a The army fought a bitter fight against the enemy.

b John jumped a mighty jump.

学界对同源宾语的语义和句法性质讨论得比较多，但对整个同源宾语构式的意义讨论的比较少。我们认为同源宾语构式表示某人做了某事或某个动作。例如，(22a)表示 Bill 做了叹息的动作，而(22b)表示 Sue 所做的事件是睡得很酣畅：

(22) a John sighed a weary sigh.

b Sue slept a sound sleep.

因此，同源宾语构式的论元包括施事和同源客体，即 Massam (1990)所说的受事。因为施事比客体凸显，所以，同源宾语构式的施事是射体，句法上映射为主语，而同源客体认知上是界标，映射为宾语。同源宾语构式的论元结构、凸显结构和句法关系可表征为：

Semantics	DO	agent	cognate theme
	↓	↓	↓
Salience	verb	trajector	landmark
	↓	↓	↓
Syntax	VERB	SUBJ	OBJ

图 1

5.4 同源宾语构式对非作格动词的增容

在 Kuno & Takami(2004)之前，一般认为英语同源宾语构式只接受非作格动词，存在所谓的非作格限制。但非作格动词，如 laugh, smile, jump, flush, cough, frown, gin, giggle, wink, yell, smell, sleep, talk, walk, yawn 等，只有一个明确表达的施事论元，而同源宾语构式却有施事和客体两个论元。因此，同源宾语构式需对非作格动词的论元结构进行增容。

为此，生成语法学者(Levin & Rappaport Hovav 1995)运用 Burzio 原则解释为什么非作格动词可以带同源宾语。Burzio (1986)原则或概括(generalization)是："一切而且只有能给主语分派题元的动词才能给宾语分派宾格"(All and only the verbs that can assign θ-role to the subject can assign accusative case to an object)。根据 Burzio 概括，Levin & Rappaport Hovav(1995)认为虽然非作格动词不能对宾语子语类化，但能给主语分派题元，所

以也能给同源宾语分派宾格，因此能带同源宾语。但生成语法学者还需要解释非作格动词带同源宾语的机制。

构式有其自身且独立于动词的论元结构和句法关系。当动词的论元数目少于构式的论元数目时，构式便对动词的论元结构进行增容，使其满足构式的论元要求，然后根据凸显结构映射到相应的句法关系中。

非作格动词只有一个明确表达的施事显论元。当非作格动词进入同源宾语构式时，同源宾语构式除将非作格动词的施事与自身的施事融合并映射为主语外，还需对非作格动词进行增容——增加同源客体，并映射为宾语。

在探讨同源宾语构式如何对非作格动词增容前，需先介绍认知语法的词类或语类观。传统语法认为名词表示人、事物和地点，而动词表示事件或动作，但这些只是名词和动词的原型成员。生成语法认为名词和动词不能根据意义进行界定，必须根据句法特征和分布情况进行定义。例如，名词受限定词或形容词短语的修饰，有性别和单数与复数之分；动词有时和体的屈折变化等。认知语法(Langacker 1990/2002; 2008)认为名词和动词完全可以根据意义和识解进行界定。名词不仅表示具体的事物，而且指涉任何相互联系的、通过归类(grouping)和总体扫描从而在概念上物化(reify)为统一的实体；动词不仅指事件或动作，而且指语言使用者通过顺序扫描，心智上追踪事件或动作在时间维度上所展开的过程。如果抑制事件的时间过程，将事件过程的每一个片段或状态通过总体扫描，即事件的每一个片段或过程同时激活，并识解为一个整体并加以凸显，动词则转变成名词。例如，enter 凸显射体一步一步地进入界标的过程。但如果将射体进入界标的每个片段同时激活并识解为一个整体并加以凸显，enter 则变成名词 entry。

当然,凸显名词所隐含的过程,并进行顺序扫描,也可将名词转变成动词。从认知语法的视角看,动词和名词的认知差异主要是扫描方式的不同。认知语法对形容词、副词和介词的解释因与本书不相关,我们就不介绍。

同源宾语构式对非作格动词进行增容时,一方面将非作格动词的施事与自身的施事整合,并根据认知凸显投射为主语,另一方面抑制非作格动词所表示的事件的时间过程,同时将事件的时间过程的每个片段通过总体扫描,识解为一个整体并加以凸显使非作格动词转为名词,从而产生同源客体,然后将同源客体映射为宾语。例(23)中,语言使用者一方面将 John 与同源宾语构式的施事整合。由于施事是射体,将整合后的施事映射为主语。另一方面,语言使用者将 John 起脚、腾空和落脚的整个过程同时激活,并识解为一个整体加以凸显,从而产生同源客体 jump,然后根据认知凸显将 jump 映射为宾语。

(23) John jumped the longest jump.

同源宾语构式对 jump 的增容可图示为图 2:

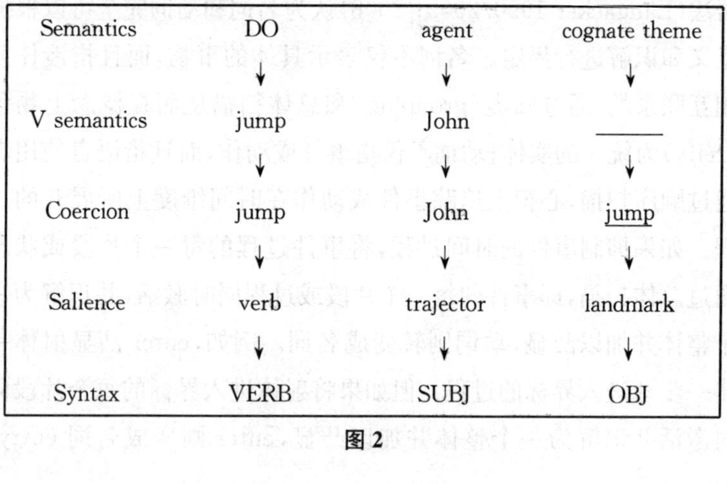

图 2

可见，同源宾语构式对非作格动词进行增容时，首先将非作格动词所表示的过程通过总体扫描识解为一个整体并加以凸显，从而物化为同源客体，然后将同源客体映射为宾语。同源宾语或同源客体之所以与非作格动词同源，是因为同源宾语与非作格动词都指涉共同的事件，只不过凸显同一事件的不同方面而已，即非作格动词凸显事件的过程，同源宾语凸显事件的整体状态。

5.5　同源宾语构式对及物动词的增容

及物动词表示施事对客体的作用，而同源宾语构式表示事件或动作。所以，同源宾语构式一般不接受及物动词。但一些及物动词也可以出现在同源宾语构式中。例如，fight 和 kiss 在(24)中都是表示及物用法：

(24) a　They gathered soldiers to fight the invading army.

b　She kissed him on both cheeks.

但 fight 和 kiss 也可以构成同源宾语结构，如：

(25) a　You can not fight a fight unless you know what you are up against.

b　Yet we twain had never kissed a kiss or vow'd a vow.

因此，同源宾语构式可一方面将及物动词的施事与自身的施事融合，并映射为主语，另一方面抑制或剪切及物动词原来的客体论元，同时将及物动词所表示的过程的每一部分同时激活、总体扫描为一个整体并加以凸显，从而产生同源客体，然后投射为宾语。(26)中，语言使用者一方面将 Jane 与同源宾语构式的施事整合，并映射为主语；另一方面，剪切(cut)原来的客体论元——所切之物同时抑制 cut 的时间过程，但将 cut 表示的每一部分动作同时激活并总体扫描为一个整体加以凸显，产生同源客体论元，然后映射为宾语。

(26) Jane cut her cut, I cut mine.

以(26)为例，同源宾语构式对及物动词 cut 的增容可图示为：

Semantics	DO	agent		cognate theme
	↓	↓		↓
V semantics	cut	Jane	the cuttee	______
	↓	↓		↓
Coercion	cut	Jane		<u>cut</u>
	↓	↓		↓
Salience	verb	trajcctor		landmark
	↓	↓		↓
Syntax	VERB	SUBJ		OBJ

图 3(the cuttee 表示所切之物)

由此可见，同源宾语构式对及物动词的增容主要涉及两方面：一是剪切及物动词原来的客体论元；二是将及物动词所表示的过程通过总体扫描识解为整体，并加以凸显，产生同源客体，表示事件的整体状态，即将动词转变成事件名词，然后投射为宾语。但和汉语相比，能出现在英语同源宾语构式中的及物动词为数不多。

5.6 同源宾语构式对非宾格动词的增容

理论上讲，非宾格动词有唯一明确表达的客体论元，不能再带其他客体论元。但典型的非宾格动词 die 能出现在同源宾语构式中，如：

(27) a　He did watch his mother die a lingering death from cancer.

b　He would die a sudden and violent death within 3 days.

事实上，die是出现在同源宾语构式中频率最高的动词之一(Kim & Lim 2012)。

此外，Kuno & Takami(2004:116)发现典型的非宾格动词drop，slide，bounce和fall也能出现在同源宾语格式中：

(28) a　The stock market dropped its largest drop in three years today.

b　The stock market slid a surprising 2% slide today.

c　Stanley watched as the ball bounced a funny little bounce right into the shortstop's glove.

d　The apples fell just a short fall to the lower deck, and so were not too badly bruised.

为此，Nakajima(2006)发现(28)各句不能被动化，如(29)各句一般不可接受。

(29) a　* The largest drop in three years was dropped by the stock market today.

b　* A surprising 2% slide was sled by the market today.

c　* A funny little bounce was bounced into the shortstop's glove.

d　* Just a short fall was fallen to the lower deck by the apples.

此外,由非宾格动词构成(28)各句也不能用论元性的名词性特指疑问词 what kind of 提问,而只能用副词性的特指疑问词 how much 或 how far 提问,如:

(30) a How much/how far/ * what kind of drop} did the stock market drop today?

b How much/how far/ * what kind of fall} did the apples fall to the lower deck?

所以,Nakajima(ibid.)认为(28)各句中的同源宾语为附加语,是副词性同源宾语(adverbial cognate object)。但既是副词,为何又是宾语?所以,我们认为"副词性同源宾语"本身就是矛盾的。

Hoche(2009)和 Kim & Lim(2012)分别在英国国家语料库(BNC)和当代美国英语语料库(COCA)中,除 die 外,都没有找到其他非宾格动词构成的同源宾语句。但上述(28)各句是可接受的英语语句。所以,Kim & Lim(ibid.)认为语境将非宾格动词压制成同源宾语动词,非宾格动词的唯一论元可以表示经验者,如 die 本来的论元在同源宾语构式中变成了经验者。但 Kim & Lim 还需解释在非宾格动词构成的同源宾语句中,同源宾语是如何产生的,同源宾语又是表示什么意义。

我们认同 Kim & Lim(2012)的观点,即同源宾语构式将非宾格的原来的客体论元压制成经验者,非宾格动词也被压制为表示经历某事的方式。此外,同源宾语构式还需要将非宾格动词所表示的时间过程的每一部分同时激活,并通过总体扫描识解为一个整体,加以凸显,从而产生同源客体,整个构式表示某人经历某事情。经验者比所经历的事情更凸显,所以经验者,即非宾格动词原来的客体是射体,映射为主语,表示所经历的事情的同源客体是界标,投射为宾语。例如,上文例(28a)(重复如下)将股票市场下跌的每一步同时激活，并通过总体扫描识解为一个整体加以凸显，产生或物化(reify)为同源客体 drop，然后映射为宾语，整个语句表示股市经历了三年内最大跌幅。

(31) The stock market dropped its largest drop in three years today.

5.7　本章小结

同源宾语构式表示某人(某物)做(经历)了某事件，其论元结构包括射体的施事和界标的同源客体，分别映射为主语和宾语。出现在同源宾语构式中的动词主要是非作格动词、少数及物动词和非宾格动词。同源宾语构式的特殊之处是需要对各类动词的论元结构进行增容，而增容的认知机制是总体扫描和凸显——同源宾语构式(或语言使用者)将动词所表示的过程的每个状态或片段同时激活，通过总体扫描，识解为一个整体并加以凸显，从而将动词所表示的过程物化为事体，产生同源客体，并映射为宾语。宾语和动词之所以同源正是因为同源宾语和动词都表示同一事件，只是动词凸显事件的过程，而同源宾语凸显事件的整体状态。由此可见，同源宾语构式对动词论元的增容的基础是动词本身所表示的过程。同源宾语构式与动词某种程度上也具有同构性。

第六章　双宾语构式对动词论元结构的增容

双宾语构式指动词后面带两个名词或名词短语作动词宾语的结构，如：

(1) a　Mary baked John a cake.

b　John kicked Tony the ball.

c　Shall I play you the music?

双宾语构式的一个重要特点是除 give，hand，pass 等少数动词的论元数目与双宾语构式的论元数目一致外，其余能出现在双宾语构式的中动词的论元数目都少于双宾语构式的论元数目。该构式对投射主义构成了很大的挑战，因为二元动词无法将其论元投射到具有三个论元的双宾语构式。Goldberg(1992,1995,2006)认为双宾语构式有其自身且独立于动词的论元结构。双宾语构式给动词赋予或增加额外的论元。例如，上面(1)中的 bake，kick，和 play 都是二元及物动词，其论元结构只包括施事和受事。构式语法认为双宾语构式给这类动词增加接受者的论元：John，Tony 和 you。但构式语法面临的问题是构式如何对动词增加额外的论元，动词又为什么能够接受构式所增加的额外的论元，即双宾语构式对动词的论元结构增容的基础和机制是什么。本章先探讨双宾语构式与介词性与格构式(prepositional dative construction)的区别，双宾语构式的形成、意义和句法性质，然后以本书建构的基于识解的压制模式为框架，探讨双宾语构式如何对各类动词的论元结构进行增容。

6.1　双宾语构式与介词性与格构式的区别

双宾语构式与介词性与格结构，如(2)，一直是学界讨论的热点问题。

(2) a　John gave a book to Mary.

　b　John send a package to Mary.

　c　Bill threw a ball to my brother.

早期的Chomsky(1975)、Larson(1988，1990)等认为与格结构式是基础生成的，而双宾语构式是从与格结构转化而来的。但Aoun & Li(1989)、Snyder(1992)等认为双宾语构式是基础生成的，而与格构式是从双宾语构式经过转换形成的。现在，人们发现双宾语构式和与格结构存在一系列差别，认为各自都是独立的结构(Goldberg 1992，1995，2006；Rappaport Hovav & Levin 2008；Bruening 2010a，2010b；何晓伟 2003)。

首先，一些动词只能构成双宾语构式，而不能构成介词性与格结构，如 spare，cost，deny，refuse，envy，forgive，allow 等。例如，与(3)相对应的(4)各句不可接受：

(3) a　Bill refused Joe a raise.

　b　This book cost him 20 dollars.

　c　The committee denied him tenure.

(4) a ＊Bill refused a raise to Joe.

b ＊This book cost 20 dollars to him.

c ＊The committee denied tenure to him.

同样，一些动词只能构成介词性与格结构，却不能形成双宾语结构，如 donate，contribute，demonstrate，report，construct。例(5)可接受，但相对应的例(6)不是合格的句子。

(5) a Joe donated 5 dollars to the earthquake relief fund.

b John demonstrated the technique to Mary.

c Maybe he can help to break the shock to Mary.

(6) a ＊Joe donated the earthquake relief fund 5 dollars.

b ＊John demonstrated Mary the technique.

c ＊Maybe he can help to break Mary the shock.

如果双宾语结构式从介词性与格结构转化而来，上面例(4)各句应该是合格的；如果介词性与格构式是从双宾语构式转化而来，那么例(6)各句也应该是合格的。上面例(4)和例(6)说明双宾语构式和与格构式都是独立的结构，两者之间并不存在转换关系。此外，一些习语只有双宾语构式，如 give somebody the creeps/the boot/the sack/；give somebody a pause/headache/a piece of one's mind；promise somebody the moon，而另一些习语只有介词性与格结构，如 give rise/birth/way to something/somebody(Bruening 2010b)。

其次，双宾语结构要求间接宾语为生命体，而与格结构却没有这样的限制。例如，(7)可接受而(8)却不是合格句子，是因为其间接宾语都不具有生命度(animacy)的性质。如果双宾语构式是由与格结构转换而来，(8)应该可接受的。

(7) a He kicked the ball to the endzone.

b Bill sent a package to the border.

c I brought a glass of water to the table.

(8) a * He kicked the endzone the ball.

b * Bill sent the border a package.

c * I brought the table a glass of water

此外，双宾语结构的直接宾语一般表示新信息，不能为表示已知信息的代词，而与格结构的直接宾语却不存在这样的限制。例如，(9)各句一般不可接受，而(10)却是合格的句子：

(9) a * Bill sent Mary it.

b * Bill did not give you it.

(10) a Bill sent it to Mary.

b Bill did not give it to you.

再次，介词性与格结构的主语必须是有意志的致使(volitional causer)，而双宾语构式却不存在这样的限制。例如，(11)不可接受，而(12)却是合格的句子。这说明双宾语构式不是从介词性与格结构转换而来。

(11) * The examination gave a headache to Mary.

(12) The examination gave Mary a headache.

最后，两种构式的意义不一样。一般认为双宾语构式表示致使-拥有(caused-possession)的意义，即 X 使得 Y 拥有 Z，或致使-接受，即 X 使得 Y 接受 Z，而介词性与格结构表示致使-移动(caused-motion)意义，即 X 使得 Z 移到 Y 处(Goldberg 2006)。例如，(13)不但表示 Mary 教 Bill 法语，而且含有 Bill 学会了法语的意义，但(14)只表示 Mary 教 Bill 法语，但不含有 Bill 学会了法语的意义。

(13) Mary taught Bill French.

(14) Mary taught French to Bill.

正因为双宾语构式与介词性与格结构存在上述意义差别,(15)可接受,而(16)不可接受,因为(16)中前后两句相互矛盾:

(15) Mary showed the photograph to her mother, but her near-sighted mother could not see it.

(16) * Mary showed her mother the photograph, but her near-sighted mother could not see it.

由于双宾语构式与介词性与格结构存在上述种种差别,双宾语构式与介词性与格结构应该是不同的结构,不存在哪一个派生哪一个的关系。有些动词,如 give, send, hand, throw 等,既可以构成双宾语构式,又可以形成介词性与格结构,是因为两种构式的意义具有重合之处。某物移到某处与某人接受或拥有某物存在系统的相关性,即将某物移到某人处,隐含将某物给某人、使其拥有某物的意义(Goldberg 1992,1995)。

6.2 双宾语构式的形成、论元结构与句法性质

某人将某物传给某人,使其领有某物是人类的基本经验。从双宾语结构的各种用法事件中,如 someone gives/hands/passes/sends/throws/kicks/promises/takes/buys/sells/leaves/brings/shows/builds/cuts/finds/fetches/offers/pours/reads/writes/teaches/tells/tosses/serves/prepares/cooks/bakes/rents/cooks somebody something,可概括或抽象出双宾语构式的行为链或基本事件是:某人将某物转移给另一人,使后者接受或领有所转移的事物。用论元的术语说,双宾语构式表示:施事将客体转移给接受者或领有者,使其拥

有客体。在双宾语构式的行为链中，施事是将客体转移给接受者的能量发起者，位于行为链的链头，因此是最为凸显的射体，句法上应该映射为主语。接受者一方面以实际行动接受或领有客体，同时心智上感知客体的转移，与之建立心理联系，一旦接受后便对客体具有控制权(Langacker 1991:332,358 - 360; 2008: 357)。因此，接受者或领有者表现出一定的主动性和积极性，对领有行为具有一定的控制作用。所以，接受者比客体更凸显。此外，领有或接受他物的实体一般是具有生命度(animacy)，即接受者一般是人。从生命度视角看，接受者也比客体凸显。正因为接受者比客体凸显，Langacker (ibid.) 将接受者称为主要界标(primary landmark)，映射为间接宾语，而客体是次要界标(secondary landmark)，映射为直接宾语。宾语的直接和间接只是相对于主语而言的。

另外，从信息结构的角度看，接受者也应该紧靠动词或者说与动词的关系比客体更密切。接受者一般是前面语篇提及的实体，表示的是已知信息，而客体表示的是未知的新信息(Goldberg 2006)。接受者一般用有定的名词短语或代词表示，而客体一般使用无定的名词短语表达。信息的传递顺序一般是先表达已知信息，然后传递新信息。因此，在运用语序传递信息的语言里，作为已知信息的接受者一般位于表示新信息的客体前面。

总之，双宾语构式表示施事将客体转移给接受者，使接受者领有客体。施事是最为凸显的射体，句法上实现为主语。具有主动性和生命度的接受者比客体更为凸显，是主要界标，句法上表现为间接宾语，而作为次要界标的客体实现为直接宾语。双宾语构式的论元结构、凸显结构和句法关系可图示如下：

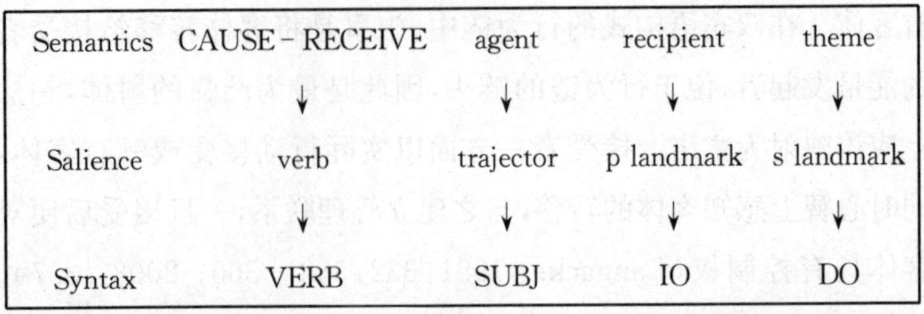

图1

图中,p landmark 表示主要界标;s landmark,次要界标;IO,间接宾语;DO,直接宾语。

6.3 双宾语构式对制作类动词的增容

双宾语构式的一个突出特点是除 give, hand, pass, send 等少数三元动词与双宾语构式的论元结构完全一致外,其余能出现在双宾语构式中的动词的论元数目都少于双宾语构式的论元数目。为此,双宾语构式都需要对这些动词的论元结构进行增容。

动词与构式融合的基础是动词与构式至少共享一个论元(Goldberg 1995:65)。除 give 等少数动词外,能出现在双宾语构式中的动词绝大多数是包括施事和客体的二元及物动词[①]。由于无法从形式上对及物动词进行分类,一般根据意义对出现在双宾语构式中的及物动词进行分类讨论(Gropen et al 1989; Goldberg 1992,1995; Kay 2005; Rappaport Hovav & Levin 2008)。我们根据《牛津高级英汉双解词典》(第七版)所列举的能出现在双宾语构式中的动词和相关文献上出现在双宾语构式中的动词,参照

① 个别非作格动词也能构成双宾语句,如 Cry us a river。由于能构成双宾语构式的非作格动词极少,本书不探讨双宾语构式如何对非作格动词进行增容。

Gropen et al(ibid.)和 Goldberg(ibid.)的分类，将出现在双宾语构式中的二元及物动词分为制造类、“扔”类、“拿”类、信息传递类、允诺类和交易类等主要类别。本节探讨双宾语构式如何对制作类动词的论元结构进行增容。

制作类动词包括 bake，build，cook，cut，draw，make，paint，play，pour，prepare，prescribe，carve，knit，mix 等，如：

(17) a　Why don't you mix our guests a cocktail?

b　Shall I prepare you a bowl of noodle?

c　I have poured you a cup of tea.

d　He may be able to prescribe you something for that cough.

人是目的性很强的动物。人一般是为他人或自己制作某物(徐盛桓 2001，2007)，如为他人或自己建房子、烤饼、绘画、织毛衣、开药方等。因此，制作类动词除包括制作者和制作物两个参与者之外，还隐含接受者论元，即本书所所说的接受者域论元，而且接受者一般是受益者(Kay 2005)。双宾语构式可在更详细的层次上将制作类动词的施事性参与者和客体性参与者与自身的施事和客体融合，根据凸显等级映射为主语和直接宾语，同时激活并凸显制作类动词所隐含的接受者域论元，实现为间接宾语。例如，build 的显论元包括建筑者和建筑物，如(18a)中的 David 和 a shed，同时隐含接受者域论元，如(18a)中的 us。双宾语构式可对 build 进行增容，即将(18a)中的 David 和 a shed 与自身的施事和客体论元融合，形成认知上的射体和次要界标，并映射为主语和直接宾语，同时在更详细的层次上激活并凸显 build 隐含的接受者域论元 us，使其成为主要界标，将其实现为间接宾语。又如，cut 的显论元包括切者和被切物或切的结果，同时隐含接受对象。双宾语构式一方面将 cut 的显论元，如(18b)中的 I 和 a piece of cake，与自身的施事和客体论元整合，并分别实现为主语和直接宾语；另一方面在更详细的层级上，激活 cut 所隐含的接受者域论元，如(18b)中的 them，并映射为间接宾语。再如，play 的显论元或明确表达的论元是演奏者和演奏的乐曲。双宾语构式除将 play 的显论元，如(18c)中的 John 和 a new piece，分别于自身的施事和客体融合并实现为主语和直接宾语之外，还需要在更详细的层次上激活并凸显 play 的接受者域论元，如(18c)中的 us，将其映射为间接宾语。

(18) a　David built us a shed.

　　b　I cut them a piece of birthday cake.

　　c　John played us a new piece.

双宾语构式对(18a)中的 build 的增容可图示如下：

Semantics	CAUSE - RECEIVE	agent	recipient	theme
	↓	↓	↓	↓
V semantics	build	David	____	a shed
	↓	↓	↓	↓
Coercion	build	David	<u>us</u>	a shed
	↓	↓	↓	↓
Salience	verb	trajector	p landmark	s landmark
	↓	↓	↓	↓
Syntax	VERB	SUBJ	IO	DO

图 2

总之，制作类动词除包括制作者和制作物两个显论元之外，还隐含制作的接受对象，即接受者域论元。双宾语构式除将制作类动词的施事性制作者和客体性制作物与自身的施事和客体整合，并根据凸显等级映射为主语和直接宾语之外，还需在更详细的层级上激活并凸显制作类动词所隐含的接受者域论元，并将之实现为间接宾语。

6.4　双宾语构式对“扔”类动词的增容

能出现在双宾语构式中的“扔”类动词包括 throw，toss，kick，fling，shoot，slide 等，如：

(19) a　John kicked me a ball.

b　He shot me a glance.

c　John slid me a book.

某人扔某物、某人抛某物、某人踢某物都是人类基本的生活经验。所以扔类动词显论元包括扔者和被扔物。但某人扔某物预设某人(暂时)不需要某物，愿意转让某物。另一方面，扔的行为也有很强的目的性。一般情况下，某人是将某物扔给另一个人或扔到一个地方，某人将某物抛给另一个人或抛到一个地方；某人将某物踢给另一个人或踢到另一个地方。扔的行为实际上是某人将某物转移或给予另一人的具体方式。所以，“扔”类动词除包括施事和客体显论元之外，还隐含接受者域论元。

双宾语构式可在更详细的层级上，将“扔”类动词的施事性扔者和客体性被扔物与自身的施事和客体论元整合，然后根据凸显等级映射为主语和直接宾语，同时在较细微的粒度上激活并凸显“扔”类动词所隐含的接受者域论元，将其映射为间接宾语。例如，toss 的显论元包括抛者和被抛物，但隐含接受对象。双宾语构式一方面将 toss 的明确表达的显论元，如(20a)中的 Tony 和 a coin，与自身的施事和客体论元融合，形成射体和次要界标，并映射为主语和直接宾语；同时在更详细的层次上激活并凸显 toss 所隐含的接受者域论元，使其成为主要界标，如(20a)中的 Mary，将其实现为间接宾语。又如，throw 的显论元为扔者和所扔之物，同时隐含扔的动作的接受对象。双宾语构式可在比较详细的层级上将 throw 的施事性和客体性论元，如(20b)中的 John 和 a ball，与自身的施事和客体整合，形成射体和次要界标，映射为主语和直接宾语，同时激活并凸显 throw 所隐含的接受者论元，如(20b)中的 me，使其形成主要界标，最后将其映射为间接宾语。

(20) a　Tony tossed Mary a coin.

　　b　John threw me a ball.

双宾语构式对(20a)中 toss 的压制或增容可图示如下：

Semantics	CAUSE－RECEIVE	agent	rcipient	theme
	↓	↓	↓	↓
V semantics	toss	Tony	______	a coin
	↓	↓	↓	↓
Coercion	toss	Tony	<u>Mary</u>	a coin
	↓	↓	↓	↓
Salience	verb	trajector	p landmark	s landmark
	↓	↓	↓	↓
Syntax	VERB	SUBJ	IO	DO

图 3

6.5 双宾语构式对“拿”类动词的增容

能构成双宾语构式的“拿”类动词包括 bring，take，fetch，get，return，grab，slip，ship 等，如：

(21) a　The waitress got me a cup of milk.

b　How long do you think they would take to return me the folder.

c　He fetched me a pair of binoculars.

拿的行为也是具有很强的目的性。某人拿某物、某人带某物、某人抓某物、某人取某物、某人运输某物都是为了他人或自己而付诸行动的。所以,“拿”类动词除包括施事性的拿者和客体性的所拿之物外,还隐含接受者域论元。拿的动作实际上是给予或将某物转给某人的一种方式。双宾语构式可在更详细的层次上将“拿”类动词的施事性拿者和客体性所拿之物与自身的施事和客体整合,形成射体和次要界标,然后映射为主语和直接宾语,同时激活并凸显“拿”类动词所隐含的接受者域论元,形成主要界标,最后映射为间接宾语。例如,take 的显论元包括施事性的带者和客体性的所带之物,但隐含将某物带给某人的接受对象。双宾语构式一方面将 take 的带者和所带之物,如(22a)中的 John 和 a gift,与自身的施事和客体整合,并根据凸显等级分别实现为主语和直接宾语;另一方面,在更详细的层次上激活并凸显 take 所隐含的接受者域论元,如(22a)中的 his family host,映射为间接宾语,从而形成(22a)。又如,bring 的凸显论元是施事性的拿者和客体性的所拿之物,但隐含将某物拿给某人的接受对象。双宾语构式可在更详细的层次上将 bring 的拿者和所拿之物,如(22b)中的 Mary 和 a pail of mushrooms,与自身的施事和客体融合,形成认知上凸显的射体和次要界标,并分别映射为主语和直接宾语;同时激活并凸显 bring 所隐含的接受者域论元,如(22b)中的 me,将之实现为间接宾语。

(22) a　John took his family host a gift.

b　Mary brought me a pail of mushrooms.

以(22a)为例,双宾语构式对 take 的增容可图示为:

Semantics	CAUSE-RECEIVE	agent	recipient	theme
V semantics	take	John	______	a gift
Coercion	take	John	his family host	a gift
Salience	verb	trajector	p landmark	s landmark
Syntax	VERB	SUBJ	IO	DO

图 4

6.6 双宾语构式对信息传递类动词的增容

信息传递类动词包括 tell,ask,show,teach,write,read,pose,quote,cite,forward,leave 等。这类动词都可构成双宾语句,如:

(23) a John told us a very interesting story.

b Mary asked me a difficult question.

c Someone left you this note.

信息传递都是针对某个或某些特定的对象:故事是讲给某些人听的、信一般是写给某个人的、问题都有问的对象、口信是留给某个人的……因此,信息传递类动词除包括施事性的信息传递者和客体性的信息之外,还隐含信息的接受者域论元。双宾语构式可在详细的层次上一方面将信息传递类动词的传递者和信息与自身的施事和客体整合,形成认知凸显上的射体和次要界标,然后映射为主语和直接宾语，另一方面，激活并凸显信息传递类动词所隐含的接受者域论元，将其实现为间接宾语。例如，teach 凸显教者和所教的内容或课程，即其显论元为施事性的教者和客体性的施教内容或课程，但隐含施教对象，即接受者域论元。双宾语构式一方面将 teach 的教者和施教内容或课程，如(24a)中的 Mary 和 linguistics，与自身的施事和客体相融合，形成射体和次要界标，并映射为主语和直接宾语，同时在更详细的层次上激活并凸显 teach 所隐含的接受者域论元，如(24a)中的 John，实现为间接宾语。又如，write 凸显的论元为写者和信件(或其他写的结果)，但隐含写信的对象，即接受者。双宾语构式可在较详细的层级上一方面将 write 的施事性写者和客体性的信件，如(24b)中的 Bill 和 a letter，与自身的施事和客体整合，然后映射为主语和直接宾语；同时激活并凸显 write 所隐含的接受者域论元，如(24b)中的 the sales manager，将其实现为间接宾语。

(24) a　Mary taught John linguistics.

　　　b　Bill wrote the sales manager a letter.

以(24b)为例，双宾语构式对 write 的增容可图示如下：

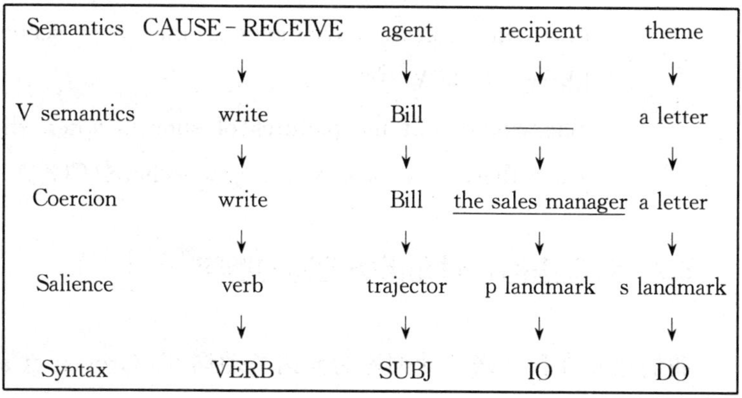
Semantics CAUSE-RECEIVE agent recipient theme
V semantics write Bill ______ a letter
Coercion write Bill the sales manager a letter
Salience verb trajector p landmark s landmark
Syntax VERB SUBJ IO DO

图 5

Goldberg(1992，1995)和 Gropen et al(1989)都认为 whisper 不能构成双宾语句。我们认为 whisper 凸显的耳语者和耳语内容，但隐含耳语的接受对象。双宾语构式可对 whisper 进行增容，即在较详细的层次上激活并凸显其所隐含的接受者论元，形成可接受的真实语句，如：

(25) It seemed to sway，as though it were a speechless figure that wanted to whisper me its secret.(COCA)

此外，一些派生于通信工具的动词，如 radio，email，wire，telephone，fax，mail，post，text 等，实际上表示传递信息的意义，我们也把这类二元及物动词归为信息传递类动词。这类动词的论元结构虽然包括传递者和所传递的信息或文件，但隐含信息传递的接受对象。双宾语构式也可以在更详细的层次上对这类动词的论元结构进行增容，并映射到相应的句法关系中，形成双宾语句，如(26)各句。我们就不详细讨论。

(26) a My husband had to fax me a copy of my passport.(COCA)

b Please email me your ideas for incorporating these new communication technologies into your school library.(COCA)

c She would text me pictures of sunsets when she knew there was snow on the ground here.(COCA)

6.7 双宾语构式对允诺类动词的增容

我们把允许和许诺类动词称为允诺类动词，即 Gropen et al(1989)所说的未来给予类动词，或 Kay(2005)和 Croft(2012)所说的次情态类动词。能出现在双宾语构式中的允诺类动词包括 promise，guarantee，refuse，deny，permit，allow，bequeath，allocate，grant，reserve 等，如：

(27) a The ticket will guarantee you free entry.

b Aunt bequeathed me a collection of risqué postcards.

c The bank finally granted me a \$5000 loan.

事实上，允诺类动词都隐含接受者域论元。人们总是对他人或自己承诺某事、人们总是向他人或自己保证某事、人们一般向某个对象或机构遗赠某物、人们一般是向一定的对象或自己给自己布置某事……所以，允诺类动词除了凸显允诺者和所允诺的事物之外，还隐含接受者域论元。双宾语构式可在更详细的层级上一方面将允诺类动词的施事性的允诺者和所允诺的事物与自身的施事和客体整合，形成认知上的射体和次要界标，并映射为主语和直接宾语；同时激活并凸显允诺类动词所隐含的接受者域论元，成为主要界标，然后将之投射为间接宾语。例如，promise 的论元结构除了包括承诺者和承诺物之外，还隐含承诺对象——接受者域论元。双宾语构式可对 promise 进行增容，即在详细的层次上将 promise 的施事性承诺者和客体性承诺物，如(28a)中的 Bill 和 a car，与自身的施事和客体融合，形成凸显上的射体和次要界标。然后将其分别映射为主语和直接宾语，同时激活并凸显 promise 所隐含的接受者域论元，如(28a)中的 his son，将其实现为间接宾语。又如，allow 明确凸显的论元是施事性的允许者和客体性的允许物，但隐含允许的对象，即接受者域论元。双宾语构式除将 allow 的允许者和允许物，如(28a)中的 the referee 和 two free throws，与自身的施事和客体整合，并映射为主语和直接宾语之外，还需在更详细的层级上激活并凸显 allow 所隐含的接受者域论元，如(28b)中的 Kim，将其实现为间接宾语。

(28) a Bill promised his son a car.

b The referee allowed Kim two free throws.

以(28b)为例，双宾语构式对 allow 的增容可图示为图 6：

Semantics	CAUSE - RECEIVE	agent	recipient	theme
	↓	↓	↓	↓
V semantics	allow	the referee	____	two free shows
	↓	↓	↓	↓
Coercion	allow	the referee	Kim	two free shows
	↓	↓	↓	↓
Salience	verb	trajector	p landmark	s landmark
	↓	↓	↓	↓
Syntax	VERB	SUBJ	IO	DO

图 6

6.8 双宾语构式对交易类动词的增容

交易类动词包括 buy，sell，pay，cost，charge，owe 等。我们认为表示预定意义的 book，reserve 和表示订购意义的 order，call 可归为交易类动词。虽然交易类动词都是二元及物动词，但都能出现在双宾语构式中，如：

(29) a I sold James my car.

b He ordered himself a double whisky.

c Shall I call you a taxi?

交易类动词的论元结构除包括施事性的交易者和交易物之

外,还隐含接受者域论元。例如,购买物品都是为他人或自己购买的,卖商品都是卖给某个个体或某些特定对象的,预定或订购某物也是为某人或自己预定或订购的,某物也需要花费某人的钱款。双宾语构式除将交易类动词的施事性和客体性参与者与自身的施事和客体融合,形成认知凸显上的射体和次要界标,并映射为主语和直接宾语之外,还需在较详细的层级上激活并凸显交易类动词所隐含的接受者域论元,将其实现为间接宾语。例如,buy 的论元结构包括施事性的购买者和客体性的购买物,但隐含购买行为的受益者,即接受者域论元。双宾语构式一方面将 buy 的购买者和购买物,如(30)中的 my wife 和 a new coat,与自身的施事和客体整合,形成认知上的射体和次要界标,并映射为主语和直接宾语;另一方面,双宾语构式需在较细微的粒度上激活并凸显 buy 所隐含的接受者域论元,如(30)里 my mother,与自身的接受者融合,构成主要界标,实现为间接宾语。

(30) My wife bought my mother a new coat.

以(30)为例,双宾语构式对 buy 的增容可图示如下:

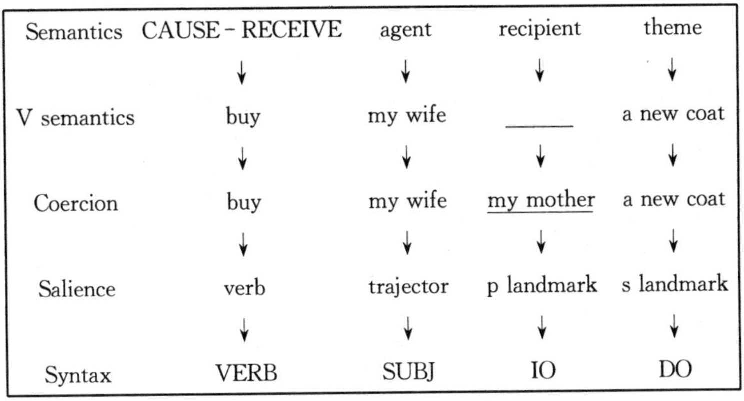
Semantics
CAUSE - RECEIVE
agent
recipient
theme
V semantics
buy
my wife
a new coat
Coercion
buy
my wife
my mother
a new coat
Salience
verb
trajector
p landmark
s landmark
Syntax
VERB
SUBJ
IO
DO

图 7

6.9 本章小结

双宾语构式的论元结构包括施事、接受者和客体，认知凸显上分别形成射体、主要界标和次要界标，句法上映射为主语、间接宾语和直接宾语。双宾语构式之所以能给二元及物动词增加额外的接受者论元，是因为动词本身隐含双宾语构式所需要的接受者域论元。双宾语构式给动词的论元结构增容的认知机制是识解中的凸显和详略度，即双宾语构式在更详细的层次上将动词的施事性和客体性参与者与自身的施事和客体融合，形成射体和次要界标，句法上映射为主语和直接宾语；同时激活并凸显动词所隐含的接受者域论元，将其实现为间接宾语。双宾语构式对动词具有主导作用，但双宾语构式对动词所增加的额外论元也不是无源之水、无本之木，而是有理据的，即所增加的额外论元是动词本身所隐含的论元。某种程度上，双宾语构式与动词在论元结构上具有同构性。

第七章　中动构式对动词论元结构的剪切

构式有其自身的意义、论元结构和句法关系。构式对词项具有主导作用。当动词的论元数目多于构式的论元数目时,构式便从某个视角剪切动词多余的论元,使动词与构式的论元结构相一致。英语中动构式、汉语受事主语句、存现句和祈使句都需剪切动词施事,使动词与构式相兼容。

英语主动结构和被动结构都有各自的形式和意义特征。主动结构的主语一般是施事,宾语是客体,动词没有任何标记形式,表示施事对客体的作用。被动态的主语是客体,动词的标记是 be - EN,施事要么不表现出来,要么通过旁语表现出来,整个结构表示客体所遭受的影响。但介于主动态和被动态之间,有所谓的形式上主动,即动词没有任何被动标记,而意义上含有被动的中动态或中动构式,如例(1)各句:

(1) a　Glass marbles break easily.

b　The plastic lining cleans easily.

c　Fresh pasta can cook quickly.

中动构式具有一系列的语义和句法特征,特别是其动词主要是及物动词和一部分非作格动词，但其施事一般不表现出来，或通过旁语引导出来。因此，中动构式的论元实现受到广泛的关注。生成语法的句法观(Keyser & Roeper 1984; Massam 1992; Stroik 1992; Iwata 1999;韩景泉 2003)认为中动结构是通过抑制及物动词的施事外论元，而将及物动词的客体内论元外化而形成的。但生成语法框架下的词汇观(Hale & Keyser 1987; Fagan 1988, 1992; Ackema & Schoorlemmer 1995)认为中动动词是在词库中生成的。Fagan(ibid.)认为中动动词的施事因表示类指，语义上是饱和的，句法上没有表达出来。但中动句隐含的施事也可以特指。例如，(2)中 handle 所隐含的施事应该是特指的Sophy:

(2) The car handles smoothly when Sophy drives it.(Iwata 1999:544)

Hale & Keyser (ibid.) 认为中动动词是既可表示起始(inchoative)意义，又可表示致使意义的作格动词。他们认为起始意义是基本的，而致使意义派生于起始意义。因此，中动动词在词库中就是不及物的作格动词，如(1a)中的 break。但及物动词，如(1b-c)中的 clean 和 cook，也能构成中动结构。

无论是句法观还是词汇观都忽视了对部分非作格动词构成的中动句进行解释，也没有揭示客体成为中动结构的主语的认知动因。我们先探讨中动结构的定义特征，然后根据语言对行为链的编码策略探讨客体成为中动句的主语的认知动因，和中动句的意义和句法性质，最后讨论中动构式如何对及物动词和非作格动词的施事进行剪切。

7.1 中动构式的定义特征

Massam（1992）认为中动结构的定义特征（defining characteristic）是情态。中动结构的情态主要由表示难易性、快捷性和适意性的副词表示（杨佑文 2011）。例如，(3)各句中的副词分别表示主语客体在动作过程中所表现的难易性、适意性和快捷性等特征。若去掉表示情态的副词，中动句就不可接受，如例(4)各句。

(3) a The brown bread cuts easily.

b The pack handles comfortably.

c Intensely aromatic and flavorful, this rice cooks quickly.

(4) a * The brown bread cuts.

b * The pack handles.

c * Intensely aromatic and flavorful, this rice cooks.

当然，情态也可以由否定、对比重音、情态动词或强调手段表示，如：

(5) a This meat does not cut.

b I thought we were out of gas, but the car DRIVES!

c This blouse can/will/might/should wash in cold water.

d These red sports model do sell, don't they?

如果只根据情态性，中动结构的范围将无限扩大，一些原本不是中动句的结构也被看成中动句。例如，Massam(1992:120)将非宾格动词构成且具有情态意义的句子也当作中动句，如：

(6) a Accidents happen easily.

b Some problems arise easily.

c Royalists die well under adverse circumstances.

Massam(ibid.)甚至将部分非作格动词构成的而且施事或外论元做主语的句子，也当成中动结句，如：

(7) a Some players hit home runs easily.

b Happy children learn well.

c John hears well.

情态性固然是中动构式的一个重要特征，但不是唯一的定义特征，我们必须参照其他定义特征将上述例(6)和(7)各句排除出中动结构的范围。

Langacker(1991)、Iwata(1999)认为中动结构的定义特征是隐含施事。首先，中动结构的动词都是包含施事的及物动词和非作格动词。虽然在句法上，及物动词和非作格动词的施事没有表现出来，但语义上隐含施事。很难想象，没有施事的参与，及物动词和非作格动词在中动构式中所表示的动作会自动完成。在(8)中，没有搭建者的参与，帐篷不会自动搭起来；没有阅读者的参与，书不会自动读起来。事实上，大部分中动句与表示客体相对应的all by itself不相兼容，如例(9)各句不可接受。这说明中动结构隐含施事。

(8) a A good tent puts up in less than five minutes.

b This book reads easily.

(9) a * A good tent puts up in less than five minutes all by itself.

b * This book reads easily all by itself.

另一方面，中动结构的副词短语也隐含施事的存在。中动结构的副词所表示的难易性、快捷性、适意性等特征都是相对于隐含的施事而言的(Langacker 1991:334)。

我们认为中动构式的定义特征应该是施事隐含和情态性。施事隐含能将 Massam(1992)所说的部分“中动句”排除在外。例如,Massam(1992)所列举的下列各句虽然具有情态性,但各句中的动词是非宾格动词,不隐含或不包括施事。所以,例(10)各句不是中动句。

(10) a　Accidents happen easily.

b　Some problems arise easily.

c　Royalists die well under adverse circumstances.

另一方面,Massam 所说的(11)也具有情态性,但各句明确表达了施事,而不是隐含施事,也不能算作中动句。

(11) a　Some players hit home runs easily.

b　Happy children learn well.

c　John hears well.

如果一些结构只隐含施事,但不具有情态性,也不能算作中动句。所以,情态性能将中动句与非宾格句区别开来。例如,(12a)是中动句,因为其具有容易开的情态性,而(12b)是非宾格句,指表示门开着。

(12) a　The door opened easily.

b　The door opened.

我们认为 Iwata(1999)举的(13)不是中动句,而是非宾格句,因为不具有情态性。

(13) The document photocopied too low.

所以,我们认为中动构式的定义特征是施事隐含和情态性,两者缺一不可。关于中动构式的其他特征,我们将在后面继续讨论。

7.2 中动构式的形成、论元结构和句法关系

如第三章所述，世界上的事物相互联系，相互影响。某些实体自身就能发出能量并传递给其他实体，接受能量的实体吸收部分能量，并将其余的能量传递给其他实体，能量如此传递下去，直至最后被耗尽。这样，形成能量传递的行为链。一个基本的行为链可由施事与客体之间的能量互动构成，如 John hit Mary。而最简单或最小的行为链可由既是能量发出者又是能量表现者的一个实体构成(Langacker 2008:356)。(14)中，Tony 既是大笑动作的发起者，又是大笑动作的表现者。

(14) Tony laughed heartily.

语言对行为链的编码有两种自然的策略或倾向。施事性编码策略根据行为链的能量传递方向进行编码。由于施事是有意志的能量发出者而最为凸显，在认知凸显等级上是射体，编码为句子的主语。而客体位于行为链的链尾，吸收其他实体传递的能量，并引起自身发生状态或处所变化，认知上是次要凸显的界标，编码为句子的宾语。在(15)中，Tony 是关窗动作的发起者，最为凸显，编码为句子的主语，而 the window 接受 Tony 发出的能量，从而发生由开到关闭的变化，是次要凸显的界标，句法上编码为宾语。

(15) Tony closed the window.

另一方面，在参与者与动作过程构成的事件中，参与者无需参照动作过程就能被独立识解，而动作过程必须参照动作的参与者才能被识解。因此，事件的参与者是独立自主的，而动作过程是依存的。同样，在施事与客体互动的行为链中，虽然施事作为参与者也具有自主性，但不参照客体发生的变化，施事发出的能量或引起

的变化就无法识解(Langacker 2008:371)。而客体本身作为参与者具有高度的自主性,能被独立识解。此外,客体发生的变化本身也是自主自足的,无需参照施事发出的能量就能被独立识解。客体因具有高度的自主性而凸显。客体性编码策略正是根据自主性,在认知上将客体识解为射体,并将其编码为主语。例如,the window 等事物依靠自身就能独立存在、是自足的实体,其发生的由开到闭或由闭到开的变化无需参照能量来源,即谁如何关闭的,就能独立识解。因此,在(16)中,the window 因具有高度的自主性而被编码为主语,整个句子表示 the window 关着的状态,而不凸显谁采取何种方式关的。

(16) The window closed.

根据上述语言对行为链的编码策略可推知,中动构式是根据客体性编码策略而形成的,即客体因具有高度的自主性而比较凸显,成为认知上的射体,句法上表现为主语。在具体讨论中动构式形成之前,我们先讨论中动构式的意义。Van Oosten(1977,1986)、Fellbaum(1986)、Massam(1992)、Iwata(1999)等认为中动构式的客体主语对动词所表示的动作负责,客体的某些特性使得动词所表示的动作得以实行,即客体的特性使得任何潜在的施事都能够执行动词所表示的动作。例如,Fellbaum(1986)认为(17)表示句中所说的"这架钢琴"的音调得准、维护得好等特征使得任何演奏者都能在"这架钢琴"上演奏起来比较容易。

(17) This piano plays easily.

Van Oosten(1986)甚至认为客体主语在中动句中获得了施事的某些特征,履行施事的功能。我们认为这种观点不可取。中动结构隐含施事,但没有明确表达出来。

我们认为中动构式表示客体在动作过程中所表现的难易、快慢、适意或结果好坏等特征，或者说客体主语的特性只有在动作过程中才能表现出来。离开动词所表示的动作过程，客体的特性就无法表现出来，或者说客体的难易、快慢等特性就无从谈起。中动构式的副词或其他否定、强调、对比重音等手段具体说明客体主语在动作过程中所表现的特性。例如，书籍本身没有快慢、难易、好差等特征，只有在销售、阅读等过程中才能表现出快慢、难易等特征。所以，(18a)和(18b)分别表示"她最近的小说"在阅读和销售中呈现出容易和快的特征。

(18) a Her latest novel is selling out fast.

b Her latest novel reads easily.

同样，橡树门本身没有难易特征，只有在打开过程中才表现出容易的特征，如(19a)。炉条本身没有难易之分，只有在清洗过程中才表现出容易的特点，如(19b)。轿车本身也没有平稳或不平稳的特征，只有在驾驶或开的过程中才表现出平稳的特点，如(19c)：

(19) a The oak door opened easily.

b The grate will clean up easily with steel wool.

c This black car drives smoothly.

所以，在中动结构中，副词短语传递最重要的信息(Fellbaum 1986, Iwata 1999)。虽然副词短语不是动词的子语类化的成分，但是中动结构的信息焦点(Iwata 1999)。典型的中动句必须带有副词或其他表示客体在动作过程中所表现的特征的短语，否则，产生的句子不可接受，如：

(20) a * Her latest novel reads.

b * This piano plays.

所以，我们认为副词(或其他相关的表达客体特征的介词短语等，本书不考虑否定、情态动词、对比重音或强调手段所表示的特征的情况)所表示的特征虽不是动词的必有论元,却是整个中动构式的必有论元。典型的中动构式包括客体、动词和副词(短语)三个部分或成分(Fellbaum1986, Iwata 1999, 何文忠 2005)。

客体可以不参照施事所传递的能量而能独立存在,因此具有高度的自主性,在认知上比较凸显。另一方面,中动构式又强调客体在动作过程中所表现的特征。所以,中动构式是根据客体性编码策略对行为链进行编码而形成的,即语言使用者从客体的角度识解行为链——施事与客体的互动过程,虽不强调施事,但凸显客体在互动过程中所表现的快慢、难易、结果好坏等特征。客体因具有高度的自主性而比较凸显,同时因为施事没有表现出来,整个中动结构中只有客体一个参与者,所以客体是中动构式中唯一也是最凸显的参与者,认知上是射体,句法上映射为主语。表示客体在动作过程中所表现的特性论元(由副词短语或其他介词短语表达)认知上属于场景(ground),句法上映射为旁语。

中动构式的意义结构、凸显结构和句法结构可图示为:

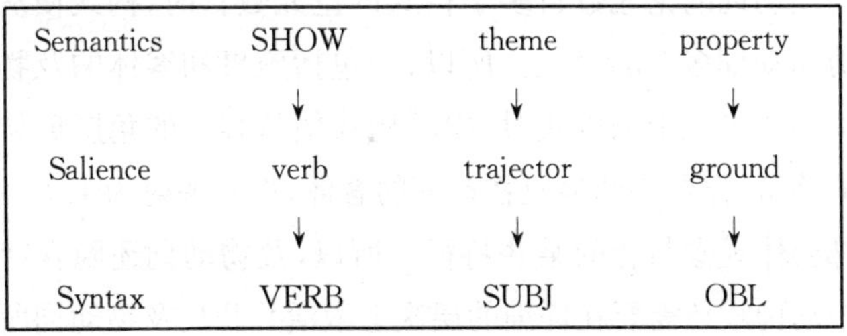

图 1

7.3　中动构式对及物动词施事的剪切

典型的中动动词是及物的,如 sell, translate, cut, read,

photograph，clean，cook，kill，wash，write，translate 等。因此，典型的中动构式的主语是受事或客体。邓云华、尹灿(2014)从英国国家语料库(BNC)中收集到 477 例中动句，其中受事或客体为主语的句子有 461 例，占所有中动句的 96.65%，而处所为主语的中动句仅有 3 例，占总数的 0.63%。工具为主语的中动句有 12 例，占总数的 2.51%。方式为主语的中动句只有 1 例，占总数的 0.21%。在美国当代英语语料库(COCA)中，邓云华、尹灿(ibid.)共搜索到 1351 例中动句，其中受事或客体为主语的中动句为 1326 例，占所有中动句 98.15%，而其余的为处所、方式和工具主语中动句。由此可见，受事(即客体)为主语的中动句占绝对多数。受事或客体为主语的中动句占绝对多数说明及物动词在所有中动动词中占绝对多数，或者说，典型的中动动词是及物动词。

及物动词的论元结构包括施事和客体(受事)。构式对词项具有主导作用。当动词的论元结构与构式不一致时，构式便对动词进行压制，使其与构式相一致。压制的一个重要方式便是剪切——当动词的论元数目多于构式的论元数目时，构式便从某个视角剪切动词多余的论元。所以，当包括施事和客体的及物动词以整体形式进入中动构式时，中动构式便从客体的角度剪切及物动词的施事，保留并凸显及物动词的客体，将其映射为主语。任何动作都会体现参与者的某些特征。所以，及物动词还隐含特征论元。中动构式还需要在详细的层次上激活并凸显及物动词所隐含的特征论元，并映射为旁语。例如，iron 的论元结构包括施事性的熨烫者和客体性的熨烫物，同时隐含熨烫物在熨烫过程中所体现的特征。中动构式(或语言使用者)可剪切 iron 的施事，保留其客体，如(21)中的 cotton。由于 cotton 是唯一的参与者，是最为凸显的射体，句法上映射为主语。此外，中动构式还需要在较详细的层次上激活 iron 所隐含的特征论元，如(21)中的 well，并将其映射为旁语。

(21) Cotton irons well.

以(21)为例，中动构式对及物动词 iron 论元结构的剪切和增容可图示为：

Semantics	SHOW		theme	property
	↓		↓	↓
V semantics	iron	ironer	cotton	______
	↓		↓	↓
Coercion	iron		cotton	well
	↓		↓	↓
Salience	verb		trajector	ground
	↓		↓	↓
Syntax	VERB		SUBJ	OBL

图 2

图中，coercion 表示压制，即中动构式对 iron 的施事的剪切和激活其所隐含的特征论元；“______”表示 iron 隐含的特征论元。

能出现在中动构式中的及物动词可分为两大类。一类是包含施事和客体的纯粹的及物动词，如 read，buy，translate，clean，shave，wash，cook 等。如上面所述，中动构式需剪切这些动词的施事，凸显其客体并映射为主语，同时激活这些动词所隐含的表示客体在动作过程中所表现的特征论元，并实现为旁语。

另一类动词是，既可以作及物用法，又可作非宾格用法，或者说其论元除客体之外，还包括要么是施事，要么是致事的作格动词，如 open，close，shut，break，crumble，spill，melt，sink 等。

例如,open 的论元除客体外,既可以是施事,如 John opened the door,也可以是致事,如 The wind opened the door。但不管这类及物动词的论元是施事或致事,中动构式都是剪切这类动词的施事或致事,凸显其客体并映射为主语,同时激活其所隐含的表示客体在动作过程中所表现的特征论元,将其实现为旁语,如:

(22) a This wood splits easily.

b The shutters closes easily.

c This wheel spins easily.

此外,出现在中动构式中的及物动词必须表示具体的动作,而不是概括性的行为。例如,eat 表示笼统概括性的行为,而 chew 相对来说比较具体。因此,eat 构成的中动句不可接受,而 chew 构成的中动句却是合格的语句,如:

(23) a * This bread eats well.

b The dog food chews like meat.

Fellbaum(1986:15)认为表示感知、理解、怀疑、情感的心理活动的动词,如 see, hear, watch, believe, love, like, admire, fear, explain, understand, doubt, question 等,一般不能出现在中动构式中。但有一类既包含客体,即经验者,又包括致事或刺激(stimulus)论元的动词能构成中动句,如 frighten, scare 等。中动构式也是剪切这类心理动词的致事或刺激论元,凸显其客体,并将之实现为主语,同时激活其隐含的特征副词,映射为旁语,如:

(24) a Sue frightens easily.

b Aunt Mary scares easily.

另一方面,Davidse & Heyvaert(2007:45)利用 Google 发现 hear 也能构成合格的中动句,如:

(25) a You will not have to worry about drifting of TX or

RX signal, it hears well.

b　It hears well and this well-played and inexpensive CD should win the work (and the composer) new friends.

其实,心理动词涉及的客体在感知过程中也表现难易、快慢、好差等特征。所以,心理动词也能构成中动构式。

此外,语言不是镜像般地描写客观现实,而是根据交际目的、认知凸显,在不同详细程度上选择最重要、最凸显的实体编码说话人最想表达的信息。中动构式除剪切及物动词的施事外,有时还会剪切及物动词原来的客体,而凸显及物动词所隐含的其他论元,并映射为主语。例如,play 凸显施事性的运动者和客体性的运动对象之间的互动关系。中动构式可剪切 play 的施事和客体,但激活并凸显 play 所隐含的论元,如(26)中的处所论元 court,并将之实现为主语;同时激活 play 所隐含的特征论元,如(26)中的 slowly,并将其映射为旁语。

(26) The court plays slowly.

及物动词除包含施事和客体两个最为凸显的论元之外,还包括工具论元。中动构式可剪切及物动词的施事和客体,同时在更详细的层次上激活并凸显及物动词的工具并将之实现为主语。例如,(27)剪切 write 的写者和所写物,但凸显写字时所用的工具——that pen,并将之实现为主语,同时将 write 所隐含的特征论元 well 映射为旁语。

(27) That pen writes well.

虽然及物动词的施事或致事被中动构式剪切,没有明确表达出来,但语义上中动构式隐含及物动词的施事或致事。所以,我们认为及物动词在中动构式中没有变成不及物动词。

7.4 中动构式对非作格动词施事的剪切

中动构式的主语一般是客体。这预设中动动词一般是及物的。事实上,绝大部分中动动词都是及物的。非作格动词只有施事论元,并没有客体论元。所以,非作格动词一般不能构成中动句。但 Davidse & Heyvaert(2007:45)通过 Google 引擎搜索到由非作格动词构成的中动句,如:

(28) a You would not give my tip a chance of landing Aintree's Martell Red Rum Chase[...]but with the ground riding slower, he should improve dramatically.

b A middle for diddle draw on Yarmouth's straight course means a fancied runner can switch to either rail depending on which side is riding faster.

事实上,汉语中的非作格动词也能构成中动句,例如:

(29) a 这张床睡起来很舒服。

b 这把椅子坐起来很舒服。(何文忠 2005)

c 这条路走起来快。

d 二号跑道跑起来快。

非作格动词除包括施事论元之外,还隐含处所或工具论元。中动构式可剪切非作格动词的施事,同时在详细的层次上,激活并凸显其隐含的处所或工具论元和动作过程中所呈现的特征论元,最后将其分别映射为主语和旁语,从而形成中动句。例如,dance 除包括施事性的论元——舞者之外,还隐含跳舞的场所和依赖的音乐。事实上,跳舞的音乐可以看作跳舞的工具。所以,dance 还隐含处所和工具论元,当然包括跳舞过程中所表现的好差、快慢、优雅等特征论元。中动构式可剪切 dance 的施事论元,激活并凸显其隐含的处所论元,如 this floor,或工具论元,如 his music,以及相关的特征论元,最后映射为主语和旁语,形成中动句,如:

(30) a　That is okay, because I am a Di Sarli fan. His music dances well.

b　This floor dances better.

以(30b)为例,中动构式对非作格动词的 dance 压制可图示如下:

Semantics	SHOW		theme	property
	↓		↓	↓
V semantics	dance	dancer	______	______
	↓		↓	↓
Coercion	dance		<u>this floor</u>	<u>well</u>
	↓		↓	↓
Salience	verb		trajector	ground
	↓		↓	↓
Syntax	VERB		SUBJ	OBL

图 3

又如,run 除包括施事性的跑者论元之外,还隐含跑步的跑道等处所和处所在促进跑步过程中所表现快慢等特征。中动构式可剪切 run 的施事论元,凸显 run 所隐含的处所和特征论元,如(31)中的 this track 和 faster,将其分别映射为主语和旁语。

(31) This track runs faster.

飞行的航线也有曲直、长短之分,对航行也有快慢等影响。所以,fly 除施事性的飞行者论元之外,还隐含处所(航线)和处所对促进飞行过程中所表现的快慢等特征。中动构式可剪切 fly 的施事，在更详细的层次上，激活 fly 所隐含的处所和特征论元，如(32)中的 this flight line 和 well，并将其分别实现为主语和旁语。

(32) This flight line flies well.

总之，中动构式需剪切非作格动词的施事，但在较细微的粒度上激活并凸显非作格动词所隐含的处所、工具等论元，及处所、工具等论元在动作过程中所表现的特征，将其分别实现为主语和旁语。

7.5 本章小结

在施事和客体互动所构成的行为链中，客体不依靠施事就能独立被识解。因此，客体具有高度的自主性而比较凸显。中动构式是从客体的角度，识解客体在与隐含的施事互动过程中所表现的快慢、难易、舒适等特征，其论元结构只有客体和动作过程中客体所表现的特征两个论元，分别映射为主语和旁语。

构式有其自身且独立于动词的意义和论元结构。构式对动词具有统摄、制约作用。当包括施事和客体的及物动词以整体形式进入中动构式时，中动构式便剪切及物动词的施事，保留其客体并将其映射为主语；同时在更详细的层次上激活客体在动作过程中所表现的特征并将其实现为旁语。中动构式也可剪切及物动词的施事和客体，但在较细微的粒度上激活并凸显及物动词所隐含的处所或工具论元，及相关的特征论元，将其实现为主语和旁语。对于部分非作格动词，中动构式可剪切其施事，但在较详细的层次上激活并凸显其所隐含的工具或处所论元，以及相关的特征论元，分别映射为主语和旁语。

第八章　受事主语构式对动词论元结构的剪切

动词的施事论元典型地映射为主语，而受事一般实现为宾语（Dowty 1991，Van Valin & La Polla 1997）。但汉语有一特殊的构式——受事主语句，其动词的施事不表现出来，而其受事实现为主语，对投射主义和构式语法都构成了严重挑战。例如，在下面（1a）中，“这梨”是动词“洗”的受事，却表现为主语，而“洗”的施事并没有实现出来；（1b）中，“他的手”是“蹭破”的受事，却映射为主语，而不见其施事；（1c）中，“奶茶”和“奶豆腐”都是动词“倒”和“摆”的受事，分别实现为主语，而不是宾语，但“倒”和“摆”的施事论元都没有表达出来。

（1）a　聂将军见这孩子两眼里流露出惊恐的神色，就拿过一个洗干净的梨子，和谐地说：“这梨洗干净了，吃吧！”（六年级（下）：34）[①]

b　他的手蹭破了，也顾不上擦流出的血。（六年级（上）：36）

① “六年级（下）”指江苏版义务教育阶段《语文》（二年级）课本（下册），下同不再说明。

c　奶茶倒上了，奶豆腐摆上了，主客都盘腿坐下，谁都有礼貌，谁都又那么亲热，一点儿不客气。（六年级（上）：95）

丁声树等（1961/2004）、范晓（1994，2009）、邱贤、刘正光（2009）都讨论了受事主语构式中受事的有定性与无定性、有生性（animacy）与无生性，和动词的前后成分。龚千炎（1980）讨论了受事主语构式的各种类型，但他界定的范围有待商榷。邱贤、刘正光（2009）从图形与背景可以倒置的角度讨论了受事主语构式的形成，但受事主语构式中动词的施事根本没有表现出来，因此谈不上图形与背景的倒置问题。另外一个需要探讨的问题是动词的受事实现为主语的认知动因或理据是什么。本章先界定受事主语构式的范围，然后讨论受事主语构式形成的认知动因，最后讨论受事主语构式对动词施事的剪切。

8.1　受事主语构式的界定

讨论受事主语构式对动词的论元结构剪切前，必须先对受事主语构式进行界定，而受事主语构式的界定历来是颇具争议的问题。丁声树等（1961/2004：32）认为下面各句也是受事主语句：

（2）a　大家的事情大家办。

b　不上几个月的功夫，老槐树底下的日子他就过不惯了。

c　制钱虽说不兴，罗汉钱可是谁也不出手的。

d　他什么心眼儿，什么脾气儿，我早就摸得熟透透的啦。

e　那半个[饽饽]一人抉一小块儿，分着吃了。

此外，龚千炎（1980）也认为类似例（2）各句是受事主语句，如他举的“这朵花我真喜欢”。我们认为丁声树等所举的上述例（2）

各句都是受事移至句首的话题句，而不是受事主语句。首先，例(2)各句的施事都出现，且位于动词前面作真正的主语。其次，(2a)，(2b)和(2c)中的受事都可以还原到宾语的位置上，如“大家办大家的事”，“他就过不惯老槐树底下的日子了”，“谁也不出手罗汉钱”。[①] (2d)的受事不能还原到宾语的位置上，是因为受“得”字的影响。若没有“得”的限制，(2d)是可以还原的，如“我早就摸透他的心眼儿和脾气儿”。(2e)中，“抉”的施事和受事——“一人”和“一块儿”分别实现为主语和宾语，“那半个饽饽”完全是一个话题。至于“这朵花我真喜欢”完全可以改为“我真喜欢这朵花”。因此，我们认为像例(2)各句这样的话题句不是受事主语句。

理论上讲，凡是受事作主语的句子都应该是受事主语句。因此，由“被、受、给、叫”等引导的长被动句(即施事被引出)和短被动句理论上也应该是受事主句结构(丁声树等 1961/2004，龚千炎 1980)，如：

(3) a　中国队被泰国队打败了。

b　敌人被赶跑了。

c　大水给裹在被子里，抬上小船。(丁声树等 1961/2004:30)

但范晓(1994，2009)认为被动句既有被动形式，即被动标记，如“被，给，叫，让，为……所”等，又有被动意义，表示受事遭受某事件。所以，被动句是叙述句。而受事主语结构是描记句或评议句，没有被动形式，是表示“受事主语所代表的事物的情状或对与主语联系的某种动作行为进行评价的”。例如，(4a)是描记句，表示墨

① 我们在百度网上也找到“如何出手古董”、“我想出手古董”这样的句子。

竹画所处的挂的状态，而(4b)是评议句，是对主语“这顿饭”做得好差的评价。因此，范晓认为被动句有别于受事主语句。

(4) a 这幅墨竹画终于挂起来了。

b 这顿饭做得真好。

邱贤、刘正光(2009)认为被动句主要表示消极、不愉快、有损的意义，而受事主语句既可以表示消极意义，也可以表示积极、肯定的意义。例如，例(5)各句均表示消极的意义。

(5) a 他的稿子被枪毙了。

b 他今天被汽车撞了一下。

c 他给绊了一下。

同样是受事主语句，但例(6a)表示消极、否定意义，而(6b)表示肯定意义。

(6) a 这幅画画得一塌糊涂。

b 这幅画画得很好。

此外，邱贤、刘正光(2009)还发现只有表示消极意义的受事主语句才能转换成短被动句，而表示积极、肯定意义的受事主语句却不能转变为短被动句。例如，(7a)可以接受，而(7b)一般不可接受。因此，两位学者认为受事主语结构有别于被动结构。

(7) a 这幅画被画得一塌糊涂。

b *这幅画被画得很好。

汉语中动构式的主语也是受事，如：

(8) a 这把刀用起来很顺手的。

b 这些桃子摸着软乎乎的。

c 沙发坐上去很舒服，但式样单调而古板。(曹宏 2004)

那么，中动构式属于不属于受事主语构式呢？Oosten(1977,

1986)将其讨论的中动构式称为受事主语句[①]。

此外,汉语中,由"难、容易、好"等构成的"难易"句或"难易"构式的主语也是受事,如:

(9) a　这本书好读。

　　b　中国话容易学,中国文字难学。(吕叔湘 1984/2002)

吕叔湘(1984/2002)认为"难易"句是受事主语句。龚千炎(1980)、邱贤、刘正光(2009)也举过类似的例子。当然,"难易"句也可看作是中动结构的一个类别。

对于受事主语构式的意义,只有范晓(1994,2009)简单地讨论过,其他学者都没有涉及过。范晓(ibid.)认为受事主语句表示受事所处的状态或对受事主语的评价,但范晓也没有对受事主语句给出一个统一的定义。范晓所说的受事所处的状态主要是指受事所处的结果状态,如:

(10) a　饺子已经煮熟了。

　　b　他的思想问题解决了。

　　c　大门紧紧地关着。

我们可以将例(10)这样的句子称为结果性受事主语句。

其实,受事主语句也可以表示受事所处的起始(并持续)的状态或动作的持续状态。例如,(11a)表示"长龙"和"锣鼓"处于相关动作开始和持续的状态,而(11b)只表示"乐曲"的持续演奏状态。同样,(11c)和(11d)分别表示"路"和"房子"处于修与建的状态。因此,(11)各句可称为表示动作持续的受事主语句。

(11) a　长龙舞起来了,锣鼓敲起来了。(二年级(上):26)

　　b　现在,乐曲还在演奏着,陈奂生的那个音键捺响了。

---

① 对于汉语究竟有没有中动句,还存在不同的观点(严辰松 2011)。但把中动句看作受事主语句一般不会有争议。

c　路正修着呢。

d　房子正在建。

顾名思义，受事主语句式是根据主语位置上的论元——受事定义的，而不是根据意义界定的。所以，凡是受事作主语，而且主语与动词具有受事关系的句子都是受事主语句。上面讨论的被动构式、中动构式、“难易”构式和各种状态构式虽然意义各异，但都有一个共同的特点——主语都是受事。我们认为这些句式都是受事主语构式，或者构成形式上具有家族相似性的受事主语构式，都是我们要研究的对象。

8.2　受事主语构式的形成、论元结构和句法关系

如前面的研究所述，世界上的实体相互作用，相互影响。某些实体自身就能发出能量，将能量传递给其他实体；接受能量的实体吸收部分能量，将剩余的能量传递给其他实体。能量如此传递下去，直至最后被耗尽。这样，形成能量传递的行为链。一个基本的行为链可由施事与客体(包括受事)之间的能量互动构成，如 John beat Mary。而最简单的行为链可由既是能量发出者，又是能量表现者的一个实体构成(Langacker 2008:356)。(12)中，John 既是走的动作的发起者，又是走的动作的表现者。

(12) John walked briskly.

语言对行为链的编码有两种自然的策略或倾向(Langacker 1991,1999,2008;董成如 2014)。施事性编码策略根据行为链的能量传递方向进行编码。施事位于行为链的链头，是有意志的能量发出者，因此最为凸显，在认知凸显等级上是射体，编码为句子的主语。而客体位于行为链的链尾，吸收其他实体传递的能量，并

引起自身发生状态或处所的变化，认知上是次要凸显的界标，编码为句子的宾语。在(13)中，Bill 是打碎瓶子的动作发起者，最为凸显，编码为句子的主语，而 the bottle 接受 Bill 发出的能量，从而发生由完整到打碎的变化，是次要凸显的界标，编码为宾语。

(13) Bill shattered the bottle.

另一方面，在参与者与动作过程构成的事件中，参与者无需参照动作过程就能被独立识解，而动作过程必须参照动作的参与者才能被识解。因此，事件的参与者是独立自主的，而动作过程是依存的。同样，在施事与客体互动的行为链中，虽然施事作为参与者也具有自主性，但不参照客体发生的变化，施事发出的能量或引起的变化就无法识解(Langacker 2008:371)。而客体本身作为参与者具有高度的自主性，能被独立识解。此外，客体发生的变化本身也是自主自足的，无须参照施事发出的能量就能被独立识解。因此，客体因具有高度的自主性而凸显。客体性编码策略正是根据自主性，在认知上将客体识解为射体，并将其编码为主语。例如，the bottle 等事物依靠自身就能独立存在，是自足的实体，其发生的由完整到打碎的变化无需参照能量来源，即谁如何打碎的，就能独立识解。因此，在(14)中，the bottle 因具有高度的自主性而被编码为主语，整个句子表示 the bottle 的打碎状态，而不凸显谁采取何种方式打碎的。

(14) The bottle shattered.

同样，上一节所讨论的各种受事主语结构都是以施事与受事的能量互动所产生的行为链为基础，根据受事编码策略而形成的。换句话说，受事不依靠施事所传递的能量而能独立被识解，因而具有高度的自主性。正因为受事具有高度的自主性，语言使用者可从受事的角度识解行为链，凸显客体与某个施事互动的过程中所遭受的影响，或互动过程中所表现的特征，或互动过程或互动后所处的状态，从而产生各种受事主语构式。

汉语被动句的类型、意义和形成存在很多争议（陆俭明 2004a）。本书只讨论由“被”字构成且施事不被引出的短被动句，如(15)：

(15) a　他的手指被划破了。

　　b　李四被杀了。

　　c　苹果被扔了。

从行为链模式看，短被动构式是语言使用者以受事为出发点，凸显受事所遭受的动作或经历，是与施事的互动过程而产生的。受事一方面不参照施事能被独立识解，另一方面，施事由于不知或不明等原因不易表达出来（Jespersen 2008），受事是唯一的参与者，最为凸显。因此，受事在认知凸显上为射体，句法上映射为主语。事实上，短被动构式是从受事的视角往回识解行为链，表达的是受事遭受或经历某种动作的一次性的事件，“被”为短被动构式的标志，表示遭受或经历的意义。例如，(16a)只凸显“小王”经历了受他人表扬的事件，但不凸显谁如何表扬了小王。同理，(16b)只凸显“这本书”遭受了盗窃的事件，而不凸显谁如何或何时盗窃“这本书”的。

(16) a　小王今天被表扬了。

　　b　这本书被偷了。

短被动构式的论元结构、凸显结构和句法结构可图示为：

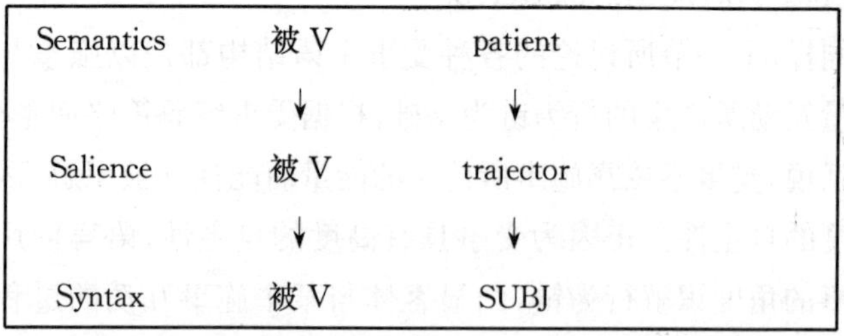

图 1（短被动结构的语义可以表示遭受、经历等，所以用被 V 表示）

汉语中动结构的主语一般是受事或客体，谓语动词前后必须有附着成分，如动词前面可以带“难、容易、好”（古川裕 2005），如(17)：

(17) a　德语很难学。

b　这个问题容易回答。

c　粗毛线好织。

而动词后面主要带“起来”，表示动作的开始和持续，也可以后接“来、着、上去”，表示动作的持续过程（曹宏 2004），如(18)[①]。

(18) a　这辆车开起来很顺手。

b　他编的歌词念起来很上口。

c　这些柿子摸着很软。

无论汉语中动结构的形容词短语或相当于形容词性的短语指向客体主语（受事主语）、动作过程还是隐含的施事（曹宏 2004，2005；殷树林 2006a，2006b），如例(19)各句，汉语中动构式都是从受事的视角识解行为链，凸显受事在动作过程中所表现的特性或属性，而不强调受事与施事的互动，即施事不被凸显而被剪切。(19a)表示“这个案件”只有在调查过程中才表现出困难的特性；(19b)表示高度酒只有在喝的过程中才能使饮者感觉到爽快的特性；(19c)表示“他的散文”只有在“读”的过程中才具有顺口的特点。所以，汉语中动构式是运用客体编码策略，以行为链为基础，凸显受事而形成的。

(19) a　这个案件调查起来很困难。

b　高度酒喝起来很爽快。

c　他的散文读起来很顺口。

---

① 事实上，“起来”中动句是汉语中动句中研究最多、使用最频繁的句式。本书主要探讨“起来”中动句的论元实现。“起来”一般认为是体标记。我们不探讨其句法性质。

施事已被中动构式剪切，只剩下唯一的参与者——受事，而且受事本身具有高度的自主性。因此，受事是中动构式中的射体，句法上映射为主语，而形容词短语进一步说明受事在动作过程中所表现的属性，认知上属于场景，句法上映射为补语，为了统一术语，我们仍称为旁语(oblique)。中动构式的意义结构、凸显结构和句法结构可图示为：

Semantics	SHOW	patient	property
	↓	↓	↓
Salience	verb	trajector	ground
	↓	↓	↓
Syntax	VERB	SUBJ	OBL

图 2

狭义的汉语受事主语构式主要表示受事所处的状态，如动作开始和开始后的状态，如(20a)，和动作进行中的持续状态，如(20b)：

(20) a　长龙舞起来了，锣鼓敲起来了。(二年级(上)：26)

b　现在，乐曲还在演奏着，陈奂生的那个音键捺响了。

(高晓声《漏斗户主》，又见邱贤、刘正光 2009)

但根据相关文献(丁声树等 1961/2004；龚千炎 1980；范晓 1994，2009，邱贤、刘正光 2009)，狭义的受事主语构式主要指受事所处的结果状态。例如，(21a)表示“衣裳、袜子”在穿的动作完成之后所处的状况；(21b)表示“稻子、麦垅、公粮余粮、口粮柴草”在收割、耕种、卖和分配的动作完成后的状态；(21c)表示“这梨”在洗的动作完成后结果状态。所以，狭义的受事主语句的动词后面一般接有表示结果的词语，如(21)各句中的“好、完、掉、到、干净”等。

本书也是主要讨论表示受事所处结果状态的狭义的受事主语句，并称为结果性受事主语构式。

（21）a　衣裳穿好了，袜子也穿好了，高雪微微皱了皱眉，说左边的袜根没有拉平。（汪曾祺《徙》）

b　稻子收好了，麦垅种完了，公粮余粮卖掉了，口粮柴草分到了，乘这个空当出门活动活动，赚几个钱买零碎。（高晓声《陈奂生上城》，又见邱贤、刘正光 2009）

c　聂将军见这孩子两眼露出惊恐的神色，就拿过一个洗干净的梨子和蔼地说"这梨洗干净了，吃吧！"（六年级（下）：34）

从行为链模式看，狭义的受事主语构式也是以受事为视角，但不是凸显受事与某个施事的互动过程，而是凸显受事在动作过程结束后所处的结果状态。由于受事是唯一的且具有自主性的参与者，认知上是最为凸显的射体，句法上映射为主语。而结果短语说明受事在动作完成之后所处的状态，映射为补语，即本书所说的旁语。[①] 所以，狭义的受事主语构式也是以行为链为基础，运用客体编码策略，凸显受事在动作结束后的状态而形成的。狭义的受事主语构式的论元结构、凸显结构和句法结构可图示为：

Semantics	BE	patient	result
	↓	↓	↓
Salience	verb	trajector	ground
	↓	↓	↓
Syntax	VERB	SUBJ	OBL

图 3

① 也可以根据通行的做法，将表示结果的动词或形容词与前面的动词合并为动结复合词作谓语。

从上面的分析可以看出，汉语短被动构式、中动构式和狭义的受事主语构式，即结果性受事主语构式的共同点是三种构式都是从具有高度自主性的受事视角识解行为链，运用客体编码策略，凸显客体而形成的。三种构式的不同之处是短被动构式凸显受事所遭受或经历的某种动作，表示动作事件；中动构式表示受事在动作过程中所表现或呈现的某种特征；而狭义的受事主语构式凸显受事在动作结束后所处的某种状态。

8.3 受事主语构式对动词施事的剪切

受事主语构式，即本书讨论的短被动构式、中动构式和结果性受事主语构式，都有受事论元而没有施事论元。但出现在这三种构式中的动词大多数是包括施事和受事的二元及物动词和少部分只有施事的非作格动词。因此，汉语受事主语构式与出现其中的动词存在不一致，即动词比受事主语构式多出施事论元。

构式有其自身且独立于动词的论元结构，可根据自身的需要对动词的论元结构进行取舍、调节。当动词的论元结构与构式不一致时，构式便通过识解将动词的论元结构压制成一致——选择并凸显动词论元结构中与构式相一致的论元，剪切或抑制多余或不一致的论元，或选择动词所蕴含的相关论元代替与构式不一致的论元。所以，当及物动词以带着施事的整体形式进入各种受事主语构式时，受事主语构式便剪切及物动词的施事，保留并凸显其受事，从而将及物动词压制成与受事主语构式相一致。

如前文所述，短被动构式凸显受事所遭受的动作或影响，只有一个最凸显的受事论元，映射为主语。当包含施事和受事的及物动词以整体形式进入短被动构式时，短被动构式便剪切及物动词的施事，保留其受事并将其实现为主语。例如，“杀”的论元结构包括施事性杀者和受事性的被杀者。例(22)剪切“杀”的施事——杀者，保留“杀”的受事“他”。由于“他”是唯一剩下的参与者，最为凸显，认知上是射体，句法上映射为主语。

(22) 他被杀了。

例(22)对“杀”的论元结构的剪切可图示为：

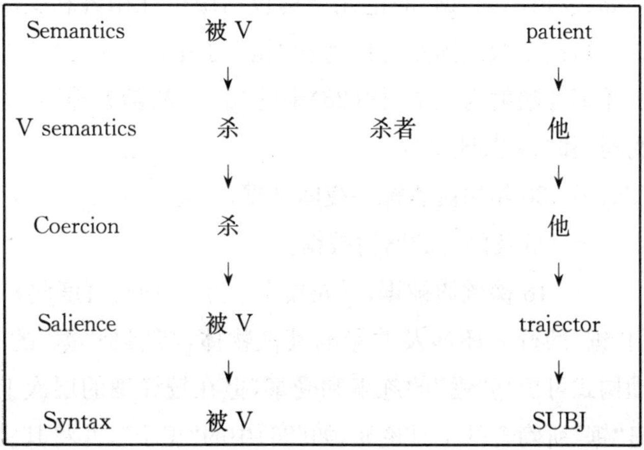

图 4

典型的受事是遭受影响的事物或人。但时间也可以是及物动词的受事。例如，“浪费”的论元结构包括浪费者和浪费的时间(当然也包括浪费物)。例(23)剪切施事性的浪费者，凸显“浪费”的时间——“一个上午”，并映射为主语。

(23) 一个上午被浪费掉了。

施事通过工具将能量传递给受事时也会影响工具。因此被影响的工具某种程度上是典型受事的延伸，也可以实现为短被动构式的主语。例如，“写”的论元结构包括施事性的写者和受事性的写的内容，但写的过程中写的工具可能会受到影响。短被动构式可剪切“写”的施事和受事，但激活并凸显“写”的工具，将其实现为主语；如(24)中的“整整一支笔”和“笔头”：

(24) a 今天从早上开始，四份报告，一份作业，整整一支笔被写没了。

b 我读完小学，已经两支派克笔的笔头被写坏了。(摘自百度网)

又如，及物动词“锯”的论元结构包括施事性锯者和受事性的被锯物。短被动构式固然可以剪切“锯”的施事论元，保留并凸显“锯”的受事并映射为主语，如(25)中的“30 年树龄香樟”、“危及民房的腐树”和“18 棵桃树”：

(25) a 30 年树龄香樟一夜间被锯。

b 危及民房的腐树被锯。

c 18 棵桃树被锯，果农损失上万。(摘自百度网)

但“锯”的行为还涉及并影响其他物体，特别是“锯”的工具。短被动构式可剪切“锯”的施事和受事，但在较详细的层次上激活并凸显“锯”所隐含的工具论元，如(26)中的“锯子”，并将其实现为主语：

(26) 锯子被锯断了。

非作格动词只有一个施事论元，但隐含施事发出的能量对其他物体发生影响，即非作格动词隐含受事论元。短被动构式可剪切非作格动词的施事，凸显其隐含的受事论元并映射为主语。例如，“睡”只有一个施事显论元——睡者，但隐含睡者对其他物体，特别是睡的处所——“床”的影响。短被动构式可剪切“睡”的施事，凸显隐含的域论元，即被影响的处所，并映射为主语。例(27)各句都是从百度网上搜索到的真实语料。“睡”的施事被剪切，而“睡”的处所——“我的床”、“新床”、“你们的床”和“一个床”，被凸显并实现为主语：

(27) a　我的床被睡了。

b　新床被睡塌了。

c　学校来了很多人军训，你们的床被睡了。

d　第二天收拾房间，发现只有一个床被睡过。

又如，“爬”也是典型的非作格动词，只有一个施事显论元，但隐含其他论元。当“爬”的隐含论元受到影响时，短被动构式可剪切“爬”的施事——爬者，但在较细微的粒度上凸显其隐含的、受影响的论元，并实现为主语，如(28)中的“中国第一高楼”、“英国女王家门”、“雕塑”：

(28) a　中国第一高楼又被爬了，这次是两名中国90后小伙。

b　英国女王家门又被爬了。

c　山峡广场：雕塑被爬缺了。(摘自百度网)

此外，非作格动词的论元除施事外，还隐含工具。若隐含的工具受到影响，也可凸显，成为短被动构式的主语。例如，“爬”还隐含爬的动作所涉及的鞋子。例(29)剪切“爬”的施事，但凸显“爬”的工具“鞋底”，并映射为主语。

(29) 下山中，鞋底被爬掉了。(摘自百度网)

总之，短被动句的主语主要是受事，但也可以是处所、时间或工具。但不管短被动构式的主语是什么论元，短被动构式都需剪切及物动词及部分非作格动词的施事。

中动构式表示受事在动作过程中所表现的特性，其论元结构包括受事和特征。当及物动词以包括施事和受事的整体形式进入中动构式时，作为整体性的中动构式便剪切及物动词的施事，保留其受事并映射为主语，同时激活其隐含的特征并实现为旁语。例如，及物动词“安装”的论元结构包括施事性的安装者和受事性的安装物。当“安装”进入中动构式时，中动构式便剪切“安装”的施事论元——安装者，保留其受事论元并映射为主语，如(30a)的“那种脚手架”，同时激活并凸显受事在安装过程中所表现的特征并映射为旁语，如(30a)中的“很麻烦”。又如，“摸”的论元结构包括施事性的摸者和受事性的被摸物。中动句(30b)剪切“摸”的施事，保留其受事——“这桃子”，将其实现为主语；同时激活并凸显“这桃子”在摸的过程中所体现的特征——“软软的”，将之映射为旁语。及物动词“调查”的论元结构包括施事性的“调查者”和受事性的“调查对象”或“被调查事件”。同样，(30c)也是剪切“调查”的施事，保留“调查”的受事——“这类案件”，并将其映射为主语；同时激活并凸显“这类案件”在调查过程中所体现的特征——“相当困难”，将之实现为旁语。

(30) a　那种脚手架安装起来很麻烦。

b　这桃子摸起来软软的。

c　这类案件调查起来相当困难。

以(30b)为例，中动构式对及物动词“摸”的压制可图示如下：

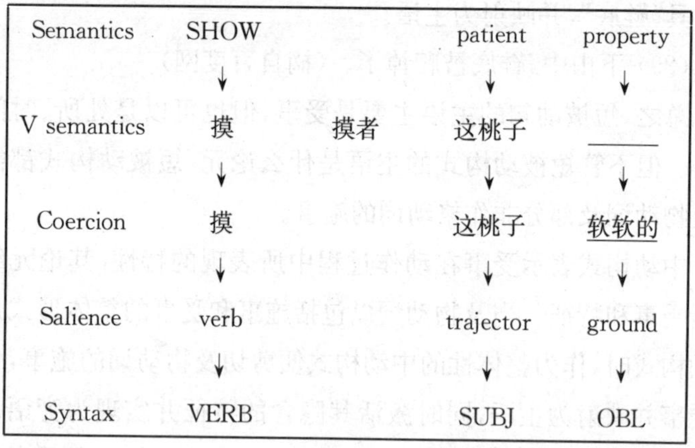

图 5

此外,中动构式也可以剪切及物动词的施事和受事,但凸显其工具并将其映射为主语,同时激活并凸显工具在动作过程中所表现的特征,并将其实现为旁语。例如,“切”的论元结构包括施事性的切者和受事性的被切物,但“切”的动作还涉及切的工具。例(31a)剪切“切”的施事和受事,但凸显“切”的工具——“这把菜刀”,并将之映射为主语;同时激活“这把菜刀”在切的过程中所表现的特征“快”,并将其实现为旁语。又如,动词“称”的论元结构包括“称者”和“被称物”,同时还涉及称的动作所使用的工具。(31b)剪切“称”的施事和受事,但凸显“称”的动作所涉及的工具——“这杆秤”。由于“这杆秤”是唯一剩下的参与者,最为凸显,是认知上的射体,映射为主语。此外,(31b)还需激活“这杆秤”在称的过程中所体现的特征——“很准确”,并将之实现为旁语。

(31) a 这把菜刀切起来快。

b 这杆秤称起来很准确。

此外,中动构式也可以剪切及物动词的施事和受事,但凸显及物动词所涉及的处所并将之映射为主语,同时将处所在动作过程中所表现的特征实现为旁语。例如,表示驾驶意义的“开”的论元结构包括施事性的“开车者”和受事性的“车”,同时还涉及开车的处所——各种道路。例(32)剪切“开”的施事和受事,但凸显“开”所涉及的处所——“这条路”,将之映射为主语;同时激活“这条路”在开车过程中所表现的特征——“快”,将之实现为旁语。

(32) 这条路开起来快。

非作格动词只有一个明确的、凸显的施事论元,但隐含动作所涉及的处所论元。中动构式可剪切非作格动词的施事,凸显其所隐含的处所论元,并将其映射为主语,同时将其在动作过程中表现的特征实现为旁语。例如,“睡”的论元结构只有施事,但隐含睡觉的场所。例(33a)剪切“睡”的施事——睡者,但激活并凸显“睡”所隐含的处所论元——“这张床”,将其实现为主语;同时激活“这张床”在“睡”的过程中所表现的特征——“使人腰酸背痛”,将之实现为旁语。又如,“走”只有一个施事性的显论元——“走者”,但隐含“走”的动作所涉及的处所。例(33b)剪切“走”的显论元——“走者”,但激活并凸显走所隐含的处所论元——“木楼梯”,将其映射为主语;同时激活“木楼梯”在走的过程中所表现的特征——“‘咯咯’地响”,将之实现为旁语。同样,“游”也只有一个施事性的显论元——游者,但隐含游泳的动作所涉及的处所。例(33c)剪切“游”的施事性论元——游者,同时激活并凸显“游”所隐含的域论元——“水面”,将之实现为主语。此外,(33c)还需激活“水面”在游的动作中所表现的特征——“怪累的”,并将之映射为旁语。

(33) a　这张床睡起来使人腰酸背痛。

b　办公楼由于年代较久,木楼梯走起来“咯咯”地响。(CCL)

c　太大的水面游起来怪太累的。

此外,非作格动词除隐含处所论元之外,还隐含工具论元。中动构式可剪切非作格动词的施事论元,激活并凸显其所隐含的工具论元,将之实现为主语;同时将工具在动作过程中所表现的特征映射为旁语。例如,“走”除施事性的“走者”之外,还隐含走的动作所涉及的工具。(34a)剪切“走”的施事性参与者——“走者”,但激活并凸显“走”所隐含的工具论元——“高跟鞋”,将之表现为主语;同时激活“高跟鞋”在“走”的过程中所表现的特征——“特别累”,将之实现为旁语。(34b)也同样剪切“走”的施事论元——“走者”,但激活并凸显的工具是“穿皮鞋的脚”,将之实现为主语;同时激活“穿皮鞋的脚”在走的过程中所表现的特征——“相当吃力”,将其映射为旁语。

(34) a　高跟鞋走起来特别累。

b　脚下是鹅卵石铺的路，穿皮鞋的脚走起来相当吃力。(CCL)

总之，中动构式的主语主要是受事，但也可以是工具或处所，中动构式需剪切及物动词和非作格动词的施事。

结果性受事主语构式表示施事与受事的互动之后，受事所处的结果状态，其论元结构包括受事和结果。当然，结果也可以用体标记或体助词“了”、“着”或“起来”表示(范晓 1994，2009；孟综 2003)，如(35)各句。本书主要关注用实义词(形容词或动词)表示结果的受事主语句式。

(35) a　大门关着呢。

b　祥子的车卖了。

c　小家庭组织起来了。

结果性受事主语构式所接纳的动词一般是及物的(范晓 1994，2009)。当及物动词以包含施事和受事的整体形式进入结果性受事主语构式时，其施事被剪切，但其受事被凸显并映射为主语，而其隐含的结果被激活并实现为旁语。例如，“洗”的论元结构包括施事性的洗者和受事性的被洗物，同时隐含洗的结果。结果性受事主语句(36a)剪切“洗”的施事，凸显其受事——“衣服”并将其映射为主语，同时在更详细的层次上激活洗的结果——“干净”，将其映射为旁语。又如，“摆”的论元结构包括施事性的摆者和受事性的被摆物，还隐含摆的结果。例(36b)剪切“摆”的施事——摆者，凸显剩下的参与者——“菜”，并将其实现为主语；同时在详细的层次上激活摆的结果——“好”，并将其实现为旁语。同样，及物动词“剪”的论元结构包括施事性的参与者——“剪者”和受事性的被剪物，同时隐含剪的结果。例(36c)剪切“剪”的施事——剪者，凸显其受事——“头发”,并将其映射为主语;同时激活剪的结果——“短”,并将其实现为旁语。同样,“盖”的论元结构包括施事性的盖者和受事性的被盖物,同时隐含盖的结果。例(36d)也是剪切“盖”的施事,凸显其受事——“房子”并将其实现为主语;同时在更详细的层次上激活盖的结果——“歪”,并将其映射为旁语。

(36) a　衣服洗干净了。

　　b　菜都摆好了,赶快入座吧。

　　c　头发剪短了。

　　d　房子盖歪了。

(36a) 对及物动词“洗”的压制可图示如下:

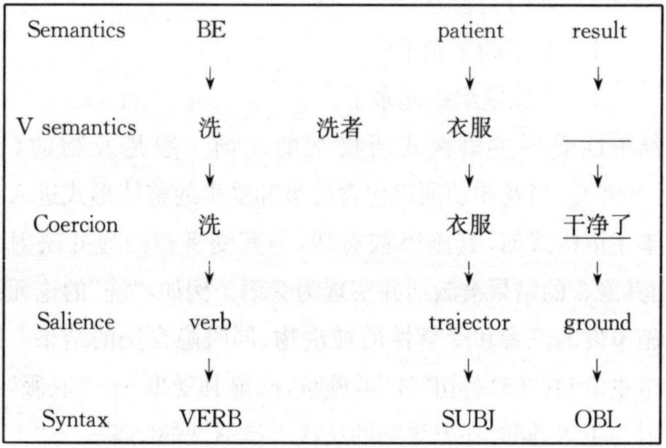

图 6

结果性受事主语构式也可剪切及物动词的施事和受事,但在更细粒度或更详细的层次上凸显其工具并将之映射为主语,同时激活其隐含的结果并实现为旁语。例如,“砍”的论元结构包括施事性的砍者和受事性的被砍物,同时还涉及砍的工具,并隐含砍的结果。例(37a)剪切“砍”的施事——砍者和受事——

被砍物，但凸显砍的动作所涉及的工具——“这把斧子”，并将其映射为主语；同时在更细微的粒度上激活砍的动作对“这把斧子”所产生的影响——“钝”，并将其实现为旁语。又如，“切”的论元结构也是包括施事性的参与者——“切者”和受事性的被切物，同时涉及切的工具，隐含切的动作对工具的影响。(37b)剪切“切”的施事和受事，但凸显“切”的工具——“这把刀”，并将之在句法上表现为主语；同时激活“切”的动作对“这把刀”所产生的影响——“坏”，并将其实现为旁语。同样，(37c)和(37d)也是分别剪切“写”和“踢”的施事和受事，但凸显“写”和“踢”的工具——“毛笔”和“球鞋”，并将其在句法上表现为主语；同时在更详细的层次上激活“写”和“踢”对“毛笔”和“球鞋”所产生的结果——“秃”和“破”，并将其实现为旁语。

(37) a　这把斧子砍钝了。

b　这把刀切坏了。

c　我晕啊，毛笔全写秃了。(CCL)

d　球鞋踢破了。

一些动作涉及的工具是人的身体器官。例如，“看”的论元结构除包括施事性的看者和被看物之外，还涉及看的手段或工具——人的眼睛。(38a)剪切“看”的施事性看者和受事性被看物，但凸显看的动作所涉及的身体器官——“眼睛”，并将之在句法上实现为主语，同时激活看的动作对“眼睛”所产生的结果——“花”，并将其映射为旁语。又如，“说”的论元结构除包括施事性的说者和受事性的说话内容之外，还涉及说话的工具——“嘴巴”。例(38b)也是剪切“说”的施事和受事，但凸显“说”的器官——“嘴巴”，并将其映射为主语；同时激活“说”的动作对“嘴巴”所产生的影响——“干”，并将其实现为旁语。

(38) a 眼睛看花了。

b 嘴巴说干了。

施事发出的能量传递给受事之后,受事吸收部分能量并将其余的能量传递给其他物体,并使之发生变化。这说明,及物动词的论元结构除包括施事和受事之外,还隐含其他受事和结果论元。结果性受事主语构式可剪切及物动词原来的施事和受事,但在更详细的层次上激活并凸显及物动词所隐含的受事和结果论元,并分别将其映射为主语和旁语。例如,“吃”的论元结构包括施事性的吃者和受事性的食物,但吃的行为还旁及其他物体,特别是人的器官,并使之发生变化,产生某种结果,即“吃”还隐含其他受事和结果论元。例(39a)剪切“吃”的施事和本来的受事,但在更详细的层次上激活并凸显“吃”所隐含的受事论元——“肚子”,将其实现为主语;同时激活“肚子”因吃的行为所产生的结果——“大”,将其在句法上表现为旁语。同样,例(39b)也是剪切“看”的施事和本来的受事,但激活并凸显“看”所隐含的受事——“心”和所产生的结果——“野”,分别将之实现为主语和旁语。

(39) a 肚子吃大了。

b 心看野了。

非作格动词表示施事发出能量,只有一个施事论元。但非作格动词的施事发出的能量会影响其他物体,并产生某种结果。这说明,非作格动词除显论元施事之外,还隐含受影响的受事或客体和结果论元。例如,“睡”只有一个施事显论元——睡者,但睡的动作(人躺下后,身体的重量)对其他物体,特别是睡的处所——床或床的部位产生影响或某种结果,即“睡”还隐含其他受影响的论元和结果。(40a)剪切“睡”的施事——睡者,但在更细微的粒度上激活并凸显睡的动作所作用的处所——“床”,并将之在句法上映射为主语;同时激活“床”在睡的动作作用下所产生的结果“坏”,将之实现为旁语。同样,(40b)也是剪切“睡”的施事性的睡者,但在更详细的层次上激活并凸显“睡”所隐含的受事论元——“床腿”,并将之在句法上表现为主语;同时激活睡的动作对“床腿”所产生的影响——“断”,将其映射为旁语。

(40) a　去同学家,床睡坏了。(http://tieba.baidu.com/p/2132758593)

b　床腿睡断了,在吧里什么水平。(http://tieba.baidu.com/p/1200259481)

又如,“跳”也只有一个施事论元,但跳的动作涉及一定的场所并对场所或处所产生一定的影响或结果,即“跳”的处所论元在跳的动作作用下变成了“跳”所隐含的受事论元。例(41)剪切“跳”的施事——跳者,但在详细的层次上激活并凸显跳的动作所影响的处所论元——“舞台”,将其映射为主语;同时激活“舞台”在“跳”的动作作用下所产生的结果——“坍塌”,将之实现为旁语。

(41) 众人热舞《江南 style》,舞台跳坍塌。(http://xiyou.cntv.cn/v-9fff2cd8-2264-11e2-b091-a4badb4696b6.html)

非作格动词的施事发出的能量除作用于其所涉及的处所之外,还会作用于其所涉及的工具,并产生一定的结果。例如,“跑”的论元结构只有一个施事性显论元——跑者,但跑的动作还会对跑步所涉及的工具——鞋子发生作用,并产生一定的结果。例(42)剪切“跑”的显论元——跑者,但在更细微的粒度上激活并凸显“跑”所影响的工具——“鞋子”(“鞋子”由于受到跑的动作的影响,也可以说是“跑”所隐含的受事论元),将其实现为主语;同时激活“鞋子”在跑的动作作用下所产生的结果——“坏”,将其在句法上表现为旁语。

(42) 鞋子跑坏了,比赛输掉了郑洁不说遗憾。(http://paper.sznews.com/jb/20060331/ca2247624.htm)

又如,“走”也只有一个施事性显论元——走者,但走的动作也会对所使用的工具——鞋子,发生影响并产生一定的结果。例(43a)和(43b)都是剪切“走”的施事性参与者——走者,但在更详细的层次上,激活并凸显走的动作所影响的工具的一部分——“鞋底”,将其映射为主语;同时凸显“鞋底”所遭受影响的结果——“穿”和“掉”,将之映射为旁语。

(43) a 鞋底走穿,脚底起泡,衢州小偷徒步逃窜到宁波。(2007年09月16日07:29:58浙江在线新闻网站)

b 今天跟青协出去,鞋底都走掉了,羡慕科技学院的坐车啊。(http://tieba.baidu.com/p/1669284310)

一些非作格动词的施事发出能量时须借助于身体器官或身体部位。例如,走路必须借助于双脚;哭泣会涉及双眼;叫喊必然用到嗓子。因此,身体器官或部位是一些非作格动词的工具,会受到施事发出能量的影响,并产生一定的结果。所以,走路会对走路者的双脚产生影响;哭泣会对哭泣者的双眼产生作用;叫喊会对叫喊者的喉咙发生影响。(44a)剪切“哭”的施事,但在更详细的层次上凸显哭的动作所影响的器官——“他的眼睛”,并将之映射为主语;同时激活所产生的结果——“红”,并将之实现为旁语。(44b)也是剪切“走”的施事性参与者——走者,凸显走的动作所影响的身体部位——“他的脚”,并将其映射为主语,同时将“他的脚”所产生的结果——“肿”实现为旁语。(44c)也是剪切非作格动词“喊”的施事——喊者,但在较细微的粒度上凸显喊的动作所影响的身体器官——“他的嗓子”,并将之在句法上表现为主语,同时将产生的结果——“哑”映射为旁语。

(44) a　他的眼睛哭红了。

　　 b　他的脚走肿了。

　　 c　他的嗓子喊哑了。

在一些情况下，身体部位并不是非作格动词所必然或主要涉及的工具，但会受到非作格动词的施事发出能量的影响，并产生一定的结果。结果性受事主语构式可剪切非作格动词的施事，凸显受影响的身体部位，并将之映射为主语，同时将产生的结果实现为旁语。例如，笑的动作并不一定涉及笑者的头，但会对笑者的头发生影响，并产生一定的结果。(45a)剪切“笑”的施事，但在详细的层次上凸显笑的动作所影响的身体部位——“小王的头”，并将其实现为主语，同时将产生的结果——“歪”映射为旁语。(45b)也是剪切“睡”的施事——“睡者”，但凸显睡的动作所旁及的身体部位——“小孩的头”，并将之实现为主语，同时将产生的结果——“扁”映射为旁语。

(45) a　小王的头笑歪了。

　　 b　小孩的头睡扁了。

总之，结果性受事主语构式需要剪切及物动词的施事，凸显及物动词的受事，并将之映射为主语，或剪切及物动词本来的受事。但在更详细的层次上，激活并凸显其他所影响论元，如处所、工具或其他实体，将其实现为主语，同时激活结果论元，在句法上将其表现为旁语。结果性受事主语构式也接受部分非作格动词，但需剪切非作格动词的施事，在更细微的粒度上，激活并凸显非作格动词所影响的工具、处所或其他旁及的论元，将之实现为主语，同时激活所产生的结果论元，将其映射为旁语。

8.4 本章小结

受事主语构式是根据主语位置上的论元性质定义的。短被动构式、中动构式和结果性受事主语构式都是从具有高度自主性的受事视角识解施事与受事互动所构成的行为链，形成形式上具有家族相似性的、广义上的受事（客体）主语构式。三种构式的不同之处是短被动构式凸显受事所遭受某种动作的影响或经历某种动作，表示某个具体事件；中动构式凸显受事在动作过程中所表现的特征；而结果性受事主语构式凸显事件结束之后受事所处的状态。短被动构式、中动构式和结果性受事主语构式都需要剪切及物动词的施事，凸显其受事并将之映射为主语；或剪切及物动词的施事和本来的受事、部分非作格动词的施事，但在较详细的层次上激活并凸显受影响的其他诸如工具、处所等论元，并将之实现为主语。

第九章　存现构式对动词论元结构的剪切

存现句是表示某处存在、出现或消失某实体的构式。例如,(1a)带下划线的句子表示存在意义;(1b)中的存现句表示出现意义;而(1c)表示消失意义。

(1) a　园子不大,但北面是一片池塘,种着不少荷花,池心有一小岛,上面有几间水榭,本地人不大懂得什么水榭,叫它"荷花亭子"……(汪曾祺《八千岁》)

b　春初水暖,沙洲上冒出很多紫红色的芦芽和灰绿色的蒌蒿,很快就是一片翠绿了。(汪曾祺《大淖记事》)

c　中山广场上消失了很多老建筑。

作为特殊结构,存现构式在体貌(aspect)、有定性效应、语篇功能、句法关系、非宾格性等方面呈现出一系列特征。一般认为处所倒置句,相当于汉语存现句,是非宾格动词的有效诊断手段(Coopsman 1989; Freeze 1992; Bresnan 1994; Levin & Rappaport Hovav 1995),即出现在存现句中的动词必须是非宾格动词。但汉语存现句不仅接受非宾格动词,而且可以接纳部分非作格动词和及物动词,如例(2)中"站"、"挂"和"装"。

(2) a　原来那儿站着一个戴着蓑衣笠帽的人。(高晓声《鱼钩》)

b　台上有一个高架子,上面挂着一个笼子,笼子里装着干柴枯草。(八年级(上):81)

事实上,在孟琮等(2003)编写的《汉语动词用法词典》中,约有240个动词出现在存现句中,其中及物动词为147个,占了大概61%。本章先从认知语法的视角探讨存现句形成、论元结构和句法性质,然后探讨存现句如何对及物动词的施事进行剪切,最后讨论及物动词在存现句中的非宾格化问题及施事被各种构式剪切的理据。

9.1　存现构式的形成、论元结构和句法关系

空间和时间是一切事物或事件出现、存在或消失的中介。世界上,“任何物体的存在和运动,都要经历一定的时间和占有一定的空间,以它们作为自己运动的存在形式。就是说,时间和空间是运动着的物质的存在形式”(李秀林、王于、李淮春 1982)。因此,“没有脱离物质运动的空间和时间,也没有不在空间和时间中运动的物质”(《辞海》:931)。表达概念化的人类语言必定有表达事物出现、存在或消失的句式。和其他语言一样,汉语有两种表示事物存现的句式:一是表示某物体存现于某处或某时,如(3a)至(3d);二是本书所探讨的某处或某时出现、存在或消失某物体的句型,如(4a)至(4d)。

(3) a　一个人从门后闪出。

b　不少泥塞在树窟窿里。

c　五个字从这一行里删了。

d　一批货上星期来了。

(4) a 门后闪出一个人。

b 树窟窿里塞着不少泥。

c 这一行删了五个字。

d 上星期来了一批货。

人们每到一个地方，总是倾向于先认识该地方的处所、环境，然后认识该地方上的存在或隐现的物体。若不能先认识事物所处的环境，给事物所处的地点定位，人们便无所适从，相互之间将无法交流。因此，从某种意义上说，认识处所是人们认识事物的出发点，是人类认识世界、探索世界的第一步。小到自己的住所位置，大到人类居住的地球、月球或宇宙，人类总是先认识处所、环境，然后认识处所上的存现的事物、发生的事件。所以，或因为认识世界的需要，或因为生存和交流的目的，人们倾向于将注意力先聚焦于处所或背景，然后再认识处所上所存在或隐现的事物或事件（董成如 2009；董成如、许明 2014）。这就是 Langacker（1999：375）所说的处所原则（Locational Principle）。例如，(5)指示人们先将注意力聚焦于处所——"候车室里"，然后再认识处所上所放的物体——"几张靠背长椅"。

(5) 小小的候车室里，散散落落放着几张靠背长椅……

（高晓声《系心带》）

可见，存现句是凸显事物所发生、存在或消失的处所及事物本身，而不关注或凸显是谁（施事）通过何种方式，或使何用种工具将事物存放到处所上，即不凸显施事和工具。

任何物体在某处的存在或隐现都是施事发出能量通过工具传递给客体而产生的。所以，存现句主要凸显处所和客体之间的关系，但隐含或预设施事或工具的存在，或者说，隐含或预设施事产生能量通过工具传递给客体的事件，明确表达能量互动过程中或互动后客体在某处的存现状况。当存现实体为受事时，动词隐含施事或工具的存在。例如，“挂”在“墙上挂着一幅画”中，隐含施事利用梯子或锤子、钉子等将画挂到墙上的事件，而“墙上挂着一幅画”本身强调“挂”的事件结束后所产生的结果状态。但在“台上唱着戏”和“屋里开着会”中，说话人并不关注施事（谁在唱；什么人在开会），而只凸显能量互动过程中客体的存现状况。当客体为位移或零角色时，存现句则预设施事与客体之间产生能量互动，而存现句本身表达位移或零角色在能量互动中或互动后的存在状态。例如，“马路上走着两个戴眼镜的青年”预设施事与位移“两个戴眼镜的青年”产生能量互动，促使或驱使位移在马路上行走；而“台上坐着主席团”预设施事曾安排零角色“主席团”坐到“台上”。

用认知语法的术语说，施事在某个处所发出能量通过工具传递给客体所构成的行为链是基体，被凸显的侧面是处所与客体的关系。存现句的认知动因或理据（motivation）是人类认知方式的处所原则——先认识凸显的处所，然后再逐步认识处所上所发生、存在或消失的实体。上面的分析同时表明存现构式只有两个论元——处所和行为链上的链尾——客体，而且客体只能为受事、位移、经验或表示某物或某种特征存在的零角色。存现句表达的是施事通过工具与客体产生能量互动后或互动过程中，客体的存现状态。

存现构式的另一特殊性或有争议的问题是其句法性质。在存现句的研究历史上，曾出现了四种不同的观点（陈庭珍 1957；范方莲 1963），即将存现句的处所和客体论元在句法上分析成如下四种形式：

状语—动词—主语

状语—动词—宾语

主语—动词—主语

主语—动词—宾语

认知语法认为语义角色、话题、有定性、语法行为都不能给主语和宾语做出统一的刻画和解释，只有图形与背景的组织能对各种类型和各种语言的主语和宾语做出统一的解释和说明(Langacker 1987a，1990/2002，1991，1999，2008)。作为主语的图形在被侧面化(profiled)或被凸显的关系中，对说话人来说，是最凸显的实体，也是说话人最关心、最想说明、最熟悉的实体，是说话人的兴趣焦点所在。在侧面化的关系中，背景是对主语的进一步说明。所有的句子都有主语，有主语的句子不一定有宾语(如不及物小句)，但有宾语的句子一定有主语(如及物小句)。因此，宾语是句子的背景部分中最凸显的成分，即除主语之外最凸显的实体。

所有的句子都可以划分为两部分：图形和背景，而主语对应于图形，宾语对应于背景中最凸显的实体。所以，图形与背景的组织可以为主语和宾语做出统一的解释。Langacker(1990/2002，1991，1999，2003a，2003b，2008)在各种论著中反复强调主语是概念化过程中或句子中最凸显的实体，即射体，宾语是概念化过程中或句子中除射体之外最凸显的实体，或次要凸显的实体，即界标。

存现句中只有两个凸显的成分——处所和客体，而且概念化者首先将注意力聚焦于处所，即处所是人们的注意力首要聚焦的对象，而位于其上的存现物是人们的注意力次要聚焦的中心。所以，认知凸显上，存现句的处所成分是射体，而存现物是界标。因此，句法上存现句的主语为动词前面表示处所的成分，宾语为动词后面表示存现实体的名词。在例(6)中，“每间宿舍里”认知上为射体，句法上映射为主语，而“二十张双层木床”为界标，句法上实现为宾语。

(6) 每间宿舍里摆着二十张双层木床。(汪曾祺《鸡毛》)

简而言之,存现构式表示某处存在或隐现某实体,其论元结构包括处所和客体,而且处所比客体更凸显。所以,句法上存现构式的处所映射为主语,而客体实现为宾语。存现构式的论元结构、凸显等级和句法结构可图示如下:

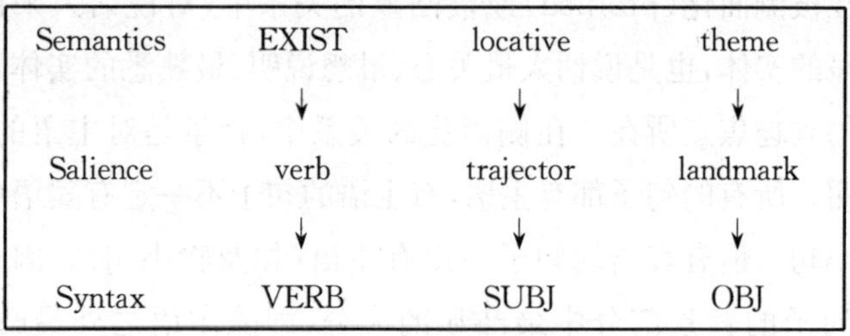

图 1

9.2 存现构式对及物动词施事的剪切

词项在不同程度上为构式提供重要的信息,但构式不但有其自身的整体意义,而且决定词项准入的条件、方式、所表达的内容和履行的句法功能。因此构式对词项具有主导作用或统制力。词项与构式有完全一致的情况。但当词项与构式产生意义冲突时,构式便对词项进行压制,即选择并凸显词项中与构式相一致的部分,或激活词项所隐含的且与构式相兼容的意义,抑制、搁置或剪切(cut)与构式相冲突、不一致的成分,从而使词项与构式和谐一致(Goldberg 1995,2006;Michaelis 2003,2004,2005)。

及物动词主要表示施事将能量传递给客体,使其发生变化。因此,及物动词的论元结构包括施事和客体。但施事将能量传递给客体的行为链都是发生在一定的处所或范围内。因此，及物动词还隐含处所论元，而且进入存现构式中的及物动词必须包含处所论元（陆俭明 2003）。

与只有处所和客体论元的存现构式相比较，及物动词多出施事论元，但缺少处所论元。因此，当及物动词以包括施事和受事的整体形式进入存现构式时，存现构式便剪切及物动词的施事，保留其受事并将其实现为宾语；同时在更详细的层次上，激活并凸显及物动词所隐含的处所论元，将其映射为主语。例如，复合及物动词“安放”的论元结构包括施事性的安放者和客体性的安放物，同时隐含物体被安放的处所。例(7a)一方面剪切“安放”的施事——安放者，保留其客体——“邓小平爷爷的骨灰”，将其实现为宾语；另一方面，在更细微的粒度上，激活并凸显“安放”所隐含的处所——“机舱里”，将之映射为主语。又如，“刻”的论元结构包括施事性的刻写者和客体性的刻写物，但隐含刻写的处所——刻写物被刻的地方。例(7b)也是剪切“刻”的施事——刻写者，保留其客体——“斗大的四个字”，将其映射为宾语，同时激活并凸显“刻”所隐含的处所——“温泉寺的峭壁上”，将之实现为主语。同样，及物动词“扎”包括施事性的扎者和客体性的被扎物，但隐含物体所扎的地方。(7c)也是剪切“扎”的施事性参与者——扎者，保留其客体——“一块红布条儿”，将其实现为宾语，同时在更详细的层次上激活并凸显“扎”所隐含的处所论元——“绳子中间”，将之映射为主语。

(7) a　机舱里安放着全党、全军和全国各族人民衷心爱戴的邓小平爷爷的骨灰。（五年级（上）：71）

b　温泉寺的峭壁上，刻着斗大的四个字：“山泉水暖”。（九年级（上）：30）

c　一条大粗绳子压在操场当中的两条白线上，绳子中间扎着一块红布条儿。（五年级（下）：41）

从上面的分析可看出，存现构式需要从两方面对及物动词进行压制：剪切及物动词的施事和激活并凸显及物动词所隐含的处所，最后将处所和及物动词的客体分别映射为主语和宾语。以（7a）为例，存现构式对及物动词施事的剪切和增容可图示如下：

Semantics	EXIST	locative		theme
	↓			↓
V semantics	安放	______	安放者	邓小平爷爷的骨灰
	↓			↓
Coercion	安放	<u>机舱里</u>		邓小平爷爷的骨灰
	↓	↓		↓
Salience	verb	trajector		landmark
	↓	↓		↓
Syntax	VERB	SUBJ		OBJ

图 2

根据意义，在《汉语动词用法词典》中，能进入存现构式中的及物动词可以分为如下几类：

2.1　摆放类：安、摆、堆、挂、抱、铺、存、放、装、埋、埋葬、摊、塞、撒、提、射、贴、扔等，如：

（8）a　桌上摊着好几本书。

b　走廊里堆了好多东西。

c　靠墙放着一张单人床。

事物总是由人摆放于一定的处所。所以，摆放类动词除包括施事和客体论元之外，还隐含处所论元。存现构式剪切摆放类动词的施事——摆放者，保留其客体——摆放物，将之实现为宾语；同时在细微的粒度上激活并凸显摆放类动词所隐含的处所，将之映射为主语。

2.2　隐现类：拔、搬、变、调、挖、捅、删、填、涂等，如：

(9) a　所里调来了五个骨干。

b　窗户纸上捅了好几个窟窿。

c　书上涂去了一行字。

隐现类及物动词包括使事物隐现的施事性参与者和隐现物，同时隐含事物隐现的场所，即处所。存现构式也是剪切及物动词施事性的参与者，保留隐现物并将之实现为宾语，同时凸显事物隐现的处所并将其映射为主语。

2.3　刻印类：编、踩、抄、点、画、划、记、刷、涂、绣、印、糊、写、刻、锁、登等，如：

(10) a　桌子上登了几个脚印。

b　板子上画了一条线。

c　衣服上锁着一道花边。

事物总是刻印在某处。所以，刻印类动词除施事和客体——刻印物之外，还隐含处所论元。存现构式也是剪切刻印类动词的施事——刻印者，保留其客体并将其实现为宾语；同时在较细微的粒度上激活并凸显其隐含的处所，将其投射到主语的位置上，如(10)中的“桌子上”、“板子上”和“衣服上”。

2.4　穿戴类：戴、缠、穿、裹、披、套、脱、扎、绕、插、别等。如：

(11) a　腰上扎着武装带。

b　头上插着一朵红花。

c　身上披着皮外套。

衣物总是穿在身上某处，或戴在身上某处。因此，穿戴类动词除施事性的穿戴者和穿戴物之外，还隐含处所论元，如(11)中的“腰上”、“头上”和“身上”。存现句也是剪切穿戴类动词的施事，保留其客体，同时凸显其隐含的处所，将其分别实现为宾语和主语。

2.5 养殖类：养、栽、种、喂、培养等，如：

(12) a 鱼缸里养着几条热带鱼。

b 校园里种着果树。

c 家里喂了十只鸭子。

动植物一定养殖在某处。所以，养殖类动词除施事性的养殖者和养殖物外，还隐含诸如(12)中的“鱼缸里”、“校园里”和“家里”等处所论元。存现构式也是剪切养殖类动词的施事，保留其客体，在更详细的层次上凸显其隐含的处所论元，并将其分别实现为宾语和主语。

2.6 烧煮类：熬、泡、热、揉、烧、蘸、蒸、煮、盛、腌等，如：

(13) a 小缸里腌着两百只鸭蛋。

b 案板上揉了二十多个馒头。

c 锅里煮着稀饭。

人们一定是在某处烧煮食物。所以，烧煮类动词除施事性的烧煮者和客体性烧煮物外，还隐含处所论元，如(13)中的“小缸里”、“案板上”和“锅里”。存现构式也是剪切烧煮类动词的施事，保留其客体并映射为宾语；同时凸显烧煮类动词所隐含的处所，将其实现为主语。

2.7 喷洒类：喷、泼、扑、撒、洒、散、浇等，如：

(14) a 地面上洒着消毒水。

b 地里浇了很多水。

c 墙上喷了一层白灰。

物体总是由某人喷洒在某处。喷洒类动词除施事性的喷洒者和客体性喷洒物之外，还隐含物体喷洒的处所，如(14)中的“地面上”、“地里”和“墙上”。存现句也是剪切喷洒类动词的施事，保留其客体并将其实现为宾语；同时激活并凸显喷洒类动词所隐含的处所，将之映射为主语。

2.8　搭建类：搭、打、钉、砍、建立、建筑、掘、砌、拆、凿、办等，如：

(15) a　海滩上建设了一座现代化的宾馆。

b　郊区办了一个酒厂。

c　墙上凿了一个洞。

人们一定是在某处搭建某物。所以，搭建类动词除施事性的搭建者和客体性搭建物之外，还隐含搭建的处所，如(15)中的“海滩上”、“郊区”和“墙上”。存现句也需要剪切搭建类动词的施事，保留其客体，如(15)中的“现代化的宾馆”、“酒厂”和“洞”，将其映射为宾语；同时凸显搭建类动词所隐含的处所论元，将之实现为主语。

2.9　杂类：劈、关、垫、梳、晒、晾、踢、撕、摘、撞、织、噎、补、擦、绑、拴、带、担等，如

(16) a　腿上踢了一个大包。

b　他的血管里输了二百毫升的人造血浆。

c　桌上撕了一堆纸。

d　马路上撞到了一个人。

e　监狱里关着三名犯人

若将上面的一些词归为一类，其数量较少，还有一些词很难归类。所以，我们将其余能进入存现构式的及物动词称为杂类。但这类词和其他能进入存现句的及物动词都有一个共同的特点——除包括施事和客体论元之外，还隐含处所论元。例如，“关”除包括

施事性的关者和客体性的被关者之外，还隐含将被关者关进某处的处所论元。存现构式需剪切“关”的施事，保留其客体，如(16e)中的“三名犯人”，将之实现为宾语；同时凸显“关”所隐含的处所论元，如(16e)中的“监狱里”，将其映射为主语。

此外，从范方莲(1963)以来，一般认为存现句不允许出现感觉或知觉类的动词，也鲜有人讨论感知类动词构成的存现句(潘文2006；王建军 2003；吴卸耀 2006)。但我们从真实语料中，发现感觉动词“看”和“听”构成的下列句子：

(17) a　在埃及首都开罗西南面的沙漠中，可以看到一座座巨大的角锥形的建筑物。(五年级(下)：77)

b　维也纳是一座用音乐装饰起来的城市。在这儿到处可以看到大音乐家们的铜像或大理石像。(五年级(下)：80)

c　在我们身边可以看到各种广告，你最喜欢或最不喜欢哪条广告，说说为什么。(三年级(下)：99)

d　过了寒翠桥，就听到淙淙的泉声。(五年级(上)：90)

我们认为(17)各句也是由“处所短语＋看(听)到＋存现物”构成的存现句或存在句。“看(听)到”的施事性参与者——“看(听)到者”被剪切，可以表示类指，即表示任何看到者或听到者，因而整个(17)各句具有类指(generic reference)，表示任何看(听)到者都能在(17)各句的处所上看(听)到存在物，即某处存在某物。此外，从时制(tense)上看，“看(听)到”具有类指性，即“看(听)到者”在任何时候都能在(17)各句的处所成分所表示的地点上看(听)到(17)各句中所表示的存在物。所以，(17)各句都是存现句，都是剪切“看(听)到”的施事性参与者——“看(听)到者”，保留“看(听)到物”并映射为宾语；同时凸显“看(听)到”所隐含的处所，将其实现为主语。

从上面的分析和分类可以看出，大量的及物动词可以进入存现构式。但存现构式需剪切及物动词的施事，保留其客体，同时在较详细的层次上凸显及物动词所隐含的处所论元，最后将处所和客体分别映射为主语和宾语。

9.3　存现构式对及物动词的非宾格化

与其他语言相比，汉语存现句的特殊性是不仅接纳非宾格动词，而且容纳大量的及物动词和部分非作格动词。因此，讨论存现构式对动词论元结构的压制，不可避免地要讨论存现句的非宾格性及其对动词的非宾格化问题，从而解释汉语存现句为什么会接纳大量的及物动词（和部分非作格动词）。

根据非宾格假设，不及物动词不是一个同质的类，可以根据句法和语义特征分为非作格动词和非宾格动词（Perlmutter 1978；Kuno & Takami 2004；杨素英 1999）。句法上，非作格动词在深层结构和表层结构中，与及物动词有相同的主语，但在深层结构中没有宾语，如 run, cough, laugh 等。非宾格动词在深层结构中没有主语，但与及物动词有相同的宾语，并且在表层结构中可提升为主语，如 die, arrive, fall 等。从论元结构看，非作格动词有施事外论元而无客体内论元；非宾格动词有客体内论元而没有施事外论元。语义上，非作格动词具有施事性、意愿性、自主性和可控性，而非宾格动词缺乏这些特征。非宾格动词一般表示事物存在的状态或状态的变化。也有学者从体的角度研究动词的非宾格性（Van Valin 1990）。总之，非宾格动词可从语义上预测或确定，从句法上进行表征或编码（Levin & Rappaport 1995）。任何全面的非宾格化研究都必须从句法(或论元结构)和语义两个方面展开(董成如2011)。

存现句是表示某处存在或隐现某实体的句式。一般认为存现句中的动词都是非宾格动词,存现句也被看成非宾格动词的诊断句式(Coopsman 1989; Freeze 1992;Bresnan 1994)。但是,如前文所言,汉语存现句的特殊性不仅表现在句法性质、有定性效应、语篇功能等方面,更体现在动词的属性上。非宾格动词固然可以出现在存现句中,上一节的分析和分类表明的大量及物动词和部分非作格动词,如"走、跑、游、爬、站、蹲、趴、躺、飞、睡、跪、坐"等,也可以进入存现句,对非宾格假设提出了严重的挑战。鉴于此,唐玉柱(2005)和隋娜、王广成(2009)从形式语法的视角论证到存现句将不是非宾格性的动词非宾格化了。Coopsman(1989)发现在意大利语、德语和荷兰语中,非作格动词,如 run, fly, swim, climb, walk 等,若与方向性介词短语结合就被非宾格化了。唐玉柱(2005)根据 Coopsman 的研究认为英语处所倒装句和汉语存现句的处所成分也将非作格动词非宾格化,从而提出存现动词的非宾格假设。但问题是英语处所倒装句和汉语存现句的处所成分并不都是表示方向性意义,或者说处所成分不是都为方向性的介词短语。例如,在唐玉柱举的下面例句中,"水里"和"这里"都不是方向性的成分。那何以见得处所成分也有将非作格动词非宾格化的功能呢?

(18) a 水里游着一条鱼。

b 这里工作着很多外国人。(唐玉柱 2005:86)

此外,唐玉柱的另一论证是若处所成分缺失,句子就不可接受,如(19)。因此,唐玉柱认为非作格动词在存现句中发生了变化,即变成非宾格动词了。

(19) a　*游着一条鱼。

b　*工作着很多外国人。(唐玉柱 2005:86)

但是,随娜、王广成发现一些存现句即是没有处所成分也能成立,如:

(20) a　爬来一只乌龟。

b　走了一个人。(隋娜、王广成 2009:223)

唐玉柱在文中承认他自己也不清楚非作格动词如何被存现句非宾格化的。此外,唐文没有提及存现句是否将及物动词非宾格化。

隋娜、王广成(2009)(下称"随文")在唐玉柱(2005)研究的基础上进一步认为存现句不但将非作格动词非宾格化,而且将及物动词非宾格化。随文主要根据 Huang(1997)的词汇分解理论或轻动词理论,认为进入存现句的及物动词和非作格动词的性质和论元结构发生了变化。随文无论在论证的深度和广度上都比唐玉柱(2005)的论文高出一筹,不愧是一篇富有创新的优秀佳作。该文的主要不足之处是:〈1〉论述不够全面。两位作者只分析了事件谓词为 OCCUR 的存现句,即相当于我们下面将要讨论的"了"字存现句。按照他们的分析,存现句还应该包括事件谓词为 BE 或 HOLD 的句型,即本章将要讨论的"着"字存现句;〈2〉随文有重复论证之嫌。两位作者首先发现由非作格动词构成的存现句不能被施事性的副词"故意"修饰,如他们的例句:

(21) a　*地上故意爬着那个小孩

b　*地上故意爬着一个小孩。(隋娜、王广成 2009:225)

所以,两位作者认为非作格动词的论元在存现句中由施事转变为客体,句法上也从动词前面的主语位置转移到动词后面的宾语位置上。这实际上已说明非作格动词在存现句中非宾格化了。

但他们又假设非作格动词进入存现句后,受非宾格性的事件谓词 OCCUR 的影响而非宾格化了,并又一次运用“故意”不能修饰带非作格动词构成的存现句来证明他们的假设。这实际上绕了一个大圈子。此外,随文没有阐述及物动词的施事如何被存现句处理的;〈3〉该文未能从语义上阐述及物动词和非作格动词如何在存现句中非宾格化的,尤其是忽视了两类动词在存现句中与体标记“了”和“着”结合后在语义上非宾格化的复杂情况;〈4〉随文的一个目标是讨论“台上唱着戏”一类句子的存现句的资格与性质,但没有深入展开讨论。

隋娜、王广成(2009)和黄正德(2007)都在文末指出许多动词的非作格或非宾格特性只有在句子或整个结构中才能确定。这说明,可从构式的视角探讨及物动词和非作格动词如何被存现句非宾格化,但必须首先确定存现句是非宾格结构。所以,我们先从句法和语义方面论证存现构式的非宾格性,然后讨论存现构式如何对及物动词进行非宾格化。对于存现构式如何对非作格动词的论元进行压制或抑制,本书将在第十二章的开始部分简要讨论。我们(董成如 2011)也讨论了存现格式如何在语义上将非作格动词非宾格化。

构式若在论元结构和意义方面符合非宾格的定义要求,构式则具有非宾格性。Borer(1994)等学者认为非宾格性或非作格性是构式的特征。动词的意义是对出现在所有构式或结构中的意义共性或相似性的抽象概括。若一类动词总是出现在非宾格(或非作格)结构中,这类动词则为非宾格动词(或非作格动词)。若一类动词既有非宾格性又有非作格性,非宾格构式可对这类动词进行压制——选择并凸显其非宾格性,抑制或剪切其非作格性,从而容纳这类动词。因此,有必要首先论证存现句在论元结构和意义上都具有非宾格性。

如上文所述，人们每到一个地方，总是倾向于先认识该地方的环境，然后认识该地方上的存现物。若不能给事物所处的环境定位，人们便无所适从，无法相互交流。因此，从某种意义上说，认识处所是人们认识事物的出发点，是人类认识世界、征服世界的第一步。小到自己的住所位置，大到人类居住的地球、月球或宇宙，人类总是先认识处所、环境，然后认识处所上的事物。所以，或因为认识世界的需要，或因为生存和交流的目的，人们倾向于将注意力先聚焦于处所或背景，然后再认识处所上所存在或隐现的实体。例如，(22)指示人们先将注意力聚焦于处所——“路边”，再认识处所上的事物——“一大片剑兰”。

(22) 路边开着一大片剑兰。(汪曾祺《日规》)

可见，存现句凸显事物所发生、存在或消失的处所及事物本身，而不关注是谁(施事)通过何种方式，或使用何种工具将事物存放到处所上，即不凸显施事和工具。因此，存现句只有处所和客体两个论元，而且处所比客体更凸显。

从论元结构看，存现句具备本节开始部分所说的非宾格性的要求——有客体内论元而没有施事外论元；而且存现句的客体位于动词的后边，即逻辑宾语的位置上，不是提升到动词前面逻辑主语的位置上。所以，存现句呈现出表层非宾格性(surface unaccusativity)(Levin & Rappaport 1995)。

任何事物的存在和隐现都是施事发出能量，通过工具传递给客体而形成的。但存现句只凸显处所和客体之间的关系，而剪去或隐去施事和工具。所以，存现句本身缺乏施事性、意愿性和可控性，只表示事物的存在状态和隐现意义。因此，从意义上看，存现句也符合本节所介绍的非宾格性定义。所以，无论从论元结构或意义上看，存现句都是一种非宾格构式。

黄正德(2007)认为及物动词属于非作格动词。但事实上，及物动词无论在论元结构和语义上都具有非作格性和非宾格性的双重特点，即及物动词既可以用作非作格动词，也可以用为非宾格动词。因此，存现构式可抑制及物动词的非作格性，而凸显其非宾格性，从而将其非宾格化。

我们在上一节已经详细分析存现构式如何剪切及物动词的施事，凸显其隐含的处所和客体的。现在再简要叙述一下，说明存现构式如何从论元结构上将及物动词非宾格化。及物动词描述一参与者对另一参与者的各种作用，其论元包括施事、受事，但隐含处所论元。因此，及物动词与非作格动词有共同的施事论元，而与非宾格动词有相同的客体或受事论元。从论元结构角度看，及物动词既有非作格性又有非宾格性。

如前文所言，存现句凸显事物所产生、存在或消失的处所及事物本身，而不强调是谁使用何种工具如何将事物存放到处所上，即不凸显施事和工具。因此，存现句本质上排斥施事。当及物动词以包括施事和客体在内的整体形式进入存现构式时，存现句便在较细微的粒度上凸显及物动词所隐含的处所论元，保留其客体，而剪切施事，即不明确表达出来，从而满足存现构式的论元要求，将其从论元结构上非宾格化。例如，(23)不是凸显何人使用何种工具将“一盏灯”装到“校门上”，而是凸显说话时刻“校门上”有“一盏灯”，并且是通过“装”而存在的。

(23) 校门上装着一盏灯。

从上面的分析可看出，及物动词在论元结构上已经被存现句非宾格化了。下面主要从语义上探讨及物动词如何被存现句非宾格化的。

Van Valin(1990)认为区别动词的非作格性和非宾格性的主要语义参数是情状体和施事性或意愿性。不同的语言对这两个参数有不同的选择性或敏感性。在意大利语和格鲁吉亚语中，情状体是决定动词非作格性和非宾格性的决定因素，但 Batsbi 和 Acehnese 语的动词对施事性比较敏感。虽然一些存现句剪切及物动词的施事，但还隐含施事发出能量和维持动作的施事性意义。要不然，一些句子所描述的事件就不成立。例如，如果没有人在搭浮桥，"河面上正搭着浮桥"就难以成立。因此，在我们不清楚汉语存现句究竟对情状体敏感还是对施事性敏感的情况下，需要从情状体和施事性两个方面论证其如何将及物动词非宾格化的。

情状体(situation aspect)是指动词所表达或凸显的事件类型。目前学界普遍采用 Vendler(1967)根据时间图式对动词的划分：状态、活动、实现(accomplishment)和成就(achievement)动词。但对这四类动词的研究又有以 Dowty(1979)、Van Valin(1990)、Van Valin & LaPolla(1997)等为代表的谓词分解理论，即用 BE，DO，BECOME，CAUSE 等语义原素(semantic primitives)表征各类动词的意义和事件的阶段理论(Moens & Steedman 1988；Smith 1997)。体主要指事件的内部成分，即事件的各个阶段(Comrie 2005)。因此，本书将根据事件的不同阶段分析存现句如何将及物动词非宾格化。

尽管对事件的各个阶段有不同的划分，本书认为一个完整的事件应该包括事件开始前的预备阶段、事件开始的起始阶段、事件持续的中间阶段、事件结束的终止阶段和事件结束后的结果阶段或结果状态(Lakoff & Johnson 1999)。事件结构具有推理性(ibid：176)。事件的每一个阶段(除预备阶段外)预设(presuppose)前面阶段的一定发生或存在。同时，事件的每一个阶段(除结果阶段外)还预示着后面阶段的发生或存在。例如,“就餐”事件的终止阶段——“用完餐”预示其结果状态:用餐后吃饱的程度。起始阶段、中间阶段和终止阶段是一个事件的核心阶段,是动词的情状体表征的对象;而预备阶段和结果阶段是事件的边缘阶段,可以是构式所表达的意义。受构式的调节或压制,动词可用来表达事件预备阶段或结果状态。例如,进行体(24a)凸显 arrive 的预备阶段,而完成体(24b)凸显 build 的结果状态。

(24) a They were arriving at the station.

b The company has built a house.

汉语体标记主要有“着、了、过”三种形式。从体的角度看,存现构式可分为“了”、“着”和“过”字三种结构。“过”字存现句比较少见,也可看作“着”字存现句的过去式(宋玉柱 1991)。因此,本书主要分析“了”字存现句和“着”字存现句如何在情状体和意义上将及物动词非宾格化。

构成存现句的及物动词都是实现动词,如“写、捆、盖、挂、拆”等,凸显事件的起始、中间和终止阶段,但隐含预备阶段和结果阶段。从情状体的角度看,及物动词(即实现动词)是由表示事件的中间阶段、具有非作格性的活动动词,和凸显事件发生变化的终止阶段、具有非宾格性的成就动词复合而成。所以,及物动词在情状体上既有非作格性又有非宾格性。存现构式可在意义和情状体上凸显及物动词的非宾格性,抑制其非作格性,从而将其非宾格化。

“了”表示事件的变化及变化后的状态,即事件的终止阶段和结果状态。同样,“了”字存现句也是凸显事件变化的终止阶段和结果状态,即事物在某处出现或消失以及隐现后的结果状态,而且结果状态至少持续到说话时间或参照点时间。例如,(25) 表示“一棵树”倒及倒后的状态持续到说话时间。但当事件处于隐现和隐现后的结果状态时，施事对事件已失去控制或不再控制了，即事件已无施事性意义了。这说明“了”字存现句无论在意义和体上都具有非宾格性。

(25) 路边倒了一棵树。

对于及物动词，“了”字存现句可抑制其施事性的起始阶段和中间过程，保留并凸显其完结性的终止阶段，同时激活并凸显其所隐含的结果状态，从而使及物动词与自身相一致，特别是与“了”字存现句的非宾格性相一致。例如，(26)抑制“劈”的过程，凸显“劈”的终止阶段，激活并凸显其所产生的结果状态，表示“一堆柴”已劈完并存在着，而“劈”在句中也失去了施事性意义，非宾格化了。

(26) 院里劈了一堆柴。

从上面的分析可看出，“了”字存现句只凸显及物动词所表示的终止阶段和结果状态。当事件进展到终止阶段和结果状态时，施事虽然对事件还具有控制能力，但没有进行控制，或发挥施事性的作用。及物动词只表示实体在某处的隐现和隐现后的结果状态。这表明及物动词被“了”字存现句非宾格化了。

虽然人们对“着”的意义有不同的观点，但至少达成这样的共识：体标记“着”用在动词后面表示动作或状态的持续（朱德熙 1982/2003；钱乃荣 1997；陆俭明 1999）。“着”字存现句主要凸显事物在某处的持续存在状态，其中包括动作的持续状态，而不凸显状态何时产生或消失，即表示事物的存在状态是非完结性的。因此“着”字存现句本身具有非宾格性。例如，(27a)和(27b)不关注“大堡礁”和“奇异之事”何时产生，何时消失，只凸显其持续的存在状态，两句都表现出非宾格性。

(27) a　珊瑚海中有着世界最大的珊瑚礁——大堡礁。(CCL)

b 地球上存在着许许多多令人难以解释的奇异之事。(CCL)

因此,“着”字存现句要么抑制及物动词所表示的事件起始、中间和终止阶段,但激活并凸显事件的结果持续状态;要么抑制及物动词所表示的事件的起始和终止阶段,但凸显事件的中间过程,即动作持续状态。对于刻印类、安放类和穿戴类等强调事件结果的及物动词,“着”字存现句一般抑制这些动词的起始、中间和完结性的终止阶段,只凸显所产生的结果状态,从而将其非宾格化。例如,(28a)不是强调“刷”的过程(事件的中间阶段)、什么时候结束(终止阶段)及如何“刷”的,而是凸显说话时间“刷”的动作结束后的结果持续情况。而当事件处于结果状态时已无施事性可言,这说明“刷”在(28a)中已经非宾格化了。同样,(28b)和(28c)也是分别凸显“一盆花”放好之后的结果持续状况、“校徽”别好之后的存在状态,“放”和“别”也被非宾格化了。

(28) a 墙上刷着两条标语。

b 阳台上放着一盆花。

c 左胸上别着校徽。

一些及物动词构成的“着”字存现句既可表示动作结束后的结果持续状态,又可以表示事件的中间持续过程,但无论表示哪种意义都将及物动词非宾格化。例如,(29)各句既可以表示“搭”、“摆”、“架”的动作结束之后,“浮桥”、“酒席”、“炮”的持续存在状态,而不是凸显谁在搭浮桥,谁在摆酒席,谁在架炮,从而将句中各个动词非宾格化。此外,(29)各句也可以用“有”替换,凸显事件结束后的结果持续状况。

(29) a 河面上搭着浮桥。

b 屋里摆着酒席。

c　山上架着炮。

另一方面，(29)各句也可以凸显事件的持续过程，句中可以插入进行体标志“正”，如：

(30) a　河面上正搭着浮桥。

b　屋里正摆着酒席。

c　山上正架着炮。

还有一些及物动词构成的“着”字存现句只能表示事件的中间过程，句中也可以插入“正”，如：

(31) a　台上(正)唱着寿戏。

b　屋里(正)开着会。

c　台上(正)发着奖状。

对于(30)和(31)各句历来存在争议。宋玉柱(1988)认为表示动作过程或事件中间阶段的(30)和(31)各句都是假存现句，因为不能用“有”替代，如不能说“台上有寿戏”。如果炮还没有架好，“山上有炮”就不成立。有些句子即使可以用“有”替换，但替换后句子与原意大相径庭。例如，“外面敲着铜锣”和“外面有铜锣”表达的是两个不同的事件。所以，像(30)和(31)这样的句子是不是存现句或存在句值得进一步探讨。

构式是形式与意义的配对体。判断一类句子是否属于某一构式都必须从形式和意义着手。形式上，(30)和(31)各句都符合存现句的结构形式:处所成分＋存现动词＋存现物。问题症结是这类句子是否表达某种存在意义。从意义上看，上述各句不是表示某处存在某事物的典型或原型性存在句，如(28)各句，而是表达某处存在某事件的边缘性或非典型性的存在句。“着”在句中不是凸显某物体在某处的持续存在状况；而是凸显某事件在某处的持续状态，同时也抑制施事执行或实施某动作意义，从而将及物动词非宾格化。例如,(30a)不是表示河面上有浮桥,也不是强调谁在搭浮桥,而是凸显搭浮桥事件在河面上的持续状态。“搭”的施事性意义虽然存在但被抑制了。(30b)和(30c)也同样表示屋里发生摆酒席的事件,山上发生着架炮的事件,而不是凸显谁在摆酒席,谁在架炮,“摆”和“架”都被非宾格化了。同理,(31a)也是凸显唱寿戏的事件在台上的持续状况,但不强调谁在唱寿戏,“唱”的施事性意义也被抑制了。(31b)和(31c)也同样表示屋里发生着开会的事件,台上发生着发奖状的事件,而不凸显谁在开会,谁在发奖状,“开”和“发”都非宾格化了。

根据前面的分析,构成存现句的及物动词在论元结构和意义上既具有非作格性,又有非宾格性。作为非宾格构式,存现句抑制及物动词的非作格性,而凸显其非宾格性。当及物动词出现在存现句中时,存现句剪去其施事,保留其受事,凸显其隐含的论元处所;意义上,抑制执行动作的施事性意义,凸显实体隐现和存在的状态,从而将及物动词非宾格化。

9.4 施事被构式剪切的理据

构式剪切及物动词的施事并不是一个孤立的现象。除了前面两章讨论的英汉中动构式、短被动构式、结果性受事主语构式和本章讨论的存现构式需剪切及物动词的施事之外,典型的英汉祈使构式也需要剪切及物动词和非作格动词的施事。汉语祈使句一般表示“命令、建议、请求及与之相对的禁止、劝阻、乞免等”意义(袁毓林 1993:14),如:

(32) a 扛一个木梯来!

b 拿几张报纸来!

c　搬两把椅子来！

d　抬一台彩电来！（袁毓林 1993:10）

英语祈使句也表达相似的意义（Takahashi 2012），如：

（33）a　Eat up your dinner.

b　Put the book on the table.

c　Shut the door, please.

d　Enjoy the party.

此外，非作格动词也可以出现在英汉祈使句中，其施事需被剪去，如：

（34）a　Come in and sit down.

b　"Quick, jump!" He shouted.

c　站起来！

d　爬出来！

因此，施事不表达出来的祈使构式需剪切及物动词和非作格动词的施事[①]。例如，（33）和（34）各句中及物动词和非作格动词的施事均被祈使构式剪切，没有表达出来。

此外，英语还有施事没有在陈述部分表达出来，但在反意问句部分表现出来的无主语的反意问句（subjectless tagged sentence）（Kay 2002），如：

（35）a　Fooled us, didn't she?

b　Blew it, didn't we?

c　Married him, didn't she?

除了完整句子的格言、谚语之外，英语习语构式也是剪切及物动词和非作格动词的施事，即很少或基本没有由"施事＋动词"构

① 一些祈使构式的施事可以表达出来，如"你出来；你过来"。

成的习语，但有大量的由“动词＋客体”构成的习语。当然也有很多由动词与处所或目标等论元结合而形成的习语（Marantz 1984；O'Grady 1998；Bresnan 2001），如：

（36） rock the boat　kick the bucket　bite the dust
hit the road　take the cake　lift a finger
settle a score　steal the show　smell a rat
hold the fort　win the battle　make a face
pop the question　rob the cradle　save the day
hit the spot　draw the line　drop a bombshell
see better days　do the honors　burn the midnight oil
（摘自 O'Grady 1998：295）

汉语一些四字成语也需要剪切及物动词的施事，如：

（37） 开门见山　打草惊蛇　切中时弊　化险为夷
火上浇油　火中取栗　扫地出门　扬名显亲
过河拆桥　抽钉拔楔　抽丝剥茧　大兴土木
积谷防饥　铺锦列绣　撕肝裂肺　改邪归正

我们也发现汉语中鲜有由施事与动词构成的短语，但有大量由动词与客体构成的短语。以“打”为例，我们在《现代汉语词典》（第 5 版）中没有找到一例由施事与“打”构成的短语，但找到很多由“打”与客体构成的短语，如：

（38） 打白条　打包　打表　打叉　打车　打底子　打更
打钩　打鼓　打官司　打黑　打假　打卡　打落水狗
打马虎眼　打炮　打屁股　打天下　打鸭子上架　打游戏
打主意　打桩　打针　打字　打折　打肿脸充胖子

施事能被各种构式剪切，除构式对动词的论元结构具有统制或统领作用之外，也因为施事本身与动词的关系没有客体与动词的关系那样紧密或密切有关，为构式剪切施事提供了可能性。首先，施事一般情况下映射为主语，表达的是已知信息，而客体与动词结合表达的是新信息或句子的主要内容(Langacker 2008)。其次，施事的选择不会影响或触发对动词意义的不同解释，但不同的客体会触发对动词意义的不同解释(Marantz 1984; Pylkkanen 2008)。例如，throw 在(39)中与不同的客体结合，分别表示"扔、给予、故意输掉、举行、发作"的意义：

(39) a　throw a baseball

b　throw support behind a candidate

c　throw a boxing match

d　throw a party

e　throw a fit

但在(40)中，不同的施事不影响对 throw(与之结合的 NP)的解释：

(40) a　The policeman threw NP.

b　The boxer threw NP.

c　The social director threw NP.

d　Aardvarks throw NP.

汉语也是如此，不同的客体决定同一动词的不同意义。例如，"'下山、下楼、下车'是从山上、从楼上、从车上下来，是离开那个地方。'下水、下田、下乡'是往水里、往田里、往乡里去，是走向那个地方。'下命令'是发下命令，'下决心'是立下决心"(丁声树等 1961/2004:37)。"下面条、下饺子、下种子、下本钱"等表示放入的意义。"下结论、下定义、下批语"表示做出的意义，而"下力气、下工夫、下刀、对症下药"表示使用意义。由此可见，同一个"下"与不同的客体结合表示不同的意义，都可以与同一个施事性参与者结合，而意义却保持不变。

此外，客体与动词构成的短语可以移至句首，而施事却不可以与动词构成短语移至句首(Rothstein 2001)。这说明，施事与动词的关系没有客体与动词的关系那么密切。例如，(41)可以接受：

(41) a Visit her father though Mary did, she still felt she should go more often.

b Eat a big dinner though we did, I confess to be still hungry.

但(42)不可接受：

(42) a *Mary visit though Mary did her father, she still felt she should go more often.

b *We eat though we did a big dinner, I confess to be still hungry

动词与客体结合可以形成焦点成分，构成假分裂句(pseudo-cleft)，如：

(43) a What Mary did was visit her father.

b What we did next was eat a big dinner.

但施事与动词不能结合构成焦点成分，形成假分离句。假分裂句也说明施事与动词的关系，没有客体与动词关系那么密切。

从句法表现看，施事也没有客体与动词的关系那么密切。施事典型地映射为主语，而客体典型地投射为宾语。主语与动词之间可以插入副词等修饰成分，但动词与宾语之间很难插入任何成分(Langacker 1987a: 236)。例如，(44a)可接受，但(44b)一般不可接受：

(44) a John reluctantly left the room.

b *John left reluctantly the room.

上面的各种分析说明,施事被构式剪切不是个别的现象。施事能被各种构式剪切,也与其与动词的关系不密切相关。

9.5　本章小结

存现句表示某处存在或隐现某实体,反映了人类先认识处所,然后认识处所上存现物的处所原则。存现构式只有处所和客体两个论元,分别映射为主语和宾语。当及物动词以包括施事、客体和隐含处所的整体形式进入存现构式时,存现构式便剪切及物动词的施事,保留其客体,同时在更详细的层次上激活并凸显其所隐含的处所,最后将饱和的处所和客体分别实现为主语和宾语。汉语存现句之所以接纳大量的及物动词,是因为存现构式从论元结构和语义两方面将及物动词非宾格化。与中动构式、短被动构式、结果性受事主语构式、祈使构式一样,存现构式剪切及物动词的施事的理据是施事与动词关系,不像客体与动词的关系那样密切。

第十章　WAY 构式对动词论元的替换

构式有其自身的意义和论元结构。构式对词项具有统制作用。所以，当动词的论元结构与构式不一致时，构式便将动词压制成一致。构式对动词论元压制的一个重要方面便是替换——选择动词所隐含的且与构式相一致的论元，替换与构式不一致的论元。本章主要讨论英语 WAY 构式如何对及物动词的论元进行替换，同时探讨 WAY 构式如何对非作格动词和非宾格动词进行压制。

10.1　WAY 构式的论元结构和句法关系

英语 WAY 构式指例(1)这样的一些句子。WAY 构式的特点是 WAY 必须出现，而且其前面的领有代词必须与整个句子的主语同标，即指称相同，可以称为 POSS WAY。但整个构式的论元不是其动词的投射，而且句子没有一个词项表示移动的含义；构式含有主语所表示的指称沿着某个路径移动的意义。因此，WAY 结构可以看成一个构式(Jackendoff 1990；Goldberg 1995；Israel 1996)。

(1) a John found his way to San Francisco.

b Harry fought his way out of the crowd.

c She fumbled her way down the dark stairs.

d Evita slept her way to the top.

Jackendoff(1990)首先对WAY构式进行了深入的研究。他发现构式标志WAY必须出现,但WAY不只是构式的标签,而且具有一定的意义,前面可以有一些表示方式意义的修饰成分,如(2)中的miserable, insidious和ponderous:

(2) a Bill belched his miserable way out of the restaurant.

b Sam joked his insidious way into the meeting.

c The barrel rolled its ponderous way up the alley.

Goldberg(1995:206)发现不只是表示方式意义的修饰语或形容词可以修饰WAY, 其他类型的形容词也可以修饰WAY,如(3)中的own和familiar。这进一步说明WAY并不是一个意义空洞的构式标志,而是有意义的。

(3) a The goats wending their familiar way across the graveyard.

b He decided from then onwards that he could make his own way to school.(Goldberg 1995:206)

POSS WAY后面必须接有表示路径的介词短语(PP)或副词,否则句子不可接受。例如,与(2)对应的例(4)各句不可接受:

(4) a *Bill belched his miserable way.

b *Sam joked his insidious way.

c *The barrel rolled its ponderous way.

英语句子的谓语动词和其宾语之间一般不能插入副词等修饰成分(Langacker 1987a)。Jackendoff(1990)发现在WAY构式中,其谓语动词和 POSS WAY 也不能插入副词，如(5)一般不可接受。因此，POSS WAY 占据一般宾语的结构位置。

(5) * Bill belched noisily his way out of the restaurant.

Jackendoff 发现 POSS WAY 与后面的介词短语之间可以插入副词，如(6)：

(6) Bill belched his way noisily out of the restaurant.

因此，Jackendoff 认为 POSS WAY 后面的介词短语或副词不是修饰 POSS WAY，而是修饰动词。后来，Jackendoff(2002:174)也承认虽然介词短语是动词与 POSS WAY 构成的短语的句法论元，但不是动词的语义论元，即介词短语或副词与动词不存在语义关系。例如，在 Fred drank his way across the country 中，across the country 与动词 drank 在句中不存在语义关联。另一方面，从文献中学者所列举的真实语料看(Goldberg 1995；Isreal 1996；Kuno & Takami 2004；Szczesniak 2013)，基本没有 POSS WAY 与后面介词短语之间插入任何成分的语句。我们在当代美国英语语料库(COCA)中也没有找到一例在 POSS WAY 与其后路径短语之间插有其他成分的语句。从意义上看，POSS WAY 后面的介词短语或副词进一步说明或充实 POSS WAY 所表示的路径。虽然 POSS WAY 前面可有一些修饰成分，若没有其后表示具体路径短语的说明，POSS WAY 所表示的意义还是比较空泛。即使在上面例(6)中，out of the restaurant 意义上也是进一步说明 his way 的情况。所以，我们倾向于将 POSS WAY 与其后面的介词或副词路径短语视为一个整体，表示特别路径。

从词汇体或情状体角度看，Jackendoff 认为只有表示过程的活动动词(如 roll，whistle)和可以被识解为重复性的有界事件的瞬间动词(如 belch，joke 等)可以出现在 WAY 构式中，如上述例

(2)各句,而其他状态、实现和成就动词不能构成 WAY 构式。后来 Kuno & Takami(2004)对 Jackendoff 提出的限制做了补充,因为这不是本书的重点,我们不概述。

通过改写,Jackendoff 研究了 WAY 构式的意义。有意志的(volitional)动词构成的 WAY 结构既可以用 get…by 改写,表示主语所表示的指称通过某种手段(means)沿着某个路径移动(或移入(出)某处),也可以用 go…ing 结构改写,表示伴随某个动作。主语所表示的指称沿着某个路径移动(或移入(出)某处)。例如,joke 是有意志的动词,其构成的(7a)若用 get…by 改写为(7b),则表示手段意义,而用 go…ing 的分词结构改写为(7c),就表示伴随意义。

(7) a Sam joked his way into the meeting.

b Sam got into the meeting by joking.

c Sam went into the meeting joking.

但无意志的动词构成的 WAY 语句只能用 go…ing 分词结构改写,表示伴随意义。例如,moan 构成的 WAY 结构(8a)只能用 go…ing 改写为(8b),表示伴随意义——Harry 呻吟着沿着这条路走下去,而用 get…by 改写为(8c)一般不可接受。

(8) a Harry moaned his way down the road.

b Harry went down the road moaning.

c * Harry got down the road by moaning.

Jackendoff(1990:216)同时指出只能出现在 WAY 构式中的 wend、worm,和出现在 WAY 构式中具有特殊意义的 thread、make、work 等动词构成的 WAY 语句不能用 go…ing 和 get…by 改写,如由(9a)改成的(9b)和(9c)不可接受:

(9) a Bill wended/wormed/threaded/made/worked his

way down the narrow alley.

b ＊Bill went down the narrow alley wending/worming/threading/making/working.

c ＊Bill got down the narrow alley by wending/worming/threading/making/working.

Jackendoff(1990)对 WAY 构式的开创性研究为后来的研究奠定了基础。Goldberg(1995:ch 9)正是根据 Jackendoff 对 WAY 构式的意义研究，认为 WAY 构式主要表示手段意义和方式(manner)意义，即 Jackendoff 所说的伴随意义[①]。但 Goldberg 认为 WAY 构式的手段意义和方式意义具有不对称性，即手段意义是 WAY 构式的中心意义或基本意义，而方式意义是从手段意义延伸而来。首先，在她从牛津大学出版社、Lund、华尔街日报和美国农业部的四个语料库中所收集的 1177 个 WAY 语句中，只有 40 个句子，即不足 4%的 WAY 语句表示方式意义，而其余的绝大多数 WAY 语句表示手段意义。从历时上看，表示手段意义的 WAY 结构的出现时间比表示方式意义的 WAY 结构出现的时间早 400 多年。她发现在《牛津英语词典》中，第一次记录表示手段意义的 WAY 结构是在 1400 年，如 I made my way... unto Rome，而第一次记录表示方式意义的 WAY 语句是在 1836 年，如 The muffin-boy rings his way down the little street。再次，Goldberg 发现不是所有的本族语者都接受表示方式意义的 WAY 语句。另外，

① Israel(1996:218)认为 WAY 构式表示手段、方式和伴随三种意义，分别如：
ⅰ Rasselas dug his way out of the Happy Valley.
ⅱ The wounded soldiers limped their way across the field.
ⅲ Convulsed with laughter, she giggled her way up the stairs.
其实，Israel 所说的第 2 和第 3 类 WAY 构式可归为方式类。

Goldberg 认为只有表示手段意义的 WAY 结构是有理据的。因此,Goldberg 认为 WAY 构式的主要或中心意义是表示手段。

此外,Goldberg 分别讨论了表示手段和表示方式的 WAY 结构的意义和句法特征。手段性的 WAY 结构表示主语指称尽管面临外在困难(障碍)或以间接方式不是沿着业已确定的路径,而是沿着自己开辟或创造(create)的路径移动(包括有意、仔细、蜿蜒或有条理的移动)(Goldberg 1995:204)。例如,(10a)表示部队一边向手无寸铁的暴徒射击使其让出道路,一边沿着暴徒让出的路径穿过人群。(10b)表示 Frank 沿着自己所挖的路逃出监狱,逃出的路径即为其所挖的路。

(10) a　For hours, troops have been shooting their way through angry, unarmed mobs.

b　Frank dug his way out of prison.

所以,Goldberg 认为在手段性 WAY 结构中,WAY 是主语指称者制造或创造的实体(effected entity)。手段性 WAY 构式由创路事件和移动事件复合而成。创路事件包括创路者(creator)和所创造的路(WAY)两个论元,如 He made a path,而移动事件包括客体性的位移或移动者,和路径两个论元,如 He moved into the room。创路事件和移动事件合并(amalgamate)以后产生三个论元:创路者/位移、所创的路(WAY)和路径,分别映射为主语、宾语和旁语。

方式性 WAY 结构中,一些语句并不涉及外在困难或障碍,路径也不是主语指称所开辟的。例如,在(11)各句中,主语指称所行走的路径都不是移动者创设或开辟的,而是预先确定的,各句都是表示以发出各种声音的方式沿着某个路径移向某处。

(11) a　They were clanging their way up and down the

narrow streets.

b The commuters were clacking their way back in the twilight towards...

c She climbed the stairs to get it, crunching her way across the glass-strewn room.(Goldberg 1995:209)

Goldberg 认为在方式性 WAY 结构中,POSS WAY 不接受任何修饰成分,语义上没有理据。整个方式性 WAY 结构只有客体性的移动者和路径两个论元,分别映射为主语和旁语。但句法上,POSS WAY 占据宾语的位置,是一种句法规定(syntactic stipulation)(Goldberg 1995:210)。Goldberg 还认为一些表示方式意义的 WAY 语句不大为本族语者所接受。

针对 Goldberg 对 WAY 构式的研究,Szczesniak(2013)发现本族语者完全接受方式性 WAY 结构,如:

(12) a After class, I tried to connect with her, but she brushed her way past me.

b The storm is roaring its way up the east coast...

其次,Szczesniak(2013)认为构式应该像封闭的功能语类一样,表达或编码结构性的、简单的、图式性意义,如路径、目标等。但他发现没有哪种语言有专门的语素或结构表示困难或障碍。WAY 构式主要表示路径或方向性意义,而困难只是整个构式的含义,特别是构式所表达的特殊路径所产生的含义。Kuno & Takami(2004:ch 3)也持相似的观点,他们对 WAY 构式所提出的功能限制可概括为:主语所表示的指称以不同寻常的方式,逐渐走完一段非同小可(nontrivial)物质(空间)、时间或心理距离,而动词表示移动的方式。

此外，Goldberg(1995)没有从语义和句法上对手段性 WAY 结构和方式性 WAY 结构做出统一的解释。

在 Jackendoff(1990，2002)、Goldberg(1995)、Israel(1996)、Kuno & Takami(2004)、Szczesniak(2013)、陈佳(2010)和张建理、徐银(2013)等人研究的基础上，我们认为 WAY 构式主要表示某人或某物沿着某一特殊的路径以其特有的方式移动(到某处)，特别是以其开辟或设定的路径移动(到某处)，凸显移动的路径(和目标，如果有目标的话)。但移动者由于其动态的动作，比静止的路径或目标更为凸显。但一般的介词短语或副词不能表示移动者自己开辟、设定或其他特殊路径，所以英语选用 WAY 表示。由于特殊路径是主语的指称开辟或选定的，WAY 前面必须带有与主语指称同标的领有代词。如前面所述，意义上 POSS WAY 与其后表示具体路径的介词短语和副词构成一个整体，表示具体的特殊路径。因此，WAY 构式有两个论元：移动者(或位移)(mover)、特殊路径——POSS WAY PP 。由于移动者比路径凸显，移动者认知上是射体，句法上映射为主语，而路径是次要凸显的界标，句法表现为宾语。

10.2　WAY 构式对及物动词论元的替换

及物动词表示施事发出能量，对客体发生作用，只有施事和客体两个论元。但人们还有这样的基本经验：一边做某事，一边走路，即沿着某个路径行走，而且做事的动作比行走的动作更凸显。因此，行走的动作是识解做事动作的背景或参照物。在一边做事，一边行走的事件中，做事者又是行走者，即同一个参与者既充当施事角色，又充当位移角色。构式对词项具有统制作用。对于一边做事一边行走的事件，WAY 构式可用自身的特殊路径——POSS WAY 替换及物动词本来的客体，同时将自身的位移与及物动词的施事融合。在(13a)中，WAY 构式用自身的特殊路径 WAY 替换 eat 本来的客体论元——所吃的食物，同时将 eat 的施事与 WAY 构式的位移整合为一起，表现为 Henry，整个句子表示 Henry 一边吃黑莓一边走过黑莓田，或 Henry 吃着黑莓穿过一块黑莓田。同样，在(13b)中，WAY 构式也是用自身的 WAY 路径替换 eat 本来的论元——所吃的食物，同时将 eat 的施事与 WAY 构式的位移合二为一地整合为 John，整个句子表示 John 一边穿过美国，一边在所经过的地方吃饭——吃遍美国。实际上，eat 在(13)中是一种转喻，可以解释为“一边吃一边走”。

(13) a Henry ate his way through a blackberry patch.(COCA)

b John ate his way across United States.

同样，人们可以一边走路一边织毛衣，或一边旅行一边织毛衣。(14)中，WAY 构式可用自身的 WAY 路径替换 knit 本来的客体论元——所织之物，同时将 knit 的施事论元和构式的位移融合于 Mary，整个句子表示 Mary 一边穿越大西洋，一边织毛线。

(14) Mary knitted her way across the Atlantic.

此外，人们可以一边推开他人，一边走；一边向他人扫射，使其让出道路，一边走；一边捶打他人，使其让开，一边走，或使用其他方式迫使他人让开，一边走。因此，WAY 构式可用其自身的特殊路径替换 fight，bludgeon，elbow，push，shoot，shove，force，maul，nudge，punch 等及物动词的客体，同时将这些动词的施事与 WAY 构式的位移整合，表示一边使用捶打、推开、扫射等方式使他人让开，一边沿着所让出的路径行走。在(15)中，WAY 构式用其特殊路径 her way through the crowd 替代 elbow 的本来客体——用胳膊肘所推开的人群，表示 Mary 一边用胳膊肘推开人群，一边从人群中穿过去。由于 her way through the crowd 是 elbow的施事用胳膊肘推开人群所产生的路径，某种意义上说，是 elbow 的隐含的论元。

(15) Mary elbowed her way through the crowd.

如上文所述，世界上还存在这样的事件：人们一边挖路，一边行走或沿着自己所挖的路径行走。WAY 构式可用自身的特殊路径，如(16)中的 his way out of the jail，替代及物动词本来的客体论元，如(16)中 dig 的客体论元。

(16) Frank dug his way out of the jail.

我们认为由 make, find, pick, feel 等及物动词构成的 WAY 语句，如(17)，并不存在论元替换现象，因为特殊路径论元本身是 make，find, pick, feel 等及物动词的客体论元。WAY 构式本身具有沿着某特殊路径行走的意义，由这些动词构成的 WAY 语句便具有表示某人沿着所开辟、找到、挑选或摸索的路径行走，或一边开辟、寻找、挑选、摸索路径，一边移动的意义。

(17) John made/found/picked/felt his way to New York City.

施事对客体发生作用的同时，还会在其他非物质空间维度上取得进展，即沿着某个抽象的路径行进，并有可能达到某个目标。例如，一个作曲家作的曲子越多、越好时，他的名气也越来越大，也越来越引起人们的注意，即作曲的行为将产生从无名到有名、从不被注意到被注意的抽象路径。所以，compose 除包括施事性的作曲者和客体性的所作曲目之外，还隐含从不被注意到被注意的抽象路径。在(18a)中，WAY 构式则用 compose 所隐含的特殊路径论元——his way to critical acclaim 替换 compose 的原来的客体论元,并映射为宾语,同时还赋予 compose 的施事位移的角色,并映射为主语。同样,(18b) 中,WAY 构式也是用特殊路径——her way into the Ann Lenders seat 替换 write 的本来的客体论元,并将其映射为宾语。

(18) a Lennon composed his way to critical acclaim.

b Eppie wrote her way into the Ann Lenders seat.

人们欺骗、诈骗、胁迫、贿赂他人的同时,便向某个目标迈进,即沿着某个抽象的路径行进。因此,及物动词 trick, bully, bribe, con, finagle 都可进入 WAY 构式,如(19)各句。但 WAY 构式需用其特殊路径取代 trick, bribe, con, bully, fiunagle 的本来客体论元,将特殊路径映射为宾语,使整个语句表示欺骗、胁迫或贿赂他人的同时,向某个目标迈进(这同时也说明特殊路径也是 trick, bribe 等动词的隐含论元),即通过欺骗等手段,实现某个目标。

(19) a A fake doctor faked his way into a hospital job.

b He conned his way into the job using false information.

c She bribed her way to the top.

d John bullied his way to fame.

e Bob finagled his way onto the team.

总之,当及物动词进入 WAY 构式时,WAY 构式便用其特殊路径论元替换动词本来的客体论元,并将其实现为宾语。

10.3 WAY 构式对非作格动词的增容

本章主要探讨 WAY 构式对及物动词论元的替换。但一些非作格动词和个别非宾格动词也可以进入 WAY 构式。所以,我们顺便讨论 WAY 构式对非作格动词和非宾格动词如何进行增容。

非作格动词只有施事一个论元，表示施事发出能量，或做某个动作。但人们做某个动作的同时，便向某个目标迈进，或一边沿着某个路径行进，一边做某个动作。因此，一些非作格动词还隐含路径论元。WAY 构式可对部分非作格动词增加特殊路径论元并映射为宾语。

现实生活中，存在着这样的事件：人们一边走路，一边发出声音，或一边发出声音，一边走路。例如，人们可以一边笑一边走，一边哭一边走，一边吼一边走，一边咳嗽一边走，一边打嗝一边走，一边吹口哨一边走，一边呻吟一边走，等等。发出声音的动作一般比走路的动作更凸显，更引人注目。因此，语言可以使用发出声音的动作转喻整个一边发出声音一边行走的动作。所以，WAY 构式可以给 laugh，giggle，chuckle，smile，yell，shout，whistle，moan，belch，hicup，cough，joke，howl，blare，huff，puff，roar，snigger，sneeze 等动词增加路径论元，并映射为宾语（当然，这些动词的施事也带上位移的角色，使整个语句表示一边发出某种声音，一边走向某个目标），如(20)各句：

(20) a　John laughed his way out of the room.
　　 b　The guys whistled their way out of the restaurants.
　　 c　Sam joked his way into the meeting.
　　 d　John yelled/shouted/moaned his way down the street.
　　 e　Tony belched/hicupped his way out of the room.
　　 f　Alfie would have sniggered his way through lessons on sexual positions and condoms.
　　 g　We huffed and puffed our way to the top.

但 Goldberg(1995:208)所列举的下面(21)中，各句都是表示施事一边行走，一边发出声音，或主语指称先执行行走的动作，然后发出声音。各句中，clang，clack，crunch 分别转指既行走又发出声音的动作，而 WAY 构式给 clang，clack，crunch 增加特殊路径论元，并映射为宾语，同时将各个动词的施事实现为主语。

(21) a They were clanging their way up and down the narrow streets.

b The commuters were clacking their way back in the twilight towards...

c She climbed the stairs to get it，crunched her way across the glass-strewn room.

人们做某个动作的时候，便沿着某个路径行走。例如，人们跳舞的时候，便沿着路径移动。所以，dance 除发出能量的施事论元之外，还间接隐含路径论元。(22a)便在详细的层次上激活并凸显 dance 所隐含的特殊路径论元——her way across the park，将之实现为宾语，同时将其施事性参与者 Mary 映射为主语。同样，人们做跳背游戏时，便向某个方向移动，即 leapfrog 也间接隐含路径论元。(22b)也同样在详细的层次上激活并凸显 leapfrog 所隐含的路径论元——their way through the playground，将之映射为宾语，同时将 leapfrog 的施事性参与者 the children 实现为主语。

(22) a Mary danced her way across the park.

b The children leapfrogged their way through the playground.

人们所做的动作都是在时间维度上展开的，即人们施行某个动作时，时间便悄悄流逝，或者说动作执行者同时在时间路径上移动。例如，人们睡觉的时候便在时间轴上移动。所以，sleep 也间接隐含时间路径。例(23)给 sleep 增加时间路径，或者说在详细的粒度上激活并凸显 sleep 所隐含的时间路径——her way through most of the physics 101，将其映射为宾语；同时将 sleep 的施事 John 实现为主语，表示 John 在大部分物理 101 课上是从头睡到尾。

(23) John slept his way through most of the physics 101.

同样，人们在具体空间范围旅行时，也在时间路径上移动。所以，travel 也间接隐含时间路径。例(24)也是给 travel 增加特殊的时间路径论元，即在较详细的层次上激活并凸显其隐含的时间路径 his way through the 60's，将其实现为宾语；同时将其施事 Tony 映射为主语，表示 Tony 在整个 60 年代都是在旅行。

(24) Tony travelled his way through the 60's.

人们做某动作时，便产生某种抽象的路径，并沿着该路径移动。例如，人们一般为了实现某个目的而说谎。但说谎的同时，便产生由没有实现某个目的到实现某目的的抽象路径。所以，lie 还隐含某种抽象的路径。例(25)给 lie 增加特殊路径——his way out of the jam，即在较细微的粒度上激活并凸显 lie 所隐含的特殊路径，将其映射为宾语，表示 Sam 一路通过说谎走出困境。

(25) Sam lied his way out of the jam.

一些非作格动词本身表示艰难行走意义，只有一个施事论元，但本身隐含行走的路径，如 lurch，limp，hobble，trudge，stagger，slog 等。WAY 构式凸显位移和路径，表示某人或某实体沿着某个路径行走。所以，WAY 构式保持艰难行走的动词的施事，并映射为主语；同时在更详细的粒度或层次上，激活艰难行走动词所隐含的路径，并将其实现为宾语。在(26)各句中，WAY 构式一方面将 trudge，hobble，stagger 和 limp 的施事 John，Edison，the drunk 和 the stroke patient 与自身的位移整合，并映射为主语；同时凸显各个动词所隐含的特殊路径，并实现为宾语，如(26a)中的his way to the bus stop。

(26) a John trudged his way to the bus stop.

b Edison hobbled his way to the finish line.

c The drunk staggered his way down the hallway.

d The stroke patient limped his way through the hospital.

一些非作格动词，如 inch, thread, worm, weave 等，表示缓慢行走，只有一个施事论元，但本身隐含路径论元。WAY 构式也是将其施事论元映射为主语；同时在较细微的粒度上激活并凸显这些动词所隐含的路径论元，映射为宾语，表示主语的指称缓慢地一直沿着某个路径移动，如(27)：

(27) John inched/threaded/wormed/weaved his way down the narrow alley.

表示一般行走的动词，如 walk，本身也是隐含路径论元。在例(28)中，WAY 构式一方面将 walk 的施事——the priest 映射为主语；同时在更详细的层次上激活并凸显其隐含的路径论元——his way across the country，将其实现为宾语。

(28) The priest walked his way across the country to protest the nuclear arms.

一些表示某种方式行走的动词，如 mince, strut, goosestep 等，本身也是隐含路径论元。WAY 构式除需将这些动词的施事实现为主语外，还需在较细微的粒度上，激活并凸显其隐含的路径论元，并将其映射为宾语，如：

(29) He minced/strutted/goosestepped his way through the forest.

总之，无论非作格动词本身隐含或间接隐含路径论元，或表示一边移动、一边做某动作的意义，WAY 构式都需要对非作格动词增加空间、时间或其他抽象路径论元，将之映射为宾语。

10.4　WAY 构式对非宾格动词的增容

Kuno & Takami(2004：ch 3)发现不仅及物动词和非作格动词可以出现在 WAY 构式中，非宾格动词也可以构成 WAY 语句。在(30)中，句子的主语是无生(inanimate)名词，而 trickle 和 stall 都是表示无意志的行为，分别是非宾格动词：

(30) a　Rainwater trickles its way to the underground pool.

b　The car stalled its way along the street to her office.

WAY 构式表达的意义是主语所表示的指称沿着某路径移动；凸显的移动者和路径，分别映射为主语和宾语。移动者可以自身发出能量，从而沿着某一路径移动。因此，WAY 构式固然可以接纳及物动词和非作格动词。但移动的实体也可以是接受他物发出的能量，从而发生移动，即移动者可以是非宾格动词的客体。

非宾格动词只有一个客体论元。理论上讲，非宾格动词不能再带一个宾语出现在语句中。但认知语法认为无法根据参与者之间的逻辑事理关系确定主语和宾语，而应该根据认知凸显决定主语和宾语的实现(Langacker 1987a，1991，1999，2003a，2003b，2008)。WAY 构式可以一方面保留非宾格动词的客体——接受他物发出的能量而进行移动的实体，将之映射为主语；同时给非宾格动词的论元结构增容，即在较详细的层次上激活并凸显非宾格动词所隐含的路径论元，将其实现为宾语，凸显实体移动的路径或过程。例如，物体一般沿着某个路径滚动，或滚动时产生某种路径。所以，roll 除滚动的客体论元之外，还隐含路径论元。在(31a)中，WAY 构式除将 roll 的客体 the avalanche 实现为主语之外，还在更详细的层次上，激活并凸显 roll 所隐含的路径论元——its way into the valley，并将之实现为宾语，突出冰川滚进山谷的路径及其终点。但若没有 its way，如(31b)只是突出或强调冰川滚进山谷的结果(Kuno & Takami 2004)。

(31) a The avalanche rolled its way into the valley.

b The avalanche rolled into the valley.

又如，tumble 也隐含物体翻滚的路径。(32a)一方面将 tumble 的客体——barrel 映射为主语，另一方面，给 tumble 增容，即在更细微的粒度上激活并凸显其隐含的路径——its way down the alley，凸显桶所滚下小巷子的路径，(32b)则无此含义。

(32) a The barrel tumbled its way down the narrow alley.

b The barrel tumbled down the narrow alley.

10.5 本章小结

WAY 构式表示主语的指称沿着某一特定路径(朝某个方向)移动；凸显的移动者和路径，分别映射为主语和宾语。对于及物动词，WAY 构式则保留其施事论元，将其实现为主语，但用自身的路径论元替换及物动词本来的客体论元，同时将路径映射为宾语。WAY 构式须对非作格动词和非宾格动词进行增容，即在较详细的层次上，激活并凸显非作格和非宾格动词所隐含的路径论元，将之实现为宾语，凸显主语指称所移动的路径。

第十一章　TIME AWAY 构式对动词论元的替换

人类的一切活动不仅发生在一定的空间领域，而且发生在一定的时间范围内。英语 WAY 构式凸显的是路径，而 TIME AWAY 构式，如(1)，凸显的则是事件所占用的时间。

(1) a　Ann read the morning away.

　　b　John partied the night away.

　　c　They nibbled the night away with a big carton of peanuts.

国内外对 TIME AWAY 构式的研究比较少。国外，只有 Jackendoff(1997b，2002，2010)对 TIME AWAY 构式的句法语义特征进行了较为系统的探索，同时比较了该构式与 WAY 构式和英语动结构式的异同特征。国内，张建理、骆蓉(2014)认为 TIME AWAY 结构是 AWAY 构式的一个子结构。但 TIME AWAY构式有其独特的句法语义特征需要探讨。我们先根据 Jackendoff(ibid.)的研究，概述 TIME AWAY 构式的句法语义特征，然后探讨 TIME AWAY 构式如何对及物动词的论元进行替换，以及对非作格动词的论元结构如何进行增容。

11.1 TIME AWAY 构式的句法语义特征

TIME AWAY 构式主要表示主语的指称以轻松、娱乐或闲混的方式度过或用掉一段时间，凸显某人做某事所用掉的时间或消磨掉的一段时间，而不凸显某人做了某事或某动作。例(2)凸显 Lois 和 Clark 高兴地跳舞跳掉了两个小时，而不强调跳舞的动作或事件本身。

(2) Lois and Clark danced two blissful hours away.

构式语法认为语义和语用形成连续体，两者之间没有截然的界限。研究构式的语义时必须兼顾构式的语用意义(Goldberg 1995)。所以，我们也不能忽视 TIME AWAY 构式的语用意义。TIME AWAY 构式常常含有主语的指称在用掉的一段时间里应该做其他事情的意义(Jackendoff 1997b，2010)。例如，(3)含有 Bill 不应该一个下午睡觉睡掉，Fred 不应该一个晚上喝酒喝掉，Mary 不应该一个早上聊天聊掉，而应该做其他正事的意义。

(3) a　Bill slept the afternoon away.

　　b　Fred drank the night away.

　　c　Mary chatted morning away.

由于 TIME AWAY 构式凸显某人做某事或某动作所消磨掉的一段时间，其论元结构包括动作执行者或消磨时间的人——施事、消磨掉的时间和结果论元——构式标志 AWAY。因为施事比消磨掉的时间更为凸显。所以，施事是认知上的射体，时间为界标，AWAY 为场景，分别映射为主语、宾语和旁语。TIME AWAY 的语义结构、凸显等级和句法结构可以表征为：

Semantics	SPEND	agent	TIME	AWAY
	↓	↓	↓	↓
Salience	verb	trajector	landmark	ground
	↓	↓	↓	↓
Syntax	VERB	SUBJ	OBJ	OBL

图 1

TIME AWAY 构式的主语是动作执行者，或消磨时光的主体，因此，必须是有意志的，否则形成的句子不可接受。例如，light 是无意志的实体，所以，(4a)不可接受，但(4b)不是 TIME AWAY 结构，是合格的语句(Jackendoff 2010:254)：

(4) a　* The light flashed two hours away.

　　b　The light flashed for two hours.

结果论元——构式标志 AWAY 必须出现，说明一段时间的使用掉或消磨掉的情况，同时也表明 TIME AWAY 构式是完结性的(telic)。当然，AWAY 的位置比较灵活，可以出现在动词后面、时间名词短语之前。本书主要讨论 AWAY 出现在时间名词短语后面的情况。

只要是表示一段时间的名词短语都可以出现在 TIME AWAY 构式中，如 hours, the morning, the afternoon, the evening, the night, days, a week, a month, the winter, the summer, the vacation, the entire holiday, one life 等。

我们根据认知语法(Langacker 1999, 2008)，从认知凸显的角度认为 TIME 在 TIME AWAY 构式中为宾语。Jackendoff (1997b, 2010)根据宾语的各种诊断手段认为 TIME 也是整个构式的宾语。首先，TIME AWAY 构式可以被动化，TIME 成为被动句的主语，如(5)的 many happy evenings：

(5) In the course of the summer, many happy evening were drunk away by the students before they finally realized there were serious work to be done.

其次，TIME AWAY 构式可以转变为 TOUGH 句型，而 TIME 或时间短语成为 TOUGH 句的主语，如(6)中的 a morning：

(6) A morning like this is hard for ME to sleep away.

英语的动词和其宾语之间不能插入任何副词成分，副词只能放在宾语后面。所以，(7a)可接受，(7b)不可接受，因为 quickly 置于 threw 与 the bottle 之间：

(7) a John threw the bottle quickly away.

b * John threw quickly the bottle away.

同样，在 TIME AWAY 构式中，副词也不能置于动词与 TIME 之间，说明时间短语 TIME 是整个构式的宾语。例如，(8a)可接受，(8b)不合格，是因为副词 happily 插在动词 drank 与 the night 之间，而不是在其后面：

(8) a Tony drank the night happily away.

b * Tony drank happily the night away.

作为宾语，TIME 也可以用代词替换，即代词化，如(9)：

(9) Bill slept the afternoon away, while Harry drank it away.

此外，TIME AWAY 构式中的时间短语，可以用于提问，如(10)：

(10) Which mornings is Bill most likely to sleep away?

所以，从认知凸显和各种宾语的诊断手段看，时间短语都是TIME AWAY构式的宾语。

11.2 TIME AWAY构式对及物动词论元的替换

做任何事情都需要耗用一定的时间。人们吃饭喝酒需要消耗一定的时间，读书看报也同样需要一定的时间。所以，及物动词除包括自身的施事和客体论元之外，还隐含时间论元。TIME AWAY构式可在较详细的层次上用及物动词所隐含的时间论元替代其本来的客体论元，将之实现为宾语；同时将及物动词的施事性参与者与自身的施事融合并映射为主语，将AWAY实现为旁语。

吃喝既需要时间，也是人们消磨时间的一种方式。因此，drink，eat除包含施事性的饮者、吃者和客体性的所饮之物和食物之外，还隐含时间论元。TIME AWAY构式一方面将eat，drink的吃者和饮者，如(11)中的they和John，与自身的施事论元整合并映射为主语；同时在更详细的层次上用eat、drink所隐含的时间论元。如(11)中的the evening和the afternoon，替换eat和drink本来的客体论元——食物和所饮之物，将时间论元实现为宾语，而且激活并凸显eat、drink所隐含的结果论元——away，将其映射为旁语。

(11) a They ate the evening away.

b John drank the afternoon away.

以(11a)为例，TIME AWAY构式对eat论元的替换可图示如下：

Semantics	SPEND	agent		TIME	AWAY
	↓	↓		↓	↓
V semantics	eat	eater	food	______	______
	↓	↓		↓	↓
Coercion	eat	they		the evening	away
	↓	↓		↓	↓
Salience	verb	trajector		landmark	ground
	↓	↓		↓	↓
Syntax	VERB	SUBJ		OBJ	OBL

图 2

阅读、看报、看电视既需要时间，也是一种消遣方式。所以，read、watch 的论元结构除包括施事和客体论元之外，还隐含阅读或看电视所花费的时间论元。TIME AWAY 构式可将 read 的施事性参与者——读者，如(12a)中的 John，与自身的施事整合并映射为主语，同时剪切 read 的客体论元。但在更详细的层次上，激活 read 所隐含的时间论元，即用 read 所隐含的时间论元，如(12a)中的 the morning，替换 read 的本来的客体论元——读物，并将时间论元实现为宾语。同样，TIME AWAY 构式也是将 watch 的施事，如(12b)中的 Mary 映射为主语。同时剪切 watch 的客体论元，并在详细的层次上激活并凸显 watch 所隐含的时间论元，如(12b)中的 the evening，将其实现为宾语。

(12) a　John read the morning away.

　　b　Mary watched the evening away.

编织虽然耗时，对一些人来说也是一种消遣方式。所以，knit 除编织者和编织物之外，还隐含时间论元。例(13)一方面将 knit

的施事性参与者——Jennifer 与 TIME AWAY 构式的施事整合并映射为主语，另一方面，在更为详细的层次上凸显 knit 所隐含的时间论元——the evening，取代 knit 本来的客体论元，并将其实现为宾语，同时将 away 映射为旁语，进一步说明 the evening 的消磨情况。

(13) Jennifer knitted the evening away.

一些动词既可以作及物用法也可作不及物用法。我们认为 kiss, phone, email, skype, text 等都可作及物用法，如：

(14) John kissed/phoned/emailed/skyped/texted Mary yesterday.

因此，当 kiss, phone, email 等出现在 TIME AWAY 构式中时，如(15)，TIME AWAY 构式也需用这些动词所隐含的时间论元代替这些动词原来的客体论元，并将其映射为宾语：

(15) John kissed/phone/skyped/emailed/texted the evening away.

若说话人或语言使用者既要凸显做某事所花费掉的时间，又要说明所做的事情，说话人可使用介词引入及物动词原来的客体论元(Jackendoff 1997b, 2010)。例如，(16a)是用 practise 所隐含的时间论元——the evening 替换其原来的客体论元，但用 at 引入其本来的客体论元——the piano。但(16b)除用 clean 的隐含论元——the afternoon 取代其原来的客体论元外，用介词 with 引入 clean 本来的客体论元——all those rooms of trash。

(16) a　She practised the evening away at the piano.

b　She cleaned the afternoon away with all those rooms of trash.

总之，TIME AWAY 构式的时间宾语不是及物动词的常规论元。TIME AWAY 构式需要在较详细的层次上，用及物动词所隐含的时间论元替换其本来的客体论元，并将时间论元实现为宾语。

11.3 TIME AWAY 构式对非作格动词的增容

本章主要关注 TIME AWAY 构式对及物动词的论元进行替换。但一些不及物动词也能构成 TIME AWAY 语句。因此，我们顺便讨论 TIME AWAY 构式如何对不及物动词的论元结构进行增容。

如前面所述，TIME AWAY 构式的主语必须是有意志性的。因此，能出现在 TIME AWAY 构式中的不及物动词只能是非作格动词。

非作格动词主要表示施事发出能量，做了某个动作。但做任何动作都需要花费一定的时间。事实上，做某些动作是消磨或消遣时间的一种方式。

首先，piss, fritter, idle, laze, while 都是表示消磨、浪费时间的意义，与 TIME AWAY 的构式意义基本一致。TIME AWAY 构式只需给这类动词增加时间论元，如(17)中的 the days 和 the long summer days，以及表示结果意义的 AWAY，并分别实现为宾语和旁语。

(17) a They idled the days away, talking and watching television.

b They lazed the long summer days away.

睡眠既需要时间，对某些人来说也是浪费、消磨时间的一种方式。因此，睡眠类动词，如 sleep, nap, snoop, snore, doze 等，都隐含时间和结果论元；也都可以构成 TIME AWAY 构式，隐含主语的指称不应该睡觉、打瞌睡，而应该做其他事情的意义。但 TIME AWAY 构式一方面需要将 sleep，nap，snoop，snore，doze 的施事性参与者，如(18)中的 Tony，Mary，与自身的施事整合并实现为主语；另一方面，需要在更详细的层次上激活并凸显睡眠类动词所隐含的时间论元，如(18)中的 the morning、the afternoon 和表示用掉时间的结果论元——AWAY，并分别实现为宾语和旁语。

(18) a　Tony slept the morning away.

b　Mary napped the afternoon away.

c　Tony snoozed the afternoon away.

d　Mary dozed the morning away.

以(18a)为例，TIME AWAY 构式对 sleep 的增容可图示如下：

Semantics	SPEND	agent	TIME	AWAY
	↓	↓	↓	↓
V semantics	sleep	sleeper	______	______
	↓	↓	↓	↓
Coercion	sleep	Tony	the morning	away
	↓	↓	↓	↓
Salience	verb	trajector	landmark	ground
	↓	↓	↓	↓
Syntax	VERB	SUBJ	OBJ	OBL

图 3

跳舞也需要花费一定的时间，也是人们消磨、浪费时间的一种方式。因此，跳舞类动词，如 dance，waltze，tango，twist，boogie，two-step 等，都隐含时间论元；可以构成 TIME AWAY 构式，表示某人跳舞跳掉了一些时间，含有应该做其他事情的意义。TIME AWAY 构式一方面需要将 dance，waltze，tango，twist，boogie，two-step 等动词的施事性参与者——跳舞者与自身的施事整合，映射为主语，如(19)各句的主语；另一方面，需要在较为细微的粒度上激活并凸显 dance，tango 等动词所隐含的时间短语，如(19)中的 the evening 等，和结果标志 AWAY，分别映射为宾语和旁语。

(19) a They danced the evening away.

b They were boogying the nights away.

c They tangoed the night away.

人们消磨时间的另一种方式便是闲聊。因此，talk，chat，gossip，chatter，whisper，yak，converse 等都可构成 TIME AWAY语句。但 TIME AWAY 构式需要对闲聊类动词的论元结构增容，即在更详细的层次上激活并凸显 talk，chat，whisper 等动词所隐含的时间论元和结果论元 AWAY，映射为宾语和旁语，同时将这些动词的施事性参与者与构式自身的施事融合并映射为主语，如(20)各句：

(20) a The two girls gossiped two hours away.

b They chatted the noon away.

c The two old friends talked the evening away.

散步、走路、游泳、爬山、旅游、跳水都需要消耗一定的时间，对一些人来说也是一种消磨时间的方式。因此，walk，pace，jog，swim，dive，hike，travel 等都隐含时间论元。TIME AWAY 构式可在较详细的层次上激活并凸显 walk 等运动旅游类动词的时间论元和表示用掉时间的结果论元 AWAY，分别将两者映射为宾语和旁语，如(21)中的 the evening，the summer 和 the afternoon：

(21) a　They walked the evening away.

b　They hiked the summer away.

c　John swam the afternoon away.

还有一些表示消遣、娱乐或浪费时间的非作格动词，如 fish，party，gamble，barbeque，sunbathe，shop，pray，dine，snack，tinker，sing，whistle，daydream，snuggle 等，都可以构成 TIME AWAY语句。但 TIME AWAY 构式需要对这些非作格动词的论元结构进行增容，即在更详细的层次上激活并凸显这些动词所隐含的时间论元和表示用掉时间的结果论元 AWAY，将其分别实现为宾语和旁语。

另外需要一提或补充的是，Jackendoff(1997b，2010)和给本人的邮件里都认为即使有意志的状态(volitional state)动词(也可以称为静态的活动动词)都不能进入 TIME AWAY 构式。他认为(22)都不可接受：

(22) a　* Celia sat two hours away. (Jackendoff 1997b，2010：254)

b　* I waited two hours away with you.

(Jackendoff 2015 年 1 月 6 日给本人回复的邮件)

但我们在当代美国英语语料库(COCA)找到像(23)这样真实的语句。事实上，坐和等的动作都需要花费一定的时间，或持续一段时间。为了突出坐和等的行为所用掉的时间，(23a)和(23b)都是给不及物动词 sit 和 wait 的论元结构增容——在较详细的层次上激活并凸显 sit 和 wait 所隐含的时间论元——the evening 和 the night，将两者实现为宾语。特别是在(23a)中，根据上下文，坐是 Griswold 消磨时间的一种方式。

(23) a　But Griswold，before she could say it，turned

without a word and went back to his field. That night he came wordless to his corn and coffee, got up from it, and **sat the evening away** on the footstep of the house, one hand clutching each knee, staring at something he had never suspected. The second day he was worse. Not only did he not go that morning to the field, but he asked, asked, if he could sit quiet and just watch Rachael Ann suck, before she and Sassy slept another morning away. Sassy said, Yes, sir, he could, and he did.

b Finally, red and sweating, Michael clutched in his hand four drooping shamrocks. These he placed in the trap, and Michael and Daniel settled down to **wait the night away**. The next morning the trap was sprung, but when Michael eagerly pried it open he found only a rabbit, which hopped away.

非宾格动词的唯一显论元是客体,而TIME AWAY构式要求主语是施事论元。所以,非宾格动词与TIME AWAY构式没有任何共享的显论元,因而无法进入TIME AWAY构式。

11.4 本章小结

Jackendoff(1997b, 2010)认为在TIME AWAY构式中,时间论元不是动词的论元而是构式的论元或动词与AWAY形成的动词短语的论元。我们认为时间论元既是TIME AWAY构式的论元，也是动词本身所隐含的论元。为了凸显所消磨或浪费掉的时间，TIME AWAY 构式在较详细的层次上用及物动词所隐含的时间论元替换及物动词本来的客体论元，并将时间论元映射为宾语；或给非作格动词的论元结构增容——激活并凸显非作格动词所隐含的时间论元，将之实现为宾语。当然，TIME AWAY 构式需将及物动词和非作格动词的施事性参与者与构式自身的施事整合并映射为主语，将构式标志 AWAY 实现为旁语，使产生的语句表示主语的指称以某种轻松、闲混的方式消磨掉一段时间。

第十二章　倒置动结式对动词论元的抑制

就我们掌握的文献看，Jackendoff(1972：34 – 38)是最早注意到动词的参与者可表现两种或多种语义角色的学者。例如，在 Max rolled down the hill on purpose 中，Jackdendoff 注意到 Max 既表现施事角色，又有位移或客体角色。后来，Langacker(1990/2002，2008)、Levin & Rappaport Hovav(2005)也都认为不仅位移动词，一些心理动词的参与者都可体现两种语义角色。Levin & Rappaport Hovav(1995)甚至认为一些表示空间配置(spatial configuration)或身体姿势的动词，如 stand、sit、lie、squat 等，其参与者既有两层施事意义：采取或做出身体姿势和维持身体姿势的意义，也含有表示处于某种状态或处所的零角色或零事。所以，一个名词短语可同时体现两种或多种语义角色。

构式有其自身的意义和论元结构。当动词的参与者表现两个或多个语义角色或论元时，构式可根据自身的论元结构要求，凸显相一致的论元而抑制相冲突的论元：即论元同时被表达出来，构式只将相兼容的论元前景化，而将其他论元背景化。如前面第九章所述，汉语存现句表示某处存现某实体，只有处所和客体两个论元，分别映射为主语和宾语。汉语存现句的特殊之处是除接纳看起来不相容的带有施事的及物动词之外，还接受表面上不相兼容的非作格动词(董成如 2011)。但当非作格动词的参与者既包含施事又含有移事、经事或零事——客体时，存现构式可抑制其施事而凸显其客体，或者说，施事和客体合二为一地被表达出来。存现句将施事背景化，将客体前景化，从而使非作格动词的论元结构与存现构式相一致。"走、飞、游、爬、跑、逃" 等非作格动词的参与者既包含施事，又体现移事。存现句可抑制这些动词的施事，而突出它们的移事，使这部分非作格动词的论元与存现构式的论元要求相一致。例如，"跑"的参与者既涉及促使或指使某人跑，或自己决定自己跑的施事角色，又包含跑的持续状态(即移事角色)。在"我要跑了"中，"跑"的施事角色被凸显。但(1)凸显"跑"的持续状态，即移事角色，抑制其施事角色，从而接纳"跑"。

(1) 前面跑着一对中年夫妇。

当动词的参与者既表现施事，也包含经事角色时，存现句只凸显动词的经事而抑制其施事角色。例如，动词"睡"的参与者既表现施事角色——一个人可以决定自己何时睡在何处，也体现经事角色——"睡"的状态。所以，存现句可凸显"睡"的参与者的经事角色，而抑制其施事角色。例如，(2)凸显"一个人"的经事角色，但抑制其施事角色，强调其睡的状态：

(2) 床上睡着一个人。

此外，"站、坐、趴、蹲、跪、躺"等动词的参与者既可表现施事，又可表现为零事。存现句只凸显这些动词的零事角色——存现主体所处的位置或状态，而抑制它们的施事角色。例如，(3)凸显"一个人"的零事角色，即"蹲"的状态，而将其施事角色背景化。

(3) 门外蹲着一个人。

本章主要探讨汉语倒置动结式如何对动词的论元进行抑制，从而揭示倒置动结式论元的性质。我们先对倒置动结式进行界定，然后根据认知语法所探讨的行为链模式、识解观和语言编码策略分析倒置动结式形成的认知机制，最后分析倒置动结式如何对及物动词和非作格动词的论元进行抑制，从而说明抑制是协调构式与动词论元之间不一致的有效手段之一。

12.1 倒置动结式的界定

在各种论元中，施事和客体（受事）是最为凸显的两个论元，而施事又比客体凸显。在 Levin & Rappaport(2005：162－163)所综述的 16 种论元等级体系中，施事都比客体凸显。不管是根据自上而下，还是自下而上的映射顺序，施事一般映射到语法等级最高的主语位置上，而客体映射到宾语位置上去。事实上，根据 Dowty (1991)原型理论，典型的施事也是实现为主语，而典型的客体或受事映射为宾语。汉语动结式（谓语由两个动词或一个动词和一个形容词组合而成的结构，也称为复合动结式）除第一个动词的施事映射为主语的结构之外，如“小张打破了一块玻璃；小王哭红了眼睛”，还有一个特殊的结构，其施事实现为宾语，客体表现为主语，如：

(4) a　感冒药吃死了老陈。

b　这一大盆衣服洗累了妈妈。

c　这场考试急哭了孩子。

d　一场好梦笑醒了妹妹。

例(4)各句一般称为倒置动结式（inverted resultative construction），或反转动结式、施受颠倒句、颠倒性致使结构等(Li 1990，1995，1999；Li 2009，2013；施春宏 2008；张翼 2009，2013；

彭国珍 2011;熊学量、魏薇 2014)。倒置动结式因其独特的句法语义特征引起了学界的广泛关注,但谁也没有给倒置动结式进行过定义。一些结构不经解释、说明也被当成倒置动结式。一些不是倒置动结式的语句也被当作倒置动结式结构进行研究,从而削弱了理论的解释力度和有效性。因此,有必要首先对倒置动结式进行定义。

我们认为所谓的论元的倒置是指凸显等级上,级别高的或比较凸显的论元投射到句法等级上级别低的位置上,如宾语,而凸显等级上级别低的论元投射到句法等级上级别高的位置上,如主语。因此,倒置动结式的宾语位置上的论元要比其主语位置上的论元凸显。根据论元凸显等级,例(5)各句都是典型的倒置动结式,因为各句的宾语是第一个动词的施事,而主语是第一个动词的客体或受事。

(5) a　这些咸鸭蛋腌累了妈妈。

b　这篇文章写烦了小王。

c　毛衣织困了小红。

由于施事是最为凸显的论元,只要施事出现在倒置动结式的宾语位置上,其主语位置上可以是任何语义角色或论元。当动结式宾语位置上为施事时,其主语位置上除客体之外,还可以是表示活动的动词短语,如(6):

(6) a　送客户牛奶送晕了小王。

b　听讲座听困了大家。

c　喂孩子牛奶喂困了妈妈。(熊仲儒 2004:474;施春宏 2008:221)

施事一般比处所凸显。因此,倒置动结式的主语位置上可以是处所,如:

(7) a 小区里跑进了野猪。(张翼 2009:39)

b 食堂吃怕了我。(施春宏 2008:159)

c 教室坐满了学生。(吴淑琼 2013:22)

倒置动结式的主语还可以是范围,如:

(8) a 二十里路跑累了他。

b 一万米跑死了运动员。(吴淑琼 2013:23)

倒置动结式的主语还可以是工具或方式,如:

(9) a 那把钝刀砍累了张三。(Li 2013)

b 美声唱法唱红了他。(吴淑琼 2013:23)。

根据行为链上的能量流向,工具一般比客体(受事)凸显。所以,主语是动词的客体,而宾语是动词的工具的动结式也是倒置动结式,如:

(10) a 这些牛肉切钝了两把刀。(彭国珍 2011:89)。

b 这块大石头撬折了三根木棍。

c 这些玉米棒掰疼了手指。(施春宏 2008:227)

如果施事是动结式宾语的一部分,即动词的施事是动结式宾语的领属者,这样的动结式虽然不是典型的倒置动结式,也可算作边缘性的倒置动结式,如:

(11) a 军歌唱湿了每个人的双眼。

b 这件事哭累了张三的眼睛。

c 那个幽默故事笑弯了张三的腰。

一些情况下,领属者的施事可以隐含,如:

(12) a 资料看花了眼睛。

b 苹果吃坏了肚子。

如果动结式的主语在论元凸显等级上高于动结式的宾语,那就不是倒置动结式,而是一般动结式。张翼(2009)认为例(13)是倒置动结式。但“全中国”是处所，“香港粤语歌”是客体。客体一般比处所凸显。所以，我们认为例(13)不是倒置动结式，而是一般的动结式。

(13) 香港粤语歌唱红全中国。(张翼 2009:38)

如果动结式的主语论元和其宾语论元在论元凸显等级上位于相同的位置，那也不是倒置动结式，而是一般的动结式。张翼(2009)认为(14)是倒置动结式。但在(14)中，“一首歌”和“一部电影”都是客体。所以，我们认为例(14)不是倒置动结式，而是一般动结式。

(14) 一首歌唱红一部电影。(张翼 2009:40)

另外，张翼(2013)和熊学亮、魏薇(2014)认为(15)和(16)也是倒置动结式。“醉”和“倒”都是表示状态变化的非宾格动词。但在(15)和(16)中，“醉”是使动用法。我们认为(15)和(16)不是倒置动结式。

(15) 三瓶酒醉倒了老王。(张翼 2013:120)

(16) 这瓶酒醉倒了李四。(熊学亮、魏薇 2014:400)

总之，区别倒置动结式与一般动结式的标准是看动结式的宾语论元是否比主语论元在凸显等级上的位置高。倒置动结式可形式化为：NP1＋V1V2＋NP2。典型的倒置动结式的 NP1 是 V1 的客体或受事，而 NP2 是 V1 的施事，如上面例(4)和例(5)中的各句。为了避免混淆，在下面的行文中，我们有时在施事后面用括号标上 NP2，在客体后面用括号标上 NP1。

12.2 倒置动结式形成的认知理据

既然客体没有施事凸显，那为什么客体又被投射到主语位置上，而施事实现为宾语形成所谓的倒置动结式呢？一种广为接受的观点是客体在倒置动结式中是致事，而致事比施事更凸显，所以，客体被映射为主语，施事被表现为宾语（Li 1995，1999；Li 2009，2013；张翼 2009；熊学量、魏薇 2014）。例如，Li（2009，2013）认为客体的某种或某个特征而不是其行为导致施事发生变化。因此，客体成了致事。在（17）中，Li 认为是衣服的数量和材质导致张三累了。

（17）那包衣服洗累了张三。（Li 2009：390；2013：110）

其实，Li 忽视了施事与客体互动的作用。一方面，施事对客体的作用，使得客体才会对施事发生影响，产生致使作用；另一方面，施事自身的因素也是客体使施事发生变化的一个原因。例如，（18）中，“女教师”自身的因素，如酒量不大，也是其喝倒的原因。对于一个经常酗酒且酒量很大的酒鬼，（19）恐怕难以成立：

（18）二两酒喝倒女教师。（张翼 2009：36）

（19）？二两酒喝倒一个酒鬼。

张翼（2009）认为施事在倒置动结式中是经事（undergoer），但还可以探讨施事成了什么性质的经事。

我们将根据认知语法的行为链和语言对行为链的编码策略探讨倒置动结式形成的认知理据，并试图揭示施事和客体在倒置动结式中的性质。

如第二章所述，根据 Langacker（1990/2002，1991，1999，2008）的认知语法理论，世界上物体相互联系相互影响。一些物体本身能发出能量，而另一些物体主要接受能量。一物体发出能量，并将之传递给第二个物体，第二个物体吸收部分能量，并将剩余的能量传递给第三个物体。能量如此传递下去，直至最后被耗尽。这样，形成能量传递的行为链。表示发出能量的施事和能量传递所凭借的工具位于行为链的链头，而表示接受能量而引起变化的客体（受事）位于行为链的链尾。

受相互冲突的信息最大化和经济最大化原则制约——语言既要完完整整地表达全部所要传递的信息（如用 M 个词表达 M 个概念），又要用最少的语言资源，尽可能快速地表达所要传递的内容（如用一个词表达 M 个概念）（Horn 2006）。语言只能选择最凸显的成分来表征整个行为链（Talmy 2000a）。语言对行为链主要有两种编码策略或倾向（orientation）（Langacker 1999，2008；董成如 2014）。施事性策略从施事的角度，根据能量传递方向选择行为链上最凸显的参与者进行编码。施事是行为链的发起者，是最为凸显的射体，因此编码为主语。而客体是行为链上最后一个吸收施事所传递的能量并发生变化的实体，是除施事之外最为凸显的界标，因此编码为宾语。例如，John 抓起一块石头，将之扔向窗户，并打破窗户等动作构成的行为链中：John 是整个行为链的发起者，位于行为链的链头，而窗户是最终发生变化的实体，位于链尾。根据施事性倾向，整个行为链可编码为：

(20) John broke the window.

另一方面，客体不依靠施事所传递的能量或发生的作用，就能独立存在，因而具有高度的自主性。客体性策略从客体的视角，编码客体在整个行为链上发生最终变化的自主事件，但隐含施事对客体所发生的作用。根据客体性策略，上述 John 用石头打破窗户的行为链可编码为(21)，凸显窗户所发生的变化，但隐含 John 用石头打破窗户的行为：

(21) The window broke.

根据行为链理论，倒置动结式的行为链是：施事发出能量并传递给客体，客体吸收部分能量后，又将其余的能量传递给施事，使其发生状态变化。换句话说，施事作用于客体，客体被作用后又作用于施事，并使其发生状态变化。但倒置动结式只凸显整个行为链中客体对施事的作用，及其发生的状态变化。用认知语法的术语表达，倒置动结式的基体(base)是施事对客体发生作用，客体又反过来作用于施事并使其发生状态变化，而倒置动结式的侧面(profile)是客体对施事的作用及使其发生的变化。若从施事的视角识解动结式的行为链，则产生一般动结式或重动动结式；而从客体的角度识解动结式的行为链，凸显客体对施事的作用及其发生的状态变化，产生倒置动结式。例如，对于"妈妈"洗一大盆衣服，从而使"妈妈"累的行为链，从施事"妈妈"的视角识解则产生重动动结式(22a)；但若从客体——"那一大盆"衣服的角度识解，凸显"洗那一大盆衣服"对"妈妈"的作用及产生的结果，则产生倒置动结式(22b)。

(22) a　妈妈洗那一大盆衣服洗累了。

　　 b　那一大盆衣服洗累了妈妈。

又如，对于"张三"吃大鱼大肉导致"张三"变胖的行为链，若从施事"张三"的角度识解整个行为链，则产生重动动结式(23a)；若从客体"大鱼大肉"的角度识解行为链，凸显吃大鱼大肉对张三的影响，则产生倒置动结式(23b)：

(23) a　张三吃大鱼大肉吃胖了。

　　 b　大鱼大肉吃胖了张三。

倒置动结式的能量流程、侧面和基体可图示为图(一)。其中，淡线表示倒置动结式所隐含的部分，粗线表示倒置动结式的侧面；带箭头的双线表示能量传递方向，带箭头的曲线表示状态变化。里面的小方框表示倒置动结式的侧面，而外面的大方框表示倒置动结式的基体。

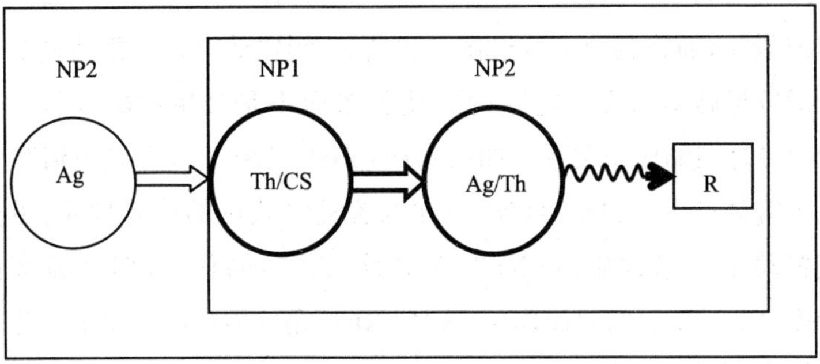

图 1　(图中,CS 表示致事)

从图(1)可看出,正是施事(NP2)作用于客体(NP1),给客体(NP1)提供了能量,才使客体(NP1)有可能作用于施事(NP2),并使其发生状态变化。如果没有施事(NP2)对客体(NP1)的作用,客体(NP1)的致使潜能永远得不到激活或释放,成为致事。而施事(NP2)又具有客体性质是因为施事(NP2)受到客体(NP1)的作用并发生状态变化。在上面(22b)中,如果"妈妈"不洗"那一大盆衣服","那一大盆衣服"也不会对"妈妈"发生作用,"妈妈"也不会累。同样,在(23b)中,如果"张三"不吃"大鱼大肉","张三"也不会变胖。所以,倒置动结式隐含或预设施事对客体的作用。

从图(1)还可看出,客体(NP1)具有双重角色,既接受施事(NP2)发出的能量,又输出能量作用于施事(NP2),即客体(NP1)除本身的角色之外,还是致事。而施事(NP2)既是能量的发出者,又是最后能量的吸收和变化者,也体现两重角色;即除施事本身之外,又充当客体角色。但倒置动结式主要凸显客体(NP1)因接受施事(NP2)发出的能量之后,对施事(NP2)的作用及其发生的状态变化,所以倒置动结式凸显客体(NP1)的致事性而抑制其客体性,凸显施事(NP2)的客体性而抑制其施事性。换句话说,倒置动结式主要将NP1的致事前景化，而将其客体背景化，将NP2的客体前景化，而将其施事背景化。意义上，倒置动结式也是凸显客体(NP1)与施事(NP2)之间的致使关系而不是施事(NP2)与客体(NP1)之间的施受关系。如果将图(1)改成图(2)，可以更清楚地揭示客体(NP1)和施事(NP2)在倒置动结式中的论元性质：虽然倒置动结式隐含施事(NP2)对客体(NP1)的作用，但凸显客体(NP1)对(NP2)的致使作用，客体(NP1)是施事(NP2)发生变化的直接致事(immediate cause)(Ungerer and Schmid 1996)。因此，客体(NP1)比施事(NP2)更凸显。所以，句法上，致使性的客体(NP1)实现为主语，而客体性的施事(NP2)实现为宾语。

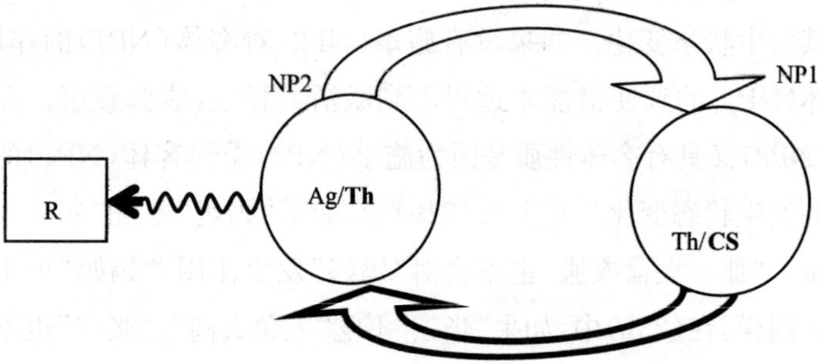

图2

12.3 倒置动结式对及物动词论元的抑制

倒置动结式涉及两个动词。第一个动词(V1)表示能量传递关系，而第二个动词(也可以是形容词)(V2)表示状态变化。第一个动词一般是及物动词或非作格动词，而第二个动词一般是非宾格动词，即使为非作格动词也被压制为非宾格动词。倒置动结式的论元实现主要与第一个动词的论元结构相关。

及物动词表示一实体对另一实体的作用，其论元结构包括施事和客体，而且施事比客体凸显。因此对于及物动词，倒置动结式一方面凸显其客体并与自身的客体(NP1)相整合，同时将及物动词的施事与自身的施事(NP2)融合起来；另一方面将整合后的客体(NP1)的致事前景化，将其客体背景化，将融合后的施事(NP2)的客体角色前景化，将其施事角色背景化。例如，“腌”涉及施事性的参与者——腌者，和客体性的需要腌制的食物，但腌的过程还会对腌者产生影响，即需要腌制的食物可成为致事，腌者成为受影响的客体。倒置动结式将(24)中的“那些鸭蛋”与自身的 NP1 整合，凸显其致事而抑制其客体角色，并将其映射为主语；另一方面，将“妈妈”与自身的 NP2 整合，凸显其客体角色但抑制其施事角色，最后将“妈妈”实现为宾语。

(24) 那些鸭蛋腌累了妈妈。

工具是及物动词的施事将能量传递给客体的媒介，而且工具位于行为链的链头，但没有施事凸显(Langacker 1990/2002, 1999, 2008)。当某人使用某种工具做某事时，工具也会对使用者发生影响，产生某种结果。语言使用者可凸显工具对施事的作用及产生的结果，即凸显工具的致使作用和施事所遭受的影响，但抑制两者本身的工具性和施事性，形成倒置动结式。例如，(25)中，“那把钝刀”既体现工具角色，又表现致事角色；而“张三”既表现施事角色，也体现客体角色。但(25)凸显“那把钝刀”的致事角色，抑制其工具角色；凸显“张三”的客体角色，抑制其施事角色。

(25) 那把钝刀砍累了张三。

先有施事，后有施事所从事的各种活动。施事比施事所从事的活动凸显。但施事所做的各种活动对施事本身也会产生一定的影响和某种结果,即活动本身也可以充当致事。倒置动结式可凸显活动的致使性,并通过总体扫描将其识解为名词并实现为主语,将施事映射为宾语,同时抑制其施事性,而凸显其客体性。同一场景,使用不同的识解方式将产生不同的结果。通过顺序扫描,人们可以将活动识解为动词或动词短语,而使用整体扫描,活动可识解为名词或名词短语(Langacker 1990/2002, 1999, 2008)。(26)通过整体扫描将"送考生通知书"识解为名词短语,表示一个事件或活动,而不是事件的过程;同时凸显其致使性,将其变为致事,并映射为主语。另一方面,抑制"校长"的施事角色,凸显其客体角色,并将其实现为宾语。

(26) 送考生通知书送累了校长。

上面主要讨论了倒置动结式对各种客体(NP1)和施事(NP2)的压制或抑制情况。现讨论倒置动结式对其他类型的 NP2 的抑制情况。

在行为链中,施事是通过工具将能量传递给客体的。工具和施事都位于行为链的链头,而客体位于行为链的链尾。根据行为链上的能量流向,工具虽然没有施事凸显,但在不关注施事的情况下,工具比客体凸显(Langacker 1990/2002, 1999)。当工具把施事发出的能量传递给客体时,客体接受能量后又会影响工具,并产生一定的结果。因此,语言使用者可凸显行为链上客体对工具的影响和产生的结果,形成倒置动结式。例如,人们用木棍撬其他物体时,撬物体的过程也会对木棍本身发生作用,并产生一定的结果。人们用刀砍物体时,砍物体的过程也会对刀本身产生影响。(27a)中,"这块大石头"既是"撬"的客体,又是"撬折三根木棍"的致事。但(27a)凸显"这块大石头"的致事角色,而将其客体角色背景化。"三根木棍"既是动词"撬"的工具,也是撬石头过程中遭受影响的客体。(27a)凸显“三根木棍”的客体角色，但抑制其工具角色，即将其工具意义背景化。同样，在(27b)中，“这些排骨”既是动词“砍”的客体，也是导致“新菜刀”变钝的直接致事。(27b)凸显“这些排骨”的致事角色，抑制其客体角色。而“新菜刀”既是“砍”的工具，也是砍排骨过程中蒙受影响的对象。“新菜刀”既表现工具角色，又体现客体角色。但(27b)凸显其客体角色，抑制其工具角色。

(27) a　这块大石头撬折了三根木棍。

b　这些排骨砍钝了新菜刀。

施事作用于客体，客体又会反过来作用于施事的相关事物——施事的领属物，如施事的身体器官——眼睛、肚子等。因此，倒置动结式的NP2可以是第一个动词的施事的领属物。倒置动结式对施事的领属物没有任何压制，但对客体(NP1)有压制——凸显其致事角色，抑制其客体角色。例如，在(28a)中，“电视”是“看”的对象或客体，但“看电视”行为会对看者——“孩子”的眼睛产生影响。(28a)对“孩子的眼睛”没有任何压制，但凸显“电视”的致事角色，而抑制其客体角色。又如，吃苹果的行为会对吃者的身体产生影响。在(28b)中，“苹果”是“吃”的客体，但其施事，即“肚子”的领属者没有表达出来。(28b)对“肚子”没有进行压制，但凸显“苹果”的致事角色，抑制其客体角色。

(28) a　电视看坏了孩子的眼睛

b　苹果吃坏了肚子。

总之，无论倒置动结式的NP1和NP2是其第一个动词的何种语义角色，倒置动结式都是凸显NP1的致事角色、NP2的客体角色，而抑制NP1和NP2的其他语义角色。

12.4 倒置动结式对非作格动词论元的抑制

非作格动词表示有意志的行为(willed or volitional acts)(Perlmutter 1978;Perlmutter and Postal 1984;Kuno and Takami 2004),如 walk, jog, laugh, cry, swim 等,和一些不由自主的身体过程(involuntary bodily processes),如 sleep, cough, sneeze 等。但人的有意志的动作或不由自主的身体行为都是受其他事件、物体或自身某个因素的触发而做出的。因此,一些非作格动词具有使动用法,即非作格动词除施事论元之外,还隐含致事论元。

从认知语法的角度看,或用认知语法的术语说,非作格动词表示施事发出能量,但不强调施事发出的能量对其他实体的影响。施事既是能量的来源,又是能量的表现者(Langacker 2008:356)。但施事发出的能量也会影响施事本身,并产生某种结果。所以,非作格动词的施事还可体现客体角色。倒置动结式可在较详细的层次上,激活并凸显非作格动词所隐含的致事,与自身的致事融合,实现为主语;同时凸显非作格动词的施事所体现的客体论元,抑制其施事角色,将之实现为宾语。例如,"哭"只有一个凸显的施事论元——"哭者"。但人们一般都是因为某件事或受某件事件的触动而哭的。除施事论元之外,"哭"还隐含致事。此外,"哭"的行为对哭者自身也会发生影响,并产生某种结果,如某人哭醒了或哭累了。因此,"哭者"除了是"哭"的施事之外,还体现客体角色。例(29a)在更详细的层次上,激活并凸显"哭"所隐含的致事——"梦里那件事",将其映射为主语。另一方面,激活并凸显"妹妹"所隐含的客体角色,将之映射为宾语,同时抑制其施事角色。同理,"笑"除施事论元——"笑者"之外,还隐含使某人发笑的致事,以及笑的动作对笑者自身所产生的影响和结果，即“笑者”还可以表现客体角色。(29b)也是在较细微的粒度上激活并凸显“笑”所隐含的致事——“那个梦”，并将其映射为主语。同时凸显笑者——“李四”所体现的客体角色，并将之实现为宾语，但抑制“李四”的施事角色。

(29) a　梦里那件事哭醒了妹妹。

b　那个梦笑醒了李四。

人是有目的的动物。人的行为都是基于某种目的或受某种目的的驱使的。因此，非作格动词除施事论元之外，所隐含的致事可以是目的，并对自身产生某种结果。即非作格动词的施事受某种目的的驱使，做出某个动作，并影响自身。例如，“跑”除施事论元——跑者之外，还隐含驱使跑者跑的目的，以及跑的动作或过程对跑者自身的影响或结果，即跑者还可体现客体角色。例(30)在较详细的层次上激活并凸显“跑”所隐含的目的致事，将之映射为主语；同时凸显跑者——“爸爸”所隐含的客体角色，并将之实现为宾语，抑制“爸爸”的施事角色。

(30) 贷款跑烦了爸爸。

处所一般不具有致使作用，成为非作格动词的致事论元。但吴淑琼(2013)、赵琪(2013)认为(31a)和(31b)为动结式语句，表示“某人实施了某个动作，致使处所性质发生了变化”(吴淑琼 2013：22)。张翼(2009：38)认为(31c)是倒置动结式。施事一般比处所凸显。如果根据非作格动词的处所投射到语法等级较高的主语位置，而其施事投射到语法等级低的宾语位置上的标准，(31)各句看视为倒置动结式(其实也可看作存现句)。但(31)各句中，非作格动词的施事也体现客体角色——认知语法所说的零事(Langacker 1990/2002，1999，2008)，表示各个非作格动词的施事所处的位置。(31)各句也是抑制"旅客"、"学生"、和"野猪"的施事角色,而凸显其客体角色,表示各个参与者所处的位置或状态。

(31) a　车站里挤满了旅客。

b　教室里坐满了学生。

c　小区里跑进了野猪。

但在(32)中,虽然"硬板床"是"睡"的处所,具有致使意义。(32)也是抑制"硬板床"的处所角色,凸显其致事角色,并将之实现为主语。例(32)对"我的腰"没有任何压制或抑制,下面还将简要说明。

(32) 硬板床睡痛了我的腰。

如前面所述,非作格动词的施事既是能量发出者,又是能量表现者或接受者。施事做出的动作也会影响施事自身并产生一定的结果。所以,一定量的动作也可以是非作格动词的致事,导致某种结果。(33)各句中的"二十里路"、"一万米"和"五分钟"都是专指施事所跑的量(吴淑琼 2013),是各句的致事;而各句的"我"、"运动员"和"我"既表现施事角色——执行跑的动作,又表现客体角色——遭受跑的动作的影响。(33)各句也是凸显"我"、"运动员"和"我"的客体角色,抑制其施事角色。

(33) a　二十里路跑累了我。

b　一万米跑死了运动员。

b　我近段时间身体很虚,五分钟就跑累了我。(吴淑琼 2013)

非作格动词的施事因受某实体的触发,做出某动作后还会影响施事的领属物,特别是自身的器官。当倒置动结式的 NP2 是施事的领属物时,倒置动结式对 NP2 就没有进行压制,但需在较详细的层次上激活并凸显做某个动词所隐含的致事。例如,人们一般受某事或事物的触发而笑，但笑的动作还会影响笑者的某个器官。例(34)对“我的腰”没有压制，直接将之实现为宾语，但需在细微的粒度上激活并凸显笑所隐含的致事——“那个幽默故事”，并将之实现为主语。

(34) 那个幽默故事笑弯了我的腰。

总之，倒置动结式一方面需要激活并凸显非作格动词所隐含的致事(存现句除外)，并将之实现为主语；另一方面，需要凸显非作格动词的施事所体现的客体并将之映射为宾语，同时抑制其施事角色(除非倒置动结式的 NP2 为非作格动词的施事的领属物)。

汉语还有一类倒置动结式，即结果短语不是由动词或形容词表达，而是由时量短语、动量短语、周遍性数量短语和钱物数量短语表达的(郭姝慧 2006)，如：

(35) a　那个实验做了他整整一个上午。

b　这篇论文改了我好几遍。

c　那碗面吃了我一身汗。

d　一个国际长途打了我整整一个月的工资。

虽然上面这类倒置动结式不是本书关注的对象，但也可以根据认知语法的行为链和识解分析其形成的机制——从客体的视角凸显客体对施事的致使作用及产生的结果，隐含或预设施事对客体的作用。上面这类倒置动结式也是凸显客体的致事角色，抑制其本身的客体性，凸显施事所表现的客体角色而抑制本身的施事性；同时在较详细的层次上凸显客体对施事的作用所产生的结果。

12.5　本章小结

施事作用于客体，客体反过来也会作用于施事。因此，客体会表现致事角色，而施事也会体现客体角色。倒置动结式是从客体的视角凸显客体对施事的作用，使其状态发生变化，但隐含施事对客体的作用。对于及物动词，倒置动结式凸显其客体所体现的致事角色，抑制其客体性并将之实现为主语；凸显施事所表现的客体角色，抑制其施事性，最后将其映射为宾语。对于非作格动词，倒置动结式则在更详细的层次上，凸显其所隐含的致事角色，将其实现为主语，同时凸显其施事所体现的客体角色，抑制其执行动作的施事性，最后将其实现为宾语。

第十三章　供用构式对动词论元的抑制

汉语供用构式，如(1)，是主宾语互易句、可逆句或国外学者所说的论元交换(argument alternation)构式中的一种句式(宋玉柱1986，1991；范晓 1989，2009；李敏 1998)，表示某物供某人(物)使用。供用构式可形式化为：NP1＋V＋NP2，其中动词前面的 NP1 为供用物，一般称为供用者，动词后面的 NP2 为供用物的获益者，一般称为供用对象。

(1) a　一锅饭吃了十个人。

　　b　一条板凳坐两个人。

　　c　一匹马骑两个人。

早期的李临定、范方莲(1960)、丁声树(1961/2004)、陈建民(1986)、李临定(1986)、宋玉柱(1986，1991)等前辈学者都对供用构式进行了重要的论述。近年，任鹰(1999，2005)、丁加勇(2006)、刘街生(2009)、鹿荣(2010，2012)、鹿荣、齐沪扬(2010)等都对供用构式进行了深入的研究。但供用构式的研究中主要存在的问题是：对供用构式的界定没有形成统一的标准；没有对供用句进行统一的分类；供用构式形成的认知机制有待于进一步研究；还没有完全揭示供用构式中动词论元的性质。本章首先对供用构式进行界定和分类，然后根据认知语法的行为链和识解理论探讨供用构式形成的认知机制，最后分析供用构式如何对及物动词和非作格动词的论元进行抑制，从而试图揭示供用构式中动词论元的性质。

13.1 供用构式的界定

供用构式没有形式标志，而是根据意义界定的。一般认为供用句表示一定量的物或某物供一定量的人或物使用（宋玉柱 1986；范晓 1989，2009；任鹰 1999，2005；丁加勇；2006；刘街生 2009；鹿荣 2012）。供用构式可改写为：NP1 供 NP2＋V。例如，例(2)各句可改写为例(3)：

(2) a　一瓶酒喝三个人。

　　b　一条被子盖四个人。

　　c　一张床睡三个人。

(3) a　一瓶酒供三个人喝。

　　b　一条被子供四个人盖。

　　c　一张床供三个人睡。

作为 NP1＋V＋NP2 的供用构式一般可转换为 NP2＋V＋NP1 的句式（也正因为可以转换，供用句才被当作主宾语互易句或可逆句的）。下面例(4)各句可转换为相应的例(5)：

(4) a　一条被子盖三四个人。

　　b　一盆水洗六个人。

　　c　一锅饭吃十个人。

　　d　一条板凳坐十个人。

(5) a　三四个人盖一条被子。

b 六个人洗一盆水。

c 十个人吃一锅饭。

d 十个人坐一条板凳。

正是因为例(4)各句可转换成例(5)各句,陆俭明(2004b:414)认为上述例(4)和例(5)各句都可以概括为“容纳量——容纳方式——被容纳量”的句式,即常说的供用构式。任鹰(1999:1-2)则认为例(4)和例(5)都是表示“一种数量对比关系,即一定量的事物可供给一定量的人或物使用”,基本上是同一结构。邹海清(2004:64)则进一步认为例(4)各句变换成例(5)后,例(5)各句仍然是供用句。我们认为供用构式的核心意义是“供用”,强调供用者与供用对象之间的供用关系。构式语法认为各种构式之间有联系,但不认为构式之间具有转换关系(Goldberg 1995,2006)。例(4)各句都是某物供某人使用的供用构式,都可用“NP1 供 NP2+V”来测试。如果不带动态助词或体标记“了”和“过”,例(5)各句至多表示“分配”意义;若例(5)各句带体标记“了”和“过”,各句则为动作句或事件句,表示某人做了某事,不含有供用意义。此外,例(5)各句也不能用“NP1 供 NP2+V”来测试,如“三四个人供一条被子盖”不可接受。因此,我们认为例(4)各句是供用句,而例(5)各句不属于供用构式。

宋玉柱(1986:74)认为供用构式的宾语都是施动的,即供用构式的 NP2 是施动者,即施事。范晓(1989,2009:256)也认为供用构式的 NP2“必须是施事”,供用构式是一种主事(即施事)后现句。但宋玉柱(ibid.)又认为“里屋住人,外屋放东西”与供用构式具有相似之处——都有“可供”或“供用”的意义,可仿照供用句进行分析。不过宋玉柱同时还指出“里屋住人”的宾语是施动的,为动词的施事,而“外屋放东西”的宾语是受动的,为动词的受事。这就引发了“外屋放东西”是不是供用句的问题。任鹰(1999:1,2005:19)则进一步认为例(6)各句也是供用句,并认为“供用句的动词都应当附有一种‘给予’义,或者说,句中动词的语义特征是‘动作+给予’的复合”。

(6) a 一本书卖两个人。
  b 三份礼物送三个人。
  c 一百元钱奖三名学生。
  d 一碗饭喂两个孩子。

自任鹰(ibid.)将例(6)当成供用句处理之后,邹海清(2004)和鹿荣(2010,2012)也将类似的语句当成供用句。这样,供用构式的NP2就不局限于动词的施事,而可以是动词的受事,如(7a)和(7b),或时间,如(7c)和(7d)。此外,鹿荣(2010, 2012)还进一步肯定这样的观点——出现在供用句中的动词必须含有“给予”的意义。

(7) a 两米布裁一件西装。
  b 一张纸包两本书。
  c 一筐苹果卖了一天。
  d 一包烟吸了一天。

既然供用构式是根据意义而不是根据形式界定的,那就应该根据意义来判定一些句子是否属于供用句。供用构式的基本意义是“供用”——某物供某人使用。“供用”隐含或预设“给予”的意义,“给予”是“供用”的前提。没有“给予”也就没有“供用”。另一方面,“给予”预示“供用”,但不能确保“供用”意义。所以,只有“给予”意义而没有“供用”意义句子也不属于供用句。所以,我们认为供用构式中的动词必须隐含“供用”意义,而不是“给予”意义,或者说,动词在供用构式中表示各种不同的供用方式。

对于例(6)这样的语句有两种解读。一种是任鹰(1999)和鹿荣(2010,2012)所说的"给予"义解读,而且各句都可以加"给"字,如例(8)。这样,"动词的'给予'义与'动作'义可被剥离开来"(任鹰 1999:2)。若例(6)各句作"给予"义解读,就不属于供用句式。

(8) a　一本书卖给两个人。

b　三份礼物送给三个人。

c　一百元钱奖给三名学生。

d　一碗饭喂给两个孩子。

但例(6)各句的还有"供用"义的解读,表示某物供某人做某事;或某物供某人对另一物实施某个动作或活动,只是动作的实施者——施事没有明确表达出来;或者说某物可用来对另一物实施某动作,强调某物对进行某种活动的用处。"用来"是表示"功用"的(储泽祥、曹跃香 2005)。对于 NP2 不是施事的句子,可用"NP1 可用来供某人+V+NP2"或"NP1 可用来+V+NP2"来测试。例如,(6a)可表示"一本书"可供某人卖给两个人,或"一本书"可用来或用于卖给两个人;(6c)可表示"一百元钱"可供某人或某学校奖励三名学生,或"一百元钱"可用来奖励三名学生。根据供用意义进行解读,例(6)各句也可看成供用句。宋玉柱(1986:74)所说的"外屋放东西"也可看作供用句,表示"外屋"供某人放东西或表示"外屋"可用来放东西。这样,供用构式的 NP2 除是动词的施事之外,还可以是接受者,也可以是受事或客体,如例(9),或时间,如例(10):

(9) a　一瓶牛奶喂了两个孩子。

b　一根绳子拴一只狗。

(10) a　三本书看一个月。

b　一筐苹果卖了一天。

所以，供用构式既可以表示某物供某人使用，动词后面的 NP2 是动词的施事，如上面例(1)到例(5)各句；也可表示某物用来做某事，或某物供某人对另一物实施某动作，但某人不表达出来。动词后面的 NP2 不是动词的施事，而是其他语义角色，如上面的例(6)、例(7)、例(9)和例(10)各句。

13.2 供用构式的类型

二十一世纪之前，人们一般不对供用句进行分类。进入新世纪之后，随着供用句研究范围的扩大，学界开始注意对供用构式进行分类。邹海清(2004)根据供用句的动词前 NP1 和动词后 NP2 的论元性质将供用句分为四类：受事＋施事；受事＋对象；处所＋施事；材料＋受事。但邹海清没有将材料和工具分开。鹿荣(2012)也同样根据供用构式中动词前后 NP1 和 NP2 的论元性质或语义格，将供用句分为十大类。鹿荣的分类比较全面，但也比较繁琐，有为了分类而进行分类之嫌。

为了更好地探讨供用构式形成的认知机制，也为了探讨供用构式如何对动词的论元进行抑制，特别是对动词前面 NP1 的抑制，我们只根据供用构式中动词前面的 NP1 与动词的语义关系，在鹿荣(2012)等人研究的基础上，将供用构式分为如下五类：

(一) NP1 为动词的受事，表示某物供某人使用，如(11a)；或某物可以用来对另一物实施某动作，如(11b)；或某物可以用来做多长时间的事情，如(11c)：

(11) a　一壶水喝了三个人。

b　一碗饭喂了三个孩子。

c　一包烟吸了一天。

（二）NP1 为动词的处所，表示某处所供某人使用，如（12a）；或某处所可用来做某事，如（12b）：

（12）a　一张床上睡两个孩子。

　　　b　一间牢房里关两个犯人。

（三）NP1 为动词的工具，表示某工具可用来做某事，如（13a）；或某工具供某人用实施某动作，如（13b）：

（13）a　一块磨刀石磨三箱菜刀。

　　　b　一根绳子跳两个人。

（四）NP1 为动词的材料，表示一定量的材料可用来生产或制造一定量的产品，如（14）：

（14）a　三斤面揉一锅馒头。

　　　b　两米布裁一件西装。

（五）NP1 为动词的时间，表示一段时间可用来做某事，如（15a）；或一段时间供某人做某事，如（15b）：

（15）a　一年写一本书。

　　　b　十分钟讲一个人。

总之，不管哪种类型的供用句，动词前面的 NP1 都具有供用作用，体现供用者角色。

13.3　供用构式形成的认知机制

语言不是镜像般地反映客观现实，而是根据交际需要，认识凸显等因素选择最重要、最凸显、说话人最想表达的信息代表所要传递的全部信息。因此，一个表达式的意义不是等于它的真值条件意义，而是等于概念化（Langacker 1990/2002，2008）。概念化的一个重要因素是识解——人们对同一客观场景或事件从不同的角度，在不同的详细程度上进行感知和描写，有选择性地凸显所要表达的内容。感知的视角不同，感知的结果就不一样（王希杰2003）。例如，对于同一条路，从路的一头会感知到路变宽了，而从路的另一头只能感知到路变窄了。对于装了一半水的杯子，从杯子的底部往上看，会看到杯子是半满的，而从杯子的顶部往下看，会看到杯子是半空的。对于商品交易事件，可从买者、卖者、商品本身等不同的角度进行感知和描述。"横看成岭侧成峰，远近高低各不同。"站在不同的视角，将得到不同的感知结果。此外，对于同一场景中的不同的物体给予不同的凸显或注意，将产生不同的意义。例如，对于桌子放着一盏灯的场景，若凸显灯，或将灯作为图形或射体，而把桌子作为背景或界标来刻画灯的位置，则表达为"The lamp is above the table"。但人们也可以将注意力集中或聚焦于桌子，即把桌子作为图形或射体，而把灯作为背景或界标来描写桌子的位置，则表达为"The table is below the lamp"。因此，不同的认知凸显和认识角度或视角将产生不同的表达式，传递不同的意义。

世界上的物体相互联系，相互作用。一物体或实体发出能量，并传递给第二个物体，第二个物体接受部分能量后，并将其余的能量传递给第三个物体。能量如此传递下去，直至最后被耗尽。这样，形成能量传递的行为链。行为链上的参与者扮演的角色和凸显程度不同。施事是能量的发起者，最为凸显，而工具是能量传递的中介或媒介，与施事一起处于行为链的链头。客体或受事是接受能量并发生变化的实体，位于行为链的链尾，是次要凸显的实体。一个基本的行为链可由施事与客体之间的能量互动构成。而最小的行为链可由既是能量发出者又是能量表现者一个实体构成（Langacker 1990/2002, 1999, 2008）。

供用构式也是从行为链上的某个参与者的视角，凸显该参与者对其他参与者的供用作用或用处而形成的。先有供用者，然后才有供用对象。某种意义说，供应者是一种致事论元。所以，供用者比供用对象更凸显。供用者是凸显的射体，映射为主语，而供用对象是界标，实现为宾语。供用构式（准确地说语言使用者）从受事的视角，可凸显受事对施事的供用作用，形成供用句。例如，“喝”凸显喝者与所喝之物之间的互动关系。例（16a）是从施事的视角，编码“喝”所构成的行为链，表示“两个人”所做的事情。“两个人”是主要凸显的图形或射体，而“一杯水”是次要凸显的背景或界标，分别映射为主语和宾语。但例（16b）从受事的角度，即从“一杯水”的视角，识解“一杯水”与“两个人”之间的供用关系。图形和背景根据不同的认知需要可以倒置。在（16b）中，“一杯水”是供用者，成了主要凸显的图形或射体，因而编码为主语，“两个人”为供用对象，成了次要凸显的界标，编码为宾语，整个句子强调“一杯水”供“两个人”喝的供用作用。

（16）a　两个人喝了一杯水。

　　　b　一杯水喝了两个人。

供用构式（准确地说语言使用者）也可从受事的视角，凸显受事对其他参与者的供用功能，形成供用句。例如，（17）是从“喂”的受事——“一碗饭”的角度，凸显其对他人喂“两个孩子”的供用作用。因“一碗饭”供用作用被凸显，所以是射体，句法上映射为主语；而“两个孩子”为供用对象或接受者，是次要凸显的界标，句法上实现为宾语。

（17）一碗饭喂两个孩子。

供用构式也可从行为链上的工具和材料的视角，凸显工具和材料对某人做某事的供用作用。例（18a）是从“一块磨刀石”的视角，凸显其供某人磨“三箱菜刀”的作用。因“一块磨刀石”受到凸显，因此是射体，实现为主语，而“三箱菜刀”次要凸显的界标，实现为宾语。同样，(18b)从材料“两斤毛线”的角度，凸显其供某人织“一条裤子”的作用。因此，“两斤毛线”因其供用作用是凸显的射体，实现为主语，而“一条裤子”是次要凸显的界标，映射为宾语。

(18) a　一块磨刀石磨三箱菜刀。

b　两斤毛线织了一条裤子。

人类的一切活动都是发生在一定的空间和时间范围之内。一定的处所和时间为人类的活动提供了合适的便利。语言使用者可从处所和时间的视角，凸显处所和时间对某人做某事的供用功能。例如，(19a)从“篮子里”的视角凸显其供某人放二百只鸡蛋的作用。所以，“篮子里”受到凸显，是注意的焦点，实现为主语，而“二百只鸡蛋”本来就是“放”的受事，是次要凸显的界标，实现为宾语。(19b)是从时间的角度，凸显“三个小时”对某人炖一锅汤的供用作用。因此，“三个小时”是凸显的射体，句法上实现为主语，而“一锅汤”本来就是“炖”的受事，是次要凸显的界标，实现为宾语。

(19) a　篮子里可以放二百只鸡蛋。

b　三个小时炖一锅汤。

总之，供用构式形成的认知机制是视角和凸显，即从行为链上客体性参与者角度，或从处所、时间角度，凸显其对其他参与者的供用作用，其论元结构包括供用者和供用对象。由于供用者比供用对象凸显，供用者实现为主语，而供用对象映射为宾语。

13.4　供用构式对及物动词论元的抑制

任鹰(1999，2005)认为在上面例(1)和例(2)的供用句中，动词后面的名词短语除表示施事角色之外，还体现受事角色，但仅仅认识到这一点还没有完全揭示动词后面的名词短语在例(1)和例(2)中的性质。此外，还需要探讨供用构式中动词前面的名词短语所表现的其他语义角色。

如前面所述，供用构式表示某物供某人或另一物使用，或某物供某人对另一物实施某动作，其论元结构包括供用者和供用对象，分别实现为主语和宾语。正因为供用构式表示某物供某人使用，所以，供用动词必须是自主动词(鹿荣 2012)，即施事性的及物动词和非作格动词。但供用构式的乖戾之处是没有一个动词的论元结构和供用构式完全吻合。表面看来，供用构式中动词前面 NP1 是动词的受事、处所、工具、材料或时间，而不是供用者；动词后面的 NP2 是动词的施事等语义角色，而不是供用对象。因此供用构式需要对动词的论元结构进行压制，尤其是进行抑制，使动词的论元结构与构式相一致。

如前面所言，进入供用构式的动词必须包含供用意义，体现供用方式。因此，在供用构式中，动词的参与者也必然体现供用者和供用对象的语义角色。构式有其自身的意义和论元结构。供用者和供用对象是供用构式本身的论元。当动词的参与者同时体现供用者和受事/处所/工具/时间/材料等两种语义角色时，供用构式可凸显参与者的供用者角色，而抑制其受事/处所/工具/时间/材料的语义角色。同理，当动词的参与者同时体现供用对象和施事的语义角色时，即使施事的角色比较明显，供用构式也是凸显与其自身相一致的供用对象的语义角色，而抑制其施事角色，即将其背景化。这样，动词的论元结构被压制成与构式相一致。

及物动词表示施事与受事之间的互动关系。施事一般指有意志的人，而受事一般是事物。事物具有供人使用的价值，而人也有利用事物的倾向性。当及物动词的参与者既表现为受事,又隐含供用来源或供用者的语义角色,而另一参与者既体现为施事,也隐含供用对象时,供用构式可凸显参与者的供用者角色,抑制其受事角色,并将其映射为主语,凸显另一参与者的供用对象角色,而抑制其施事角色,并将其实现为宾语。因此,在及物动词构成的供用句中,参与者之间的施受关系被背景化了,而供用关系被凸显而前景化了。例如,"吃"的参与者为施事性的吃者和受事性的被吃的食物,但食物又是吃者的受益来源,即事物可充当供用者角色;而吃者自身又是吃的动作的受益者,体现供用对象角色。供用构式可抑制吃者的实施动作的施事意义而凸显其受益性,抑制食物的受事性,凸显其供用作用,即凸显"吃"的参与者,如(20)中的"一锅饭"的供用者角色。而抑制其受事角色,将其实现为主语,同时凸显"吃"的另一参与者,如(20)中"十个人"所表现的供用对象角色,抑制施事角色,并将其映射为宾语。虽然"一锅饭"和"十个人"与"吃"在(20)中具有施受关系。但整个句子将"一锅饭"的供用者角色前景化,将受事角色背景化,将"十个人"的供用对象角色前景化,将其施事角色背景化。也正因为如此,"一锅饭"被实现为主语,而"十个人"被实现为宾语。

(20) 一锅饭吃了十个人。

事物还可以供某人对另一人或事物实施某种活动,或用来做某事。所以,有些及物动词除包括能体现供用者角色的受事、施事之外,还包括接受者角色。由于供用构式只包括供用者角色和供用对象角色,即接受者角色。供用构式可凸显受事性参与者的供用者角色,并将之实现为主语,同时剪切及物动词的施事,保留及物动词的接受者角色(即供用构式对及物动词的接受者没有压制),并将其映射为宾语。例如,"喂"的论元结构包括施事——喂者，受事——所喂之物，和喂的对象——接受者，即供用对象。但所喂之物又是接受者的受益来源，即能体现供用者角色。例如，供用句(21)抑制“一斤草”的受事角色，凸显其供用者角色，并将其实现为主语。同时剪切“喂”的施事，但保留其接受者角色（即供用对象）——“三只兔子”，并将其实现为宾语，整个句子凸显“一斤草”与“三只兔子”之间的供用关系。

(21) 一斤草喂三只兔子。

事物不仅可以供某人使用，还可以供某人从事或实施某一活动或动作。丁声树等（1961/2004：88）认为时间短语可以作准宾语，表示“行为经历的时间”，如“三天三夜”在“打了三天三夜，把敌人打退了”就是准宾语。我们认为如果供用构式的 NP2 是时间短语，时间短语不是供用对象或接受者，时间短语表示动作的数量，即某物供某人实施某动作的量。这样某物与动作之间构成供用关系。时间短语是动词的可有论元。供用构式只需对及物动词的受事进行抑制，即凸显及物动词受事的供用作用——供用者角色，并将其受事性背景化，同时剪切及物动词的施事。例如，在(22)中，虽然“一本书”是“看”的受事，但整个句子抑制其受事角色，凸显其供用者角色，将其映射为主语。同时剪切“看”的施事——看者，并将时间短语——“两个月”实现为旁语，整个句子凸显“一本书”与“看了两个月”之间的供用关系。

(22) 一本书看了两个月。

处所不仅是事件发生的场所，而且具有供人们进行某种活动或实施某种动作的作用。因此，处所也具有供用功能，体现供用者角色。供用构式可凸显处所的供用者角色，将其处所性背景化，并将其实现为主语；同时剪切及物动词的施事，并将及物动词原来的受事实现为宾语，凸显处所和及物动词与其受事所表示的动作之间的供用关系。例如,(23)抑制"篮子里"的处所角色,但凸显其供用者角色,并将其实现为主语。此外,(23)还需要剪切及物动词——"放"的施事,即放者,并将"放"的受事——"二百个鸡蛋"映射为宾语。这样,整个句子凸显"篮子里"与"放二百个鸡蛋"之间的供用关系,即篮子里可供某人放二百个鸡蛋。

(23) 篮子里可以放二百个鸡蛋。

工具是供人们使用的,即供某人对另一物体实施某种动作。因此,工具也具有供用作用,体现供用者角色。供用构式可凸显工具的供用者角色,抑制其工具性,并将其实现为主语,同时剪切及物动词的施事,保留其受事并将之映射为宾语,凸显工具与及物动词和其受事所表示的动作之间的供用关系。例如,动词"铐"涉及工具——镣铐或手铐。(24a)抑制"一副手铐"的工具角色,凸显其供用者角色,同时剪切"铐"的施事——铐者,并将"铐"的受事——"两个犯人"实现为宾语,整个句子凸显"一副手铐"与"铐两个犯人"之间的供用关系,即一副手铐供(某人)铐两个犯人。同样,(24b)中带下划线的句子也是剪切"喝"的施事,凸显"一个咸鸭蛋"的供用者角色并将其实现为主语,同时抑制其工具角色,将"喝"本来的受事"两顿酒"实现为宾语。

(24) a 一副手铐铐两个人。

b 他爱喝一点酒,酒菜不过是一个咸鸭蛋,而且一个咸鸭蛋能喝两顿酒。(汪曾祺《蒲桥集》:354)

虽然 Fillmore(1968)、Dowty(1991)及 Levin & Rappaport(2005)所综述的各种题元等级表中都没有提及材料论元,但林杏光等(1994)、任鹰(2005)等人的研究中都探讨了材料格或论元。在供用句中,NP1 为材料的句子为数不少(鹿荣 2012),如:

(25) a 二两麻线搓一根麻绳。

b　两米布裁一件西装。

c　一两丝线绣两朵花

d　一斤馅儿包二斤饺子。

事实上，材料是供人们生产、制造产品的不可缺少的事物。因此，材料也具有供用功能，体现供用者角色。供用构式可凸显材料的供用者角色，抑制其材料性能，并将其实现为主语；同时剪切及物动词的施事，保留及物动词的受事并将其映射为宾语，凸显材料与及物动词和其受事所表达的动作之间的供用关系。例如，(26)凸显“半斤米”的供用者角色，抑制其材料性能，并将其表现为主语；同时剪切“熬”的施事——熬煮者，不表达出来，并将“熬”的受事——“一锅粥”表现为宾语，凸显“半斤米”与“熬一锅粥”之间的供用关系，即表示“半斤米”供(某人)熬一锅粥，或“半斤米”可用来熬一锅粥。

(26) 半斤米熬一锅粥。

时间虽是无限的，但对个体和每一个活动来说都是有限的资源，也具有供一定量的人使用，或供某人做某事的供用功能。因此，时间也具有供用性，体现供用者角色。供用构式可凸显时间的供用者角色，抑制其本身的时间性，并将其与自身的供用者论元整合，映射为主语；同时凸显及物动词的施事所体现的供用对象角色，抑制其执行某动作的施事性，将之实现为宾语。并剪切及物动词的受事，不表达出来，表示某段时间供某人使用；或剪切及物动词的施事，保留其受事并将之实现为宾语，表示一段时间供某人做某事的意义。例如，(27a)凸显“五分钟”的供用者角色，抑制其时间性，并将其实现为主语，剪切“讲”的受事——讲话的内容，抑制“一个人”的施事角色，凸显其所表现的供用对象角色，表示五分钟供一个人讲的意义。但(27b)除凸显“三天”的供用者角色并将其实现为主语外，剪切“修”的施事，并将其受事——“一个亭子”映射为宾语，表示“三天供(某人或某些人)修一个亭子”或“三天可用来修一个亭子”的意义。

(27) a 五分钟讲一个人。

b 三天修一个亭子。

总之，供用构式凸显及物动词参与者所体现的供用者角色，抑制其受事、凸显另一参与者的供用对象角色，抑制其施事角色，并将之映射为宾语，表示某物供某人使用。供用构式也可凸显处所、工具、材料或时间等语义角色所表现的供用者角色，而抑制其本身的语义角色。并将其实现为主语，同时剪切及物动词的施事，将其受事实现为宾语，凸显处所、工具、材料、时间和及物动词与其受事所表示的动作之间的供用关系。

13.5 供用构式对非作格动词论元的抑制

非作格动词只有一个施事论元而没有受事论元。所以，非作格动词不可能像及物动词那样形成“受事＋V＋施事”式的供用句。非作格动词表示施事发出能量，并不表示施事用材料生产、制造任何产品。因此，非作格动词也不可能像及物动词那样构成“材料＋V＋受事”式的供用句。但非作格动词除了施事论元之外，还涉及处所、时间和工具(施事运用工具做某事)。因此，非作格动词可构成“处所＋V＋施事”、“工具＋V＋施事”和“时间＋V＋施事”等三种类型的供用句。

事实上，非作格动词构成的供用句最多的是“处所＋V＋施事”的形式。“坐、站、骑、挤、睡、住、趴、蹲、走”等都可构成供用句(鹿荣 2012)，如：

(28) a　一张桌子上趴三个孩子。

b　前面站矮个儿,后面站高个儿。

c　桥上走行人,桥下过汽车。

d　一间牢房里蹲三个犯人。

如上一节所述,处所不仅是事件发生的场所,而且是供人们从事某种活动,执行某种动作,即供人们做事情的。因此,处所具有供用作用,体现供用者角色,而动作的执行者或实施者又是处所的供用对象。因此,供用句中的非作格动词的参与者既体现施事角色,又表现供用对象角色。供用构式只有供用者和供用对象两个论元,分别实现为主语和宾语。因此,供用构式不仅凸显非作格动词所隐含的处所论元,而且凸显处所论元所表现的供用者角色,抑制其处所性,并将其实现为主语。同时凸显非作格动词的施事所表现的供用对象角色,抑制其施事性,并将之实现为宾语,表示某处所供某人执行某动作的意义。例如,(29)凸显"一条板凳"的供用者角色,抑制其处所角色,并将其实现为主语。同时抑制"三个人"的执行坐下去的动作和维持坐的姿势的施事角色,凸显其供用对象角色,并将之映射为宾语,表示"一条板凳供三个人坐"的意义。

(29) 一条板凳坐三个人。

非作格动词的施事有时需要借助于某种工具才能执行某种动作,而工具不仅是一种物体,而且是供人们使用的,具有使用价值,体现供用者角色。因此非作格动词的施事也会成为工具的供用对象,体现供用对象角色。供用构式可凸显工具的供用者角色,抑制其工具性,并将之实现为主语;凸显非作格动词的施事的供用对象角色,抑制其执行动作的施事性,并将其映射为宾语,从而凸显工具与非作格动词施事之间的供用关系。例如,人们可以不借助于任何工具在操场上自行跑步,也可以借助于跑步机跑步。(30a)凸显“一台跑步机”的供用功能,将其体现的供用者角色前景化,而抑制其工具性,并将之实现为主语;凸显“两个人”的供用对象角色,抑制其施事角色,并将其表现为宾语。这样,整个句子凸显“一台跑步机”与“两个人”之间的供用关系,即“一台跑步机供两个人跑”。同理,(30b)也是凸显“一根绳子”的供用者角色,抑制其工具性,并将其表现为主语;凸显“三个人”的供用对象角色,抑制其施事角色,并将之实现为宾语。这样,整个句子表示“一根绳子供三个人跳”的意思。

(30) a 一台跑步机跑两个人。

b 一根绳子跳三个人。

对个体、某个动作或某项活动而言,时间是有限的资源。一定量的时间内只能实施一定量的动作,进行一定量的活动。因此,时间对一定量的动作而言具有供用作用,体现供用者角色,而供用对象则为动词和动量词所表示的一定量的动作。供用构式可凸显时间的供用者角色,抑制其一维的时间性,并将其实现为主语;剪切非作格动词的施事,将其动量词映射为旁语或补语,表示动作的量。例如,(31a)和 (31b)都是凸显“一天”、“一分钟”的供用者角色,抑制其时间性,并将其映射为主语,剪切非作格动词“走”、“跳”的施事,不表现出来,同时将“五个村”和“二十次”实现为旁语,突出“一天”与“走了五个村”、“一分钟”与“跳了二十次”之间的供用关系。

(31) a 一天走了五个村。

b 一分钟跳了二十次。

总之,非作格动词只有一个凸显的施事论元,但涉及处所、工具和时间论元。供用构式可凸显处所、工具论元所体现的供用者角色，抑制其处所性和工具性，凸显非作格动词的施事所表现的供用者角色，抑制其施行动作的施事性，从而使整个句子表示处所或工具与施事之间的供用关系。时间也具有供用功能。供用构式可凸显时间的供用者角色，剪切非作格动词的施事，使产生的句子凸显时间和非作格动词与其动量词所表示的动作的量之间的供用关系。

13.6　本章小结

供用构式表示某物供某人（物）使用，或某物用来供（某人）对另一物实施某动作。供用构式的论元结构包括供用者和供用对象，分别实现为主语和宾语。供用构式形成的认知机制主要是视角和凸显：从行为链上的受事或工具（包括材料）角度凸显其对其他参与者，特别是施事的供用作用，或从处所、时间的角度凸显其对某动作的供用功能。无论动词前面的名词短语是受事、工具、材料、处所或时间，供用构式都是凸显这些语义角色所体现的供用者角色，抑制受事、工具、材料、处所和时间等语义角色的本身特性。当动词后面的名词短语所表现的语义角色为施事时，供用构式抑制其施行某动作的施事性，凸显其表示的供用对象角色。供用构式对动词后面名词短语所表示的其他语义角色没有进行抑制。

第十四章 结 语

14.1 本书的主要内容

投射主义的确能解释动词的论元结构与其所在的句子一致的情况，但对动词的论元结构与句子不同的情况束手无策。构式语法主要探讨了构式给动词论元结构增容的情况，但还需要探讨构式给动词增加额外论元的机制和基础，以及其他动词的论元结构与构式不同的情况。针对投射主义和构式语法研究中存在的问题，本书试图将认知语法的识解观和压制整合起来，建构构式对动词论元压制的理论框架，探讨构式的形成以及如何将动词的论元结构压制为一致，并根据凸显等级映射到相应的句法位置上。

识解是指人们对同一事件或事物以不同的方式进行感知和描述(Langacker1990/2002,2001,2008)。识解包括详略度、视角、扫描、凸显等因素。详略度指人们在不同的详略层次或粒度上认识事物或事件。视角指认识事件的角度和方向。不同的视角将产生不同的意义。扫描指心智以不同的方式审视事件，包括总体扫描和顺序扫描。总体扫描凸显事件的整体状态而顺序扫描凸显事件的过程。名词是总体扫描的结果，而动词表示顺序扫描。凸显指注意力的聚焦。人们一般根据认知目的和认识对象的特征将注意力聚焦于某一实体，而将其他实体背景化。

认知语言学认为语言不是自治的，而是人类基本认知能力的有机组成部分。同样，句法也不是自治的（Langacker 1990/2002, 2003a）。句法结构是对人类基本经验识解的编码。人类各种基本经验可用行为链表征。从不同的视角，凸显整个行为链，或行为链的不同部分将产生各种句法结构或构式。构式一旦确定，便具有自身且独立于动词的论元结构，凸显等级和句法关系。

理解一个词或表达式的意义既要参照它所明确表达的意义，也要参照与之相关的百科知识或认知域的意义（Langacker 2008）。因此，词项意义由明确表达并指示语言使用者主要注意的显义（profile），和与显义相关的域义（base 或 domain）组成。语义结构决定论元结构。动词有显义和域义之分，我们认为其论元也有显论元和域论元（或称为隐含论元）之分。例如，"吃"的显论元是施事和受事，即吃者和食物；而其域论元包括处所、工具、方式等。若强调吃的处所，则有"吃食堂、吃馆子"等；若强调吃的工具，则产生"吃大碗、吃小碗"等。包括显论元和域论元在内的论元结构是构式对动词进行压制的基础。

构式与动词的关系是大整体与小整体的关系。作为大整体的构式对动词具有主导、压制作用。如果动词的论元结构与构式不一致，构式便对动词进行压制，使其与构式相一致，并根据构式的凸显等级映射到相应的句法位置。本书提出的基于识解的压制模式或框架是：当动词的论元结构与构式不一致时，构式便以动词的显论元和隐含的论元为基础、以识解为机制，遵循一致原则，将动词的论元压制成与构式相一致，即构式从某个视角、在不同的详细层次上，挑选并凸显与构式相一致的论元，剪切或舍弃与构式不一致的论元，或用动词所隐含的论元替换与构式不一致的论元，或将动词所表示的过程通过总体扫描成为构式所需要的论元。若动词的参与者同时带有两个或多个语义角色时，构式则凸显相一致的语义角色而抑制不一致语义角色。动词的论元结构与构式的不一致有少于、多于、不同和部分重合等四种逻辑关系。因此，构式对动词论元的压制表现为增容、剪切、替换和抑制等四种形态或形式。

当动词的论元数目少于构式的论元数目时，构式便在更详细的层次上，激活并凸显动词所隐含的论元，并根据凸显等级映射到相应的句法位置，实现相应的句法功能。英语动结式根据语言编码策略可分为施事性动结式和客体性动结式。施事性动结式表示一实体发出能量并作用于另一实体，使其发生状态变化，产生某种结果，其论元包括施事、客体和结果，分别映射为主语、宾语和旁语。非作格动词只有一个施事显论元，但施事发出的能量可能对其他物体发生作用并产生一定的结果，即非作格动词隐含客体和结果论元。施事性动结式需在较详细的层次上激活并凸显非作格动词所隐含的客体和结果论元，并将其实现为宾语和旁语。施事性动结式保留及物动词的施事和客体，并将之映射为主语和宾语；同时在较细微的粒度上激活并凸显及物动词所隐含的结果论元，并将其实现为旁语。客体性动结式除保留非宾格动词的客体并将其映射为主语之外，还需在较细微的粒度上激活并凸显非宾格动词所隐含的结果论元，将其实现为旁语。动结式所谓的假宾语或假反身代词都是动词所隐含的论元。

英语同源宾语构式主要指宾语派生于动词且在形态和真值条

件意义上与动词相同或基本相同的结构。同源宾语构式表示某人做(经历)了某事,其论元结构包括施事和同源客体,分别映射为主语和宾语。构成同源宾语构式的动词主要是非作格动词和少部分及物动词和非宾格动词。因此,同源宾语构式需要对动词进行增容——将动词所表示的事件过程的每一个片段同时激活,通过总体扫描,凸显事件的整体状态,从而将事件的过程物化为同源客体,并映射为宾语。

双宾语构式表示某人将某物转移给另一人,其论元包括施事、接受者和客体,分别实现为主语、间接宾语和直接宾语。双宾语构式主要接受及物动词,但除 give 等少数动词之外,其余及物动词的数目都少于双宾语构式的论元数目。不管是制作类、"扔"类、"拿"类、信息传递类、允诺类、交易类或其他类型的及物动词,双宾语构式都需要给及物动词进行增容——除将及物动词本身的施事性参与者和客体性参与者与自身的施事和客体融合,实现为主语和直接宾语外;还需在较详细的层次上激活并凸显及物动词所隐含的接受者论元,将之映射为间接宾语。

当动词的论元数目多于构式的论元数目时,构式便从某个视角选择并凸显动词论元结构中与构式相一致的论元,而剪切多余的论元不表达出来。英语中动构式表示客体在与施事的互动过程中所表现的快慢、难易、好差、舒适等特征,只有客体和客体在动作过程中所体现的特征两个论元,分别实现为主语和旁语。但构成中动构式的动词主要是及物动词和部分非作格动词。因此,英语中动构式需从客体的视角剪切及物动词的施事,不将其表达出来,保留其客体并将之实现为主语,同时在较详细的层次上,激活并凸显客体所表现的特征并将其实现为旁语。对于部分非作格动词,中动构式也是剪切其施事,但在较细微的粒度上凸显其所隐含的处所、工具等论元，以及工具、处所等论元所表现的特征，并将其分别实现为主语和旁语。

汉语受事主语构式是根据主语位置上的受事论元而确定的。所以，短被动句、各种中动句和结果性受事主语句构成了形式上具有家族相似性的受事主语构式。但无论哪种受事主语构式都需要从受事的视角，剪切及物动词的施事，凸显其客体并将之实现为主语，或剪切及物动词的施事和本来的客体，非作格动词的施事。不过，在较详细的层次上凸显两类动词所隐含的诸如工具、处所等论元，并将其实现为主语。

汉语存现句从处所的视角凸显处所与存现物之间的关系，只有处所和客体两个论元，分别实现为主语和宾语。存现句的特殊之处是构成存现句的动词中，超过60%的动词是包括施事和客体的及物动词。因此，存现构式一方面需在较详细的层次上激活并凸显及物动词所隐含的处所论元，并将其实现为主语，另一方面，剪切及物动词的施事，保留其客体并将之映射为宾语。英语中动构式、汉语受事主语构式和存现构式都需要剪切及物动词的施事。施事被剪切并不是个别的现象（祈使句也需要剪切及物动词的施事），与施事本身与动词的关系不密切相关。

构式对动词具有统制作用，根据自身的需要，在较详细的层次上，激活并凸显动词所隐含的论元，替换动词本来的、与构式不相关、不一致或不相兼容的论元。英语WAY构式表示主语指称沿着某个（常是自己开辟的）特别的路径移动，其论元包括移动者（或位移），和由POSS WAY及其后续成分构成的路径论元，分别实现为主语和宾语。及物动词有自己的施事论元和客体论元，但WAY构式除将及物动词的施事与自己的位移融合并实现主语外，还需用及物动词所隐含的路径论元替换及物动词本来的客体论元，将路径论元映射为宾语。此外，WAY 构式除了将非作格动词的施事和部分非宾格动词的客体与自身的位移整合，并映射为主语之外，还需在较详细的层次上激活并凸显两类动词所隐含的路径论元，将之与构式本身的路径论元整合，最后映射为宾语。

英语 TIME AWAY 构式表示某人以轻松、闲混的方式度过一段时间，含有应该做其他正事的意义，其论元包括施事、时间和表示结果的构式标记 AWAY，分别映射为主语、宾语和旁语。TIME AWAY 构式除将及物动词的施事与自身的施事整合并实现主语之外，还需要用及物动词所隐含的时间论元替换其本来的客体论元，并将之映射为宾语，同时激活并凸显及物动词所隐含的结果论元 AWAY 并将其实现为旁语。而对于非作格动词，TIME AWAY 构式需对其进行增容，即在较详细的层次上激活并凸显其隐含的时间论元和用掉时间的结果 AWAY，将其分别实现为宾语和旁语。

当事件的参与者同时体现双重或多重语义角色或论元时，构式便根据自身的需要，凸显相兼容、相重合的语义角色，而抑制不一致、不重合的语义角色。即语义角色同时被表达出来，构式只将相兼容的语义角色前景化，而将其他不一致的语义角色背景化。汉语倒置动结式从客体的视角识解客体对施事的作用，但预设或隐含施事对客体的作用。其主语论元主要体现为致事，但又次要地表现为客体。宾语论元主要表现为客体，但次要地体现施事。倒置动结式将及物动词的客体与自身的主语论元融合，但凸显其致事，抑制其客体角色，将及物动词的施事与自身的宾语论元整合：凸显其客体角色，而抑制其施事角色。对于非作格动词，倒置动结式需在较细微的粒度上激活并凸显其隐含的致事角色，将其实现为主语，同时抑制其参与者施事角色，凸显其客体角色，将之实现为宾语。

汉语供用构式表示一定量的物供一定量的人使用，或一定量的物可用来供一定量的人使用，其论元结构包括供用者和供用对象，分别实现为主语和宾语。供用构式需将及物动词的客体或受事与自身的供用者角色融合，凸显其供用者角色，而抑制其客体角色，将及物动词的施事与自身的宾语论元整合，凸显其供用对象角色而抑制其施事角色。供用构式也可凸显及物动词所隐含的处所、工具、材料和时间等语义角色所表现的供用者角色而抑制其本身的语义角色，并将其实现为主语，同时剪切及物动词的施事，保留其客体并将之实现为宾语。供用构式也可凸显非作格动词所隐含的处所、工具和时间论元所表现的供用者角色，而抑制其本身的语义角色，并将其实现为主语，同时凸显非作格动词的施事所表现的供用角色，而抑制其施事性，并将其实现为宾语。

总之，构式对动词的论元结构具有主导作用，可根据自身的需要，通过识解将动词的论元结构压制成与构式相一致，然后根据凸显等级映射到相应的句法位置，实现其句法功能，才能与时体或情态结合表达具体事件。

根据构式语法对构式的传统定义(Goldberg 1995)，构式之所以成为构式是因为其特殊性。本书提出的基于识解的压制基础、压制机制、压制原则和形式则可以揭示构式的特殊性，或者说，撩开其特殊性的面纱，看到构式的本质。

14.2 创新与不足

本书的主要创新之处是将认知语法的识解观和压制理论整合起来，探讨了构式对动词的论元结构压制的基础、机制、原则和形式,构建了基于识解的压制模式,作为本书的理论框架和整个研究的主线。

针对构式语法的循环论证——构式的凸显论元由直接语法关系(即主语和宾语)确定,而构式的论元又要连接到直接语法关系上,本书在构式的论元结构和句法功能之间插入射体、界标和场景这一凸显等级,作为构式的论元向句法关系映射的认知理据。这是本书对构式语法的补充或发展。

构式语法认为论元结构构式是对人类基本经验的编码,但没有探讨构式是如何形成的,特别是忽视了人的认知在构式形成中的作用。本书以认知语法的行为链为基础,以识解为机制,探讨了10种英汉构式形成的理据、意义和句法性质,是对构式语法的必要补充。

构式语法主要探讨构式对动词论元结构的增容。本书不仅探讨了构式对动词论元结构增容的基础和机制,而且探讨了各种构式对动词论元结构的剪切、替换和抑制等压制情况,丰富了构式语法对论元实现的研究。

对所探讨的10种英汉构式提出了我们的观点,揭示了构式的论元特殊性,如汉语倒置动结式和供用句的论元性质。此外,基于真实语料,本书纠正了 Gropen et al(1989)和 Goldberg(1992,1995)认为 whisper 不能构成双宾语构式的看法。同时,我们也纠正了 Jackendoff(1997b,2010)认为有意志的状态动词或静态的活动动词,如 sit、wait 等,不能构成 TIME AWAY 构式的观点。

但本书也存在一些不足之处。首先,论元实现研究的文献浩如烟海。本书只回顾了有代表性的理论和经典文献,但对最新的研究进展关注不够,如朱佳蕾、胡建华(2015)所介绍、评价的题元系统理论。

本书主要试图解决 Goleberg(1995，2006)的构式语法对论元实现研究中存在的问题，但对其他诸如激进构式语法、形式语法框架下出现的新构式语法关注不够。我们虽然认为新近出现的基于符号的构式语法(Sign-Based Construction Grammar)(Sag 2012)不能解决本书所关注的一些构式的论元实现，但如何将基于符号的构式语法的形式化表征与本书结合起来，是有待解决的问题。

本书主要关注动词的论元结构与构式之间的关系，相对忽视了动词的意义和构式之间的关系。Rappaport Hovav and Levin(2010)和 Levin and Rappaport Hovav(2013)提出了方式与结果的互补假设或观察：方式意义和结果意义呈互补分布——一个动词只能词汇化一个(即一个动词要么表达方式意义，要么表达结果意义)。受此启发，我们初步发现构式表示抽象的、图式性的意义，而动词表示实现或例示构式意义的具体方式或方法。例如，双宾语构式表示某人将某物转移给另一人使其领有物，而制造类、“拿”类、“扔”类、信息传递类和交易类等动词都是表示物体转移的方式。TIME AWAY 构式表示某人以轻松、闲混的方式度过一段时间，而 eat，drink，read，chat，sleep，gossip 等动词都是表示度过时间的具体方式。又如，存现句表示某处存现某实体，但本书所列举的摆放类、刻印类、搭建类、喷洒类等动词都是表示物体存现的具体方式。今后应进一步研究动词与构式之间的意义关系。

除了进一步充实和丰富现有的研究之外，我们还可以运用基于识解的压制原则和机制探讨汉语领主属宾句、汉语形容词带宾语构式、汉语双宾语句、汉语同源宾语句等构式对动词论元的压制。

我们还可以运用本书所提出的压制原则和机制探讨英汉时体构式(如英语完成体构式、过去式构式、汉语“着”字句、“了”字句)

和汉语“得”字构式对词汇体(情状体)的压制。

14.3 汉语有失配句吗

我们注意到了程琪龙、程倩雯(2015a, 2015b)(下称“程文”)的最新研究。因为程文与本书密切相关,现简要评述如下。

程文根据动词的论元结构与所在句子的关系,将句子分为动词的论元或参与者与句子完全一致的匹配句、不完全一致的错配句,即相当于本书所说的构式需要对动词论元结构进行压制的句子、和完全不一致的失配句。程文认为英语和其他印欧语言中不存在失配句,而“汉语偏偏有失配句”。程文列举的失配句是:

(1) a 第二次瞄准才把子弹扣出去。

b 阜阳一学校食堂吃出死青蛙。

c 两小时的山路把我的腰都坐酸了。

程文认为他们发现的汉语失配句对 Goldberg(1995,2006)的构式语法和词汇构式语法都提出了严重的挑战,当然对本书也是一个不小的挑战。但我们必须首先确认程文所举的例句是不是失配句,即汉语到底有没有所谓的失配句。我们将从三个方面论证上述各句都不是失配句。

首先,(1a)是两位作者摘自央视谈话节目。(1a)实际上省去了主语或“扣”的施事论元——“扣者”。补上任何有生的(animate)主语,句子都可接受(两位作者也承认汉语的施事或致事主语可以是隐性的),如(2)。因此,(1a)不宜看作是失配句。

(2) 小王/我/他/小狗第二次瞄准才把子弹扣出去。

此外,“第二次瞄准”在(1a)中实际上起时间状语的作用,根本不是主语,因为(3a)也是可接受的句子。另外,如果将(1a)被动化,“第二次瞄准”也还是出现在原来的位置,如(3b)。这说明,“第二次瞄准”不是(1a)的主语论元。

(3) a　第二次瞄准时才把子弹扣出去。

　　b　第二次瞄准子弹才被扣出去。

(1b)中,“阜阳一学校食堂”可以分析成“吃”的处所论元,整个句子可看作存现句,而“死青蛙”应该是所吃食物的一部分,某种意义上也是“吃”的客体,或客体的一部分。所以,(1b)也不是失配句。

(1c)中,“两小时的山路”实际上是“坐”的动量论元。我们也找到了下面的真实语料。(4)中,“10 个小时的山路”详细说明“坐”的量。因此,(1c)也不是失配句。

(4) 真正的世外桃源！由于修路！为了去一趟！坐了 10 个小时的山路！带着 3 个小孩子！真不容易！值得再去！

(http://you.ctrip.com/sight/luguhu105/4200-dianping57715045.html)

其次,例(1)各句都是复合动结式或动补结构(当然,(1a)也可看成复合动趋式,(1b)可看作动趋式)。动结式的论元实现研究认为两个谓词都能贡献论元(Li 2009,2013)。所以,在(1)中,“子弹”是“出去”的客体,“死青蛙”是“出”的客体,“我的腰”是“酸”的客体。所以,(1)各句都不是失配句,至少有一个论元与其中一个谓词直接相关,或者说,至少一个论元是其中一个谓词的投射。

此外,汉语动结式或动补结构中,两个谓词可以看作一个整体,即相当于一个动词(Li 1995;朱德熙 1982/2003;邢福义 2003)。朱德熙(ibid.:127)甚至认为“述补结构(动补结构)是一种临时创造新动词的语法手段”。Li(ibid.)认为致事和蒙事(affectee)或役事(causee)是整个动结式或动补结构的特征。邢福义(ibid.:52)也认为不管在动结式中或动趋式中,也不管宾语与哪一个谓词有直接的语义关系,宾语都是整个动补结构的宾语,而且可以用"把"字句测试其宾语的性质或地位。例如,在下面(5a)中,虽然"眼睛"与"红"有直接的语义关系,却是整个"哭红"的宾语,而且(5a)可以变成"把"字句,如(5b)。因此,例(1)各句中,"子弹"也可看作整个"扣出去"的宾语,"死青蛙"是整个"吃出"的宾语,"我的腰"是整个"坐酸"的宾语,而且(1a)和(1c)本身就是"把"字句,进一步证明了"子弹"和"我的腰"的宾语性质。由于动补结构是一种致使结构,动补结构的宾语应该是一种役事。在(1)各句中,"子弹、死青蛙、我的腰"都是动补复合词的役事论元。(1a)省去了致事。我们前面将(1b)分析成存现句,但也可分析成动补结构。因强调"阜阳一学生食堂"的责任,也可将其看作致事。(1c)的致事是"两个小时的山路"。所以,将整个动补复合词看作一个整体,例(1)各句也不是失配句。

(5) a　她哭红了眼睛。

　　b　她把眼睛哭红了。

根据上面的分析,例(1)各句不宜看作失配句,不能算是对构式语法提出了挑战。汉语究竟有没有所谓的失配句,还需要进一步的观察研究。

参考文献

Ackema, Peter and Maaike Schoorlemmer. 1995. Middles and Nonmovement [J]. *Linguistic Inquiry* (26): 173 - 197.

Aoun, Joseph and Y-H Audry Li. Scope and Constituency [J]. *Linguistic Inquiry* (20): 141 - 172.

Baker, Mark. 1988. Incorporation: *A Theory of Grammatical Function Changing* [M]. Chicago/London: The University of Chicago Press.

Boas, Hans. 2003. *A Constructional Approach to Resultatives* [M]. Stanford, CA: CSLI.

Boas, Hans. 2005. Determing the Productivity of Resultatives: A Reply to Goldberg and Jackendoff [J]. *Language*, 81: 448 - 464.

Borer, Hagit. 1994. The Projection of Arguments [A]. In Elena Benedicto and Jeff Runner (eds.): *University of Massachusetts Occasional Papers in Linguistics* 17 [C]. Amherst: GLSA, University of Massachusetts: 19 - 47.

Bresnan, Joan. 1994. Locative Inversion and the Architecture of Universal Grammar [J].*Language* (70):72 - 131.

Bresnan, Joan. 2001.*Lexical-Functional Syntax* [M]. Oxford: Blackwell.

Bresnan, Joan and Jonni Kanerva. 1989. Locative Inversion in Chichewa: A Case Study of Factorization in Grammar [J]. *Linguistic Inquiry*(20): 1 - 50.

Bruening, Benjamin. 2010a. Double Objects Disguised as Prepositional Datives [J]. *Linguistic Inquiry* (41): 287 - 305.

Bruening, Benjamin. 2010b. Ditransitive Asymmetries and a Theory of Idiom Formation [J]. *Linguistic Inquiry*(41): 519 - 562.

Burzio, Luigi. 1986. *Italian Syntax: A Government-Binding Approach* [M]. Dordrecht: Reidel.

Chomsky, Noam. 1975. *Reflections on Language* [M]. New York: Pantheon.

Chomsky, Noam. 1981/1993. *Lectures on Government and Binding*(7th edition)[M]. Berlin/New York: Mouton de Gruyster.

Chomsky, Noam. 1986/2002. *Knowledge of Language: its Nature, Origin, and Use*[M]. 北京:外语教学与研究出版社.

Comrie, Bernard. 2005. *Aspect* [M]. 北京:北京大学出版社.

Cook, Vivian and Mark Newson. 2000. *Chomsky's Universal Grammar:An Introduction* [M]. 北京:外语教学与研究出版社.

Coopmans, Peter. 1989. Where Stylistic and Syntactic Processes Meet: Locative Inversion in English [J]. *Language* (65): 728 -751.

Cowper, Elizabeth. 1992. *A Concise Introduction to Syntactic Theory* [M]. Chicago/London: The University of Chicago Press.

Croft, William. 2012. *Verbs: Aspect and Causal Structure* [M]. Oxford: Oxford University Press.

Davidse, Kristin and Liesbet Heyvaert. 2007. On the Middle Voice: An Interpersonal Analysis of the English Middle [J]. *Linguistics* (45): 37 - 82.

Davis, Anthony and Jean-Pierre Koenig. 2000. Lingking as Constraints on Word Classes in a Hierarchical Lexicon[J]. *Language*(76):56 - 91.

De Swart, Henriette. 1998. Aspect Shift and Coercion [J]. *Natural Language and Linguistic Theory* (16):347 - 385.

De Swart, Henriette. 2003. Coercion ina Cross-linguistic Theory of Aspect [A]. In Elaine Francis and Laura Michaelis(eds): *Mismatch: Form-Function Incongruity and the Architecture of Grammar* [C]. Stanford, CA: CSLI Publications, 231 -258.

Dowty, David. 1979. Word Meaning and Montague Grammar [M]. Dordrecht: Reidel.

Dowty, David. 1991. Thematic Proto-Roles and Argument Selection [J].*Language*(67): 547 - 619.

Fagan, Sarah. 1988. The English Middle[J]. *Linguistic Inquiry*

(19): 181－203.

Fagan, Sarah. 1992. *The Syntax and Semantics of Middle Constructions: A Study with Special Reference to German* [M]. Cambridge: Cambridge University Press.

Fellbaum, Christiane. 1986. On the Middle Construction in English[A]. Bloomington: Indiana University Linguistic Club.

Freeze, Ray. 1992. Existentials and Other Locatives [J]. *Language*(68): 553－595.

Fillmore, Charles. 1968. The Case for Case[A]. In Emmon Bach and Robert Harms(eds.). *Universals in Linguistic Theory* [C]. New York: Holt, Rinehart & Winston, 1－88.

Fillmore, Charles. 1977. The Case for Case Reopened [A]. In P. Cole and J. Sadock (eds.). *Syntax and Semantics*, 8: *Grammatical Relations* [A]. New York: Academic Press, 59－81.

Fillmore, Charles. 1982. Frame Semantics[A]. In Linguistic Society of Korea(ed.), *Linguistics in the Morning Calm* [C]. Seoul: Hanshin, 111－137.

Goldberg, Adele. 1992. The Inherent Semantics of Argument Structure: The Case of the English Ditransitive Construction [J]. *Cognitive Linguistics*(3): 37－74.

Goldberg, Adele. 1995. *Constructions: A Constructional Approach to Argument Structure* [M]. Chicago: Chicago University Press.

Goldberg, Adele. 2006. *Constructions at Work: The Nature of*

Generalization in Language [M]. Oxford: Oxford University Press.

Goldberg, Adele. 2013. Constructionist Approaches [A]. In Thomas Hoffmann & Graeme Trousdale (eds.): *The Oxford Handbook of Construction Grammar* [C]. New York: Oxford University Press, 15 - 31.

Goldberg. Adele & Ray Jackendoff. 2004. The English Resultative as a Family of Constructions [J]. *Language* (80): 532 - 568.

Grimshaw, Jane. 1990. *Argument Structure* [M]. Cambridge, MA: MIT Press.

Gropen, Jess et al. 1989. The Learnability and Acquisition of the Dative Alternation in English [J]. *Language* (65): 203 -257.

Gruber, Jeffrey. 1965. *Studies in Lexical Relations* [D]. Doctoral Dissertation, MIT, Cambridge. Reprinted as part of Gruber (1976).

Gruber, Jeffrey. 1976. *Lexical Structures in Syntax and Semantics* [M]. Amsterdam: North-Holland.

Gruber, Jeffrey. 2001. Thematic Relations in Syntax [A]. In Mark Baltin and Chris Collins (eds.). *The Handbook of Contempory Syntactic Theory* [C]. Oxford: Blacwell, 257 - 298.

Hale, Ken and Samuel Keyser. 1987. A View from the Middle [A]. *Lexicon Project Working Papers* (10) [C]. Cambridge: Center for Cognitive Science, MIT, 1 - 36.

Hoche, Silke. 2009. *Cognate Object Constructions in English: A*

Cognitive-Linguistics Account [M]. Tubingen: Narr.

Horn, Laurence. 2006. Speaker and Hearer in Neo-Gricean Pragmatics [J]. 外国语(4):2-26.

Huang, James. 1997. On Lexical Structure and Syntactic Projection [J]. *Chinese Language and Linguistics* (3):45-89.

Huddleston, Rodney. & Georffrey Pullum. 2002. *The Cambridge Grammar of the English Language* [M]. Cambridge: Cambridge University Press.

Israel, Micheal. 1996. The Way Constructions Grow [A]. In Adele Goldberg(ed.). *Conceptual Structure, Discourse and Language*[C]. Standford, CA: CSLI, 217-230.

Iwata, Seizi. 1999. On the Status of an Implicit Argument in Middles [J]. *Journal of Linguistics* (35): 527-553.

Iwata, Seizi. 2006. Argument Resultatives and Adjunct Resultatives in a Lexical Constructional Account: The Case of Resultatives with Adjectival Result Phrases [J]. *Language Sciences* (28):449-496.

Iwata, Seizi. 2008. A Door that Swings Noiselessly Open may Creak Shut: Internal Motion and Concurrent Changes of State [J]. *Linguistics* (46): 1049-1108.

Jackendoff, Ray. 1972. *Semantic Interpretation in Generative Grammar*[M]. Cambridge, MA: The MIT Press.

Jackendoff, Ray. 1983. *Semantics and Cognition* [M]. Cambridge, MA: The MIT Press.

Jackendoff, Ray. 1990. *Semantic Structures* [M]. Cambridge,

MA: The MIT Press.

Jackendoff, Ray. 1997a. *The Architecture of the Language Faculty* [M]. Cambridge, MA: MIT Press.

Jackendoff, Ray. 1997b. Twistin' the Night Away. *Language* (73): 534 - 539.

Jackendoff, Ray. 2002. *Foundations of Language: Brain, Meaning, Grammar, Evolution* [M]. Oxford: Oxford University Press.

Jackendoff, Ray. 2010. *Meaning and the Lexicon: The parallel Architecture* 1975 - 2010 [M]. Oxford: Oxford university Press.

Jespersen, Otto. 2008. *The Philosophy of Grammar* [M]. 北京: 世界图书出版社.

Jones, Michael Allen. 1988. Cognate Objects and the Case-filler [J]. *Journal of Linguistics* (24): 89 - 110.

Kay, Paul and Charles Fillmore. 1999. Grammatical Constructions and Linguistic Generalizations: The What's X Doing Y? Construction [J]. *Language* (75): 1 - 34.

Kay, Paul. 2002. English Subjectless Tagged Sentences [J]. *Language* (78): 453 - 481.

Kay, Paul. 2005. Argument Structure and the Argument-Adjunct Distinction [A]. In Mirjam Fried and Hans Boas (eds.), *Grammatical Constructions: Back to the Roots* [C]. Amsterdam: Benjamins, 71 - 89.

Kay, Paul and Laura Michaelis. 2012. Constructional Meaning and Compositionality [A]. In C. Maienborn, K. von

Heusinger and P. Portner (eds.), *Semantics: An International Handbook of Natural Language Meaning*. Vol. 3[C]. Berlin: Mouton de Gruyter, 2271 - 2296.

Keyser, Samuel and Thomas Roeper. 1984. On the Middle and Ergative Constructions in English [J]. *Linguistic Inquiry* (15): 381 - 416.

Kim, Jong-Bok & Jooyoung Lim. 2012. English Cognate Object Construction: A Usage-based, Construction Grammar Approach [J]. *English Language and Linguistics* (3): 31 - 55.

Kuno, Susumu & Ken-ichi Takami. 2004. *Functional Constraints in Grammar* [M]. Amsterdam/Philadelphia: John Benjamins Publishing Company.

Lakoff, George. 1987. *Women, Fire, and Dangerous Things: What Categories Reveal about the Mind* [M]. Chicago: University of Chicago Press.

Lakoff, George. 1996. Sorry, I'm not Myself Today: The Metaphor System for Conceptualizing the Self [A]. In Gilles Fauconnier & Eve Sweetser (eds.): *Space, Worlds and Grammar* [C]. Chicago: University of Chicago Press, 91 - 123.

Lakoff, George & Mark Johnson. 1999. *Philosophy in the Flesh: The Embodied Mind and Its Challenge to Western Thought* [M]. New York: Basic Books.

Langacker, Ronald. 1977. Syntactic Reanalysis [A]. Charles Li (ed.) *Mechanisms of Syntactic Change* [C]. Austin:

University of Texas Press, 57 - 139.

Langacker, Ronald.1987a. *Foundations of Cognitive Grammar*. Vol. Ⅰ: *Theoretical Prerequisites* [M]. Stanford, CA: Stanford University Press.

Langacker, Ronald. 1987b.Nouns and Verbs [J].*Language*(63): 53 - 94.

Langacker, Ronald. 1990/2002. *Concept, Image and Symbol: The Cognitive Basis of Grammar* (2nd Edition) [M]. Berlin: Mouton de Gruyter.

Langacker, Ronald. 1991. *Foundations of Cognitive Grammar* Vol Ⅱ: *Descriptive Application* [M]. Stanford, CA: Stanford University Press.

Langacker, Ronald. 1999. *Grammar and Conceptualization* [M]. Berlin: Mouton de Gruyter.

Langacker, Ronald. 2000. Why a Mind is Necessary: Conceptualization, Grammar and Linguistic Semantics [A]. In Liliana Albertazzi (ed.). *Meaning and Cognition: A Multidisciplinary Approach* [C]. Amsterdam/Philadelphia: John Benjamins Publishing Company, 25 - 38.

Langacker, Ronald. 2001. Discourse in Cognitive Grammar [J]. *Cognitive Linguistics* (2): 143 - 188.

Langacker, Ronald.2003a. Constructions in Cognitive Grammar [J]. *English Linguistics*(1): 41 - 83.

Langacker, Ronald. 2003b. Constructional Integration, Grammaticalization, and Serial Verb Constructions [J]. *Language and Linguistics* (4):215 - 278.

Langacker, Ronald. 2005. Integration, Grammaticalization and Constructional Meaning[A]. In Mirjam Fried and Hans Boas (eds.), *Grammatical Constructions: Back to Roots* [C]. Amsterdam/philadelphia: John Nenjamins, 157 - 189.

Langacker, Ronald. 2008. *Cognitive Grammar: A Basic Introduction*[M]. Oxford: Oxford University Press.

Langacker, Ronald. 2009. *Investigation in Cognitive Grammar* [M]. Berlin: Mouton de Gruyter.

Langacker, Ronald. 2015. Construal[A]. In Ewa Dabrowska and Dagmar Divjak (eds.), *Mouton Handbook of Cognitive Linguistics*[C]. Berlin: Gruyter de Mouton, 120 - 142.

Larson, Richard. 1988. On the Double Object Construction[J]. *Linguistic Inquiry*(19): 335 - 391.

Larson, Richard. 1990. Double Objects Revisited: Reply to Jackendoff [J]. *Linguistic Inquiry* (21): 589 - 632.

Levin, Beth. 2014. Semantic Roles[A]. In Mark Aronoff(ed.), *Oxford Bibliographies in Linguistics* [C]. New York: Oxford University Press.

Levin, Beth & Malka Rappaport Hovav. 1995. *Unaccusativity: At the* Syntax-*Lexical Semantics Interface* [M]. Cambridge, MA: The MIT Press.

Levin, Beth & Malka Rappaport Hovav. 1998. Building Verb Meanings [A]. In Miriam Butt and Wilhelm Geuder(eds.), *The Projection of Arguments: Lexical and Compositional Factors*[C] Stanford, CA: CSLI Publications, 97 - 134.

Levin, Beth and Malka Rappaport Hovav. 2005. *Argument*

Realization[M]. Cambridge: Cambridge University Press.

Levin, Beth & Malka Rappaport Hovav. 2013. Lexicalized Meaning and Manner/Result Complementarity [A]. In Arsenijevic, Boban and Gehrke, Berit and Rafael Marin (eds.), *Studies in the Composition and Decomposition of Event Predicates* [C]. Dordrecht: Springer, 49 - 70.

Levinson, Stephen. 2000. *Presumptive Meanings: The Theory of Generalized Conversational Implicatures* [M]. Cambridge, MA/London: The MIT Press.

Li, Chao. 2009. On the "Scare Reading" of Resultatives [J]. *Language Sciences*(31): 389 - 408.

Li, Chao. 2013. Mandarin Resultative Verb Compounds: Simple Syntax and Complex Thematic Relations [J]. *Language Sciences*(37): 99 - 121.

Li, Yafei. 1990. On V-V Compounds in Chinese [J]. *Natural Language and Linguistic Theory* (8): 177 - 207.

Li, Yafei. 1995. The Thematic Hierarchy and Causativity [J]. *Natural Language and Linguistic Theory* (13): 255 - 285.

Li, Yafei. 1999. Cross-Componential Causativity [J]. *Natural Language and Linguistic Theory* (17): 445 - 497.

MacFarland, Talke. 1995. *Cognate Objects and the Argument/Adjunct Distinction in English* [D]. Doctoral Dissertation. Northwestern University.

Massam, Diana. 1990. Cognate Objects as Thematic Objects [J]. *Canadian Journal of Linguistic*s(35):161 - 190.

Massam, Diana. 1992. Null Objects and Non-thematic Subjects

[J]. *Journal of Linguistics* (28): 115 - 137.

Marantz, Alec. 1984. *On the Nature of Grammatical Relations* [M]. Cambridge, MA: The MIT Press.

Michaelis, Laura. 2003. Headless Constructions and Coercion by Construction [A]. In Elaine Francis and Laura Michaelis (eds.). *Mismatch: Form-Function Incongruity and the Architecture of Grammar* [C]. Stanford: CSLI Publications, 259 - 310.

Michaelis, Laura. 2004. Type Shifting in Construction Grammar: An Integrated Approach to Aspectual Coercion [J]. *Cognitive Linguistics*(15): 1 - 67.

Michaelis, Laura. 2005. Entity and Event Coercion in a Symbolic Theory of Syntax [A]. In Jan-Ola Ostman & Mirjam Fried (eds.). *Construction Grammars: Cognitive Grounding and Theoretical Extensions* [C]. Amsterdam/Philadelphia: John Benjamins Publishing Company, 45 - 87.

Michaelis, Laura. 2006. Construction Grammar. In Keith Brown (ed.), *The Encyclopedia of Language and Linguistics*, Vol 3(2nd Edition) [C]. Oxford: Elsevier, 73 - 84.

Michaelis, Laura. 2011. Stative by Construction [J]. *Linguistics* 49: 1359 - 1400.

Michaelis, Laura. & Knud Lambrecht. 1996. Toward a Construction-Based Model of Language Function: The Case of Nominal Extraposition. *Language*(72):215 - 247.

Mittwoch, Anita. 1993. *Hebrew Cognate Objects* [A]. Ms. Hebrew University of Jerusalem.

Mittwoch, Anita. 1998. Cognate Objects as Reflections of Davidsonian Event Arguments [A]. In S. Rothstein (ed.). *Events and Grammar* [C]. Dordrecht: kluwer, 309 - 332.

Moens, Marc & Mark Steedman. 1988. Temporal Ontology and Temporal Reference [J]. *Journal of Computational Linguistics* (14): 15 - 28.

Moltmann, Friederike. 1989. Nominal and Clausal Event Predicates [J]. *Chicago Linguistics Society* (25): 300 - 314.

Nakajima, Heizo. 2006. Adverbial Cognate Objects [J]. *Linguistic Inquiry* (37): 674 - 684.

O'Grady, William. 1998. The Syntax of Idiom [J]. *Natural Language and Linguistic Theory* (16): 279 - 312.

Perlmutter, David. 1978. Impersonal Passives and the Unaccusative Hypothesis [J]. *Berkeley Linguistic Society* (4): 157 - 189.

Perlmutter, David and Paul Postal. 1984. The 1-advancement Exclusiveness Law. In David Perlmutter and Carol Rosen (eds). *Studies in Relational Grammar* 2 [C]. Chicago: University of Chicago Press, 81 - 125.

Pustejovsky, James. 1991. The Generative Lexicon [J]. *Computational Linguistics* (17): 409 - 441.

Pustejovsky, James. 1995. *The Generative Lexicon* [M]. Cambridge, MA: The MIT Press.

Pylkkanen, Linda 2008. *Introducing Argument* [M]. Cambridge, MA: The MIT Press.

Quirk, Randolph et al. 1985. *A Comprehensive Grammar of the*

English Language [M]. London: Longman.

Radden, Gunter & Kovecses, Zoltan. 1999. Towards a Theory of Metonymy [A]. Klaus-Uwe Panther & Gunter Radden (eds.). *Metonymy in Language and Thought* [C]. Amsterdam/Philadelphia: John Benjamins Publishing Company, 17-59.

Randall, J. 2010. *Linking: The Geometry of Argument Structure* [M]. London & New York: Springer.

Rappaport Hovav, Malka & Beth Levin. 2001. An Event Structure Account of English Resultatives [J]. *Language* (77): 766-797.

Rappaport Hovav, Malka & Beth Levin. 2008. The English Dative Alternation: The Case for Verb Sensitivity [J]. *Journal of Linguistics* (44): 129-167.

Rappaport Hovav, Malka & Beth Levin. 2010. Reflections on Manner/Result Complementarity [A]. In Rappapaort Hovav, Malka and Doron, Edit and Ivy Sichel (eds.), *Syntax, Lexical Semantics and Event Structure* [C]. Oxford: Oxford University Press, 21-38.

Rothstein, Susan. 2001. *Predicates and their Subjects*. Kluwer: Dordrecht.

Rothstein, Susan. 2004. *Structuring Events: A Study in the Semantics of Lexical Aspect* [M]. Oxford: Blackwell Publishing.

Rothstein. Susan. 2007. Two Puzzles for a Theory of Lexical Aspect: Semelfactives and Degree Achievements [A]. In J.

Dolling, T. Heyde-Zybatow and M. Schafer (eds), *Event Structures in Lingistic Form and Interpretation* [C]. Berlin. New York: Walter de Gruyter, 175 - 197

Saeed, John. 2000. *Semantics* [M]. 北京:外语教学与研究出版社.

Sag, Ivan. 2012. Sign-Based Construction Grammar: An Informal Synopsis [A]. In Hans Boas and Ivan Sag (eds.). Sign-Based Construction Grammar [A]. Standford, CA: CSLI.

Simpson, J. 1983. Resultatives [A]. In L. Levin, M. Rappaport & A. Azenen (eds.): *Papers in Lexical-Functional Grammar* [C]. Bloominton: Indiana University Linguistics Club: 143 - 157.

Smith, Carlota. 1997. *The Parameters of Aspect* (2nd edition) [M]. Dordrecht/Boston/ London: Kluwer Academic Publishers.

Snyder, Williams. The Chain Condition and Double Object Constructions in Albanian. Proceedings of LCJL3 [P]. Department of General Linguistics, Leiden University, 267 -277.

Stroik, Thomas. 1992. Middles and Movement [J]. *Linguistic Inquiry* (23): 127 - 137.

Stroik, Thomas. 1995. On Middle Formation [J]. *Linguistic Inquiry* (26): 165 - 171.

Szczesniak, Konrad. 2013. You can not Cry your Way to Candy: Motion Events and Paths in the X's Way Construction [J]. *Cognitive Linguistics* (24): 159 - 194.

Takahashi, Hidemitsu. 2012. *A Cognitive Linguistic Analysis of the English Imperative* [M]. Amsterdam/Pgiladelphia: John Benjamins.

Talmy, Leonard. 2000a. *Toward a Cognitive Semantics*. Vol.1: *Concept Structuring Systems* [M]. Cambridge, MA: The MIT Press.

Talmy, Leonard. 2000b. *Toward a Cognitive Semantics. Vol*. 2: *Typology and Process in Concept Structuring* [M]. Cambridge, MA: The MIT Press.

Taylor, John. 2002. *Cognitive Grammar* [M]. Oxford: Oxford University Press.

Tenny, Carol. 1994. *Aspectual Roles and the Syntax-Semantics Interface* [M]. Dordrecht: Kluwer.

Timberlake, Alan. 2007. Aspect, Tense and Mood [A]. In Timothy Shopen (ed): *Language Typology and Syntactic Description Vol* Ⅲ: *Grammatical Categories and the Lexicon* [C]. (2nd edition). Cambridge: Cambridge University Press, 280 - 333.

Traugott, Elizabeth. 2007. The Concepts of Constructional Mismatch and Type-Shifting from the Perspective of Grammaticalization [J]. *Cognitive Linguistics* (18): 523 - 557.

Ungerer, Friedrich. & Hans-Jörg Schmid. 1996. *An Introduction to Cognitive Linguistics* [M]. London & New York: Longman.

Van Oosten, Jeanne. 1977. Subjects and Agenthood in English

[J]. *Chicago Lingusitcs Society* 13: Papers from the Regional Meeting: 459-471.

Van Oosten, Jeanne. 1986. *The Nature of Subjects, Topics, and Agents: A Cognitive Explanation*[M]. Bloominton: Indiana University Linguistic Club.

Van Valin, Robert. 1990. Semantic Parameters of Split Intransitivity[J]. *Language*(66): 221-260.

Van Valin, Robert. 2005. *Exploring the Syntax-Semantics Interface*[M]. Cambridge: Cambrodge University Press.

Van Valin, Robert and Randy LaPolla. 1997. *Syntax: Structure, Meaning and Function* [M]. Cambridge: Cambridge University Press.

Vendler, Zeno. 1967. *Linguistics in Philosophy*[M]. Ithaca: Cornell University Press.

Wechsler, Stephen. 1995. *The Semantic Basis of Argument Structure*[M]. Stanford, CA: CSLI.

Williams, Edwin. 1981. Argument Structure and Morphology [J]. *The Linguistic Review*(1): 81-114.

Williams, Edwin. 1994. *Thematic Structure in Syntax* [M]. Cambridge, MA: The MIT Press.

Ziegeler, Debra. 2007. A Word of Caution on Coercion[J]. *Journal of Pragmatics*(39): 990-1028.

Zipf, G. 1949. *Human Behaviour and the Principle of Least Effort* [M]. Cambridge, MA: Addison-Wesley.

曹宏,2004,论中动句的句法构造特点[J].世界汉语教学,3: 33-48.

曹宏,2005,中动句的语用特点及教学建议[J].汉语学习,5:61-67.

陈佳,2010,论英语WAY构式中动词的认知语义限制条件[J].外语与外语教学,5:12-17.

陈建民,1986,现代汉语句型论[M].北京:语文出版社.

陈庭珍,1957,汉语中处所词做主语的存在句[J].中国语文,8月号:15-19.

程琪龙,程倩雯,2015a,动词和构式的关系——词汇构式进路的利弊[J].当代语言学,1:35-46.

程琪龙,程倩雯,2015b,动词和构式之间的关系——词汇构式语法[J].外国语,2:2-11.

储泽祥,曹跃香,2005,固化的"用来"及其相关的句法格式[J].世界汉语教学,2:22-30.

邓云华,尹灿,2014,英汉中动句主语语法等级的比较研究[J].外国语,3:83-91.

丁加勇,2006,容纳句的数量关系、句法特征及认知解释[J].汉语学报,1:64-75.

丁声树,等,1961/2004,现代汉语语法讲话[M].北京:商务印书馆.

董成如,2004a,转喻的认知解释[J].解放军外国语学院学报,2:6-9.

董成如,2004b,含意的认知阐释[J].外语学刊,5:58-62.

董成如,2009,存现句的认知研究——基于参照点的行为链模式[M].苏州:苏州大学出版社.

董成如,2011,汉语存现句中动词非宾格性的压制解释[J].现代外语,1:19-26.

董成如,2012,构式的论元实现——基于识解的压制视角[J].解放军外国语学院学报，4:7－11.

董成如，2014，认知语法框架下动结式的形成和论元实现[J].现代外语，5:608－617；人大资料复印中心《语言文字学》，2015(2):40－47全文转载.

董成如，杨才元，2009，构式对词项压制的探索[J].外语学刊，4:42－46.

董成如，许明，2014，存现句的语篇功能研究[J].外语学刊，6:70－74.

范方莲，1963，存在句[J].中国语文，5:386－395.

范晓，1989，施事宾语句[J].世界汉语教学，1:22－25.

范晓，1994，"N受＋V"句说略[J].语文研究，2:7－12.

范晓，2009，汉语句子的多角度研究[M].北京:商务印书馆.

韩景泉，2003，英语中间结构的生成[J].外语教学与研究，3:179－188.

何文忠，2005，中动结构的界定[J].外语教学，4:9－14.

何晓炜，2003，双宾语结构和与格结构的关系分析[J].外国语，2:25－31.

黄正德，2007，汉语动词的题元结构与其句法表现[J].语言科学，4:3－21.

高华，金苏扬，无格的同源宾语——最简方案内特征核查得出的结论[J].外语与外语教学，2000(6):62－66.

龚千炎，1980，现代汉语里的受事主语句[J].中国语文，5:335－344.

古川裕，2005，现代汉语的"中动语态句式"——语态变换的句法实现和词法实现[J].汉语学报，2:22－32.

郭姝慧，2006，倒置致使句的类型及其制约条件[J].世界汉语教学，2：40－50.
雷冬平，胡丽珍，2013，“NP＋好 V”构式的认知机制与动态演变研究[J].世界汉语教学，4：470－484.
李临定，范方莲，1960，试论表“每”的数量结构对应式[J].中国语文，11：379－382.
李临定，1986，现代汉语句型[M].北京：商务印书馆.
李敏，1998，现代汉语主宾语可互易句的考察[J].语言教学与研究，4：50－58.
李秀林，王于，李淮春，1982，辩证唯物主义和历史唯物主义原理[M].北京：中国人民大学出版社.
刘爱英，2012，论英语同源宾语的句法地位与允准[J].外语教学与研究，2：173－184.
刘街生，2009，现代汉语供使句[J].中山大学学报：社会科学版，3：60－66.
刘宇红，2013，词汇与界面的双向互动研究[M].北京：北京大学出版社.
林杏光，等，1994，现代汉语动词大词典[Z].北京：北京语言学院出版社.
林正军，王克非，2013，论非典型复杂构式产生的理据性[J].现代外语，4：363－370.
陆俭明，1999，“着（·zhe）”字补议[J].中国语文，5：331－336.
陆俭明，2003，现代汉语语法研究教程[M].北京：北京大学出版社.
陆俭明，2004a，有关被动句的几个问题[J].汉语学报，2：9－15.
陆俭明，2004b，“句式语法”理论与汉语研究[J].中国语文，5：412－416.
鹿荣，2010，双受事主宾可逆句分析[J].中国海洋大学学报：社会科学版,4:115-118.

鹿荣,2012,供用类可逆句式的认知语义表现[J].汉语学习,2:45-53.

鹿荣,陈丽萍,2010,材料、结果主宾可逆的语义语用限制[J].山东青年管理干部学院学报,1:114-118.

鹿荣,齐沪扬,2010,供用句的语义特点及可逆动因[J].世界汉语教学,4:459-467.

吕叔湘,1984/2002,汉语语法论文集[C].北京:商务印书馆.

梅德明,2008,现代句法学[M].上海:上海外语教育出版社.

孟琮,等,2003,汉语动词用法词典[Z].北京:商务印书馆.

潘文,2006,现代汉语存现句的多维研究[M].南京:南京师范大学出版社.

彭国珍,2011,结果补语小句理论与现代汉语动结式相关问题研究[M].杭州:浙江大学出版社.

钱乃荣,2000,体助词"着"不表示"进行"意义[J].汉语学习,4:1-6.

邱贤,刘正光,2009,现代汉语受事主语句研究中的几个根本问题[J].外语学刊,6:38-43.

任鹰,1999,主宾可换位供用句的语义条件分析[J].汉语学习,3:1-6.

任鹰,2001,主宾可换位动结式述语结构分析[J].中国语文,4:320-328.

任鹰,2005,现代汉语非受事宾语句研究[M].北京:社会科学文献出版社.

沈家煊,2000,句式和配价[J].中国语文,4:291-297.

施春宏,2008,汉语动结式的句法语义研究[M].北京:北京语言大学出版社.
隋娜,王广成,2009,汉语存现句中动词的非宾格性[J].现代外语,3:221-230.
宋玉柱,1986,现代汉语语法十讲[M].天津:南开大学出版社.
宋玉柱,1988,略谈"假存在句"[J].天津师范大学学报,6:86-89.
宋玉柱,1991,现代汉语特殊句式[M].太原:山西教育出版社.
唐玉柱,2005,存现动词的非宾格假设[J].重庆大学学报,4:84-87.
熊仲儒,2004,动结式的致事选择[J].安徽师范大学学报:人文社会科学版,4:471-476.
王建军,2003,汉语存在句的历时研究[M].天津:天津古籍出版社.
王希杰,2003,词语和视点[J].语言教学与研究,2:22-27.
王寅,2009,动结构式的体验性事件结构分析[J].外语教学与研究,5:345-350.
王寅,2011a,构式语法研究(上卷):理论探索[M].上海:上海外语教育出版社.
王寅,2011b,构式语法研究(下卷):分析应用[M].上海:上海外语教育出版社.
吴淑琼,2013,汉语动结式非典型内在致事的语法转喻研究[J].外语研究,2:19-25.
吴卸耀,2006,现代汉语存现句[M].上海:学林出版社.
邢福义,2003,汉语语法三百问[M].北京:商务印书馆.
熊学亮,2008,复合结构的增效现象试析[J].外语教学与研究,5:332-338.
熊学亮,魏薇,2014,倒置动结式的致使性透视[J].外语教学与研究,4:497-507.

徐烈炯,沈阳,1998,题元理论与汉语配价问题[J].当代语言学,3:1-21.

许明,董成如,2013,进行体构式对词汇体的压制——认知语法视角[J].外国语文,2:105-109.

许明,董成如,2014,同源宾语构式对动词论元结构的增容——认知语法视角[J].外语教学,4:37-40.

徐盛桓,2001,试论英语双及物构块式[J].外语教学与研究,2:81-88.

徐盛桓,2007,相邻关系视角下的双及物句再研究[J].外语教学与研究,4:253-260.

徐盛桓,2008,主持人话语[J].外语学刊,3.

杨素英,1999,从非宾格动词现象看语义与句法结构之间的关系[J].当代语言学,1:30-43.

严辰松,2011,汉语没有“中动结构”[J].解放军外国语学院学报,5:7-12.

杨佑文,2011,英语中动构式:典型与非典型[J].解放军外国语学院学报,4:18-23.

殷树林,2006a,“NP+(状)+V起来+AP”格式与英语中动句的比较[J].语言教学与研究,1:59-65.

殷树林,2006b,“NP+(状)+V+起来+AP”格式的句法构造[J].语言科学,2:29-38.

袁毓林,1993,现代汉语祈使句研究[M].北京:北京大学出版社.

袁毓林,2004,论元结构和句式结构互动的动因、机制和条件——表达精细化对动词配价和句式构造的影响[J].语言研究,4:1-10.

张伯江,1999,现代汉语的双及物结构式[J].中国语文,4:

175 -184.

张建理，骆蓉，2014，构式、整合与语言集约化——对 Away 构式的调查[J].外国语，6：34 - 42.

张建理，徐银，WAY 构式的语法化历程探讨[J].外语教学，6：1 - 6.

张翼，2009，倒置动结式的认知构式研究[J].外国语，4：34 -42.

张翼，2013，汉语致使性动结式复合动词的论元表达——基于构式融合的解释[J].现代外语，2：120 - 126.

赵琪，2009，英汉动结式的共性与个性[J].外语教学与研究，4：258 - 265.

邹海清，2004，供用句的非动态性特征与句式语义[J].乐山师范学院学报，11：63 - 66.

朱德熙，1982/2003，语法讲义[M].北京：商务印书馆.

朱佳蕾，胡建华，2015，概念-句法接口处的题元系统[J].当代语言学，1：1 - 22.

后　记

本书是在国家社会科学基金项目结项材料的基础上稍作修改而成。感谢我所不知的国家社科项目通讯评审专家和会评专家给了我这样非常难得的机会。感谢全国哲学社会科学规划办公室给予的宝贵资助。

感谢导师王寅教授十多年前把我领进认知语言学研究的大门。王寅老师深厚的学术造诣、宽广的学术视野、敏锐的学术眼光和强烈而持久的科研热情一直感染着我、激励着我。他对我的期许一直是我进行学术研究的动力。

感谢广东外语外贸大学刘礼进教授和苏州大学外国语学院王军教授对项目申报书提出的中肯建议。感谢四川外国语大学刘玉梅教授对项目申报的大力支持。

在项目完成过程中，本人曾获江苏省高校优秀中青年教师境外研修计划的资助，赴美国科罗拉多大学博尔德分校语言学系访学一年。感谢当时的系主任 Frajzyngier Zygmunt 教授和导师 Laura Michaelis 教授接受我，使我有机会收集到在国内难以收集的论元实现的相关资料。

本书部分内容曾在《现代外语》、《外语学刊》、《解放军外国语学院学报》、《外语教学》、《外国语文》等刊物上发表。感谢这些杂志的编辑和匿名审稿专家提出的宝贵建议，使本书内容日臻完善。

限于本人学力，本书纰漏谬误之处在所难免，敬请各位专家和读者批评指正！